불교 관리학

《佛教管理學 ——•

참된 관리학은 타인과 나 모두 이롭고
즐거운 것이어야 한다!

성운대사 지음 · 조은자 옮김

운주사

차례

인사관리법

'관리학'이란 타인과 다투는 것도 아니고 대립하는 것도 아닙니다. 아집을 가지거나 자신의 이익을 앞세우면 더욱 안 됩니다. 참된 관리학은 반드시 다른 사람의 입장에서 고민해야 하고, 상대가 받아들일 수 있도록 해야 하며, '타인과 나' 모두 이롭고 즐거운 것이어야 합니다. 최고의 '원만한 관리'란 바로 이와 같아야 합니다.

들어가는 말

본서는 인사 홍법, 사회 홍법, 경찰 홍법, 군대 홍법, 교육 홍법, 교도소 홍법 등 불교의 전반적인 홍법관리학에 대해 참고와 도움을 드리고자 합니다.

불광산 개산 10년 후, 타이완대학의 한 교수님께서 '관리학'이라는 주제로 대학 강연을 요청해 오신 적이 있었습니다. 그 교수님께서는 '불광산을 질서정연하고 조리 있게 관리하고 계신 스님이시라면 불교의 관리학을 충분히 강연해 주실 수 있다' 말씀하셨습니다.

불교에 무슨 '관리학'이 있는지 모르겠습니다. 불교는 언제나 평화를 원하고 인간에게 편리함을 주며, '관리'를 따로 이야기하지 않으며 대부분 제도나 계율 등의 내용입니다. 불교가 이와 같은 형태라고 해서 '관리'가 인사상 어떤 심각한 분쟁을 불러일으키지는 않습니다.

외부에서는 제가 '관리'에 관한 특별한 비법이라도 지니고 있는 것처럼 여기며, 저에게 '관리학'을 주제로 강연해 주길 바라기에, 저도 불법을 자세히 연구하였더니 불법 전체가 모두 '관리학'이라 말할 수 있다는 것을 알게 되었습니다. 하지만 여러분들이 심혈을 기울이지 않는다면 어떻게 '관리'한다 해도 작은 일을 더 크게, 큰일은 더욱 심각해지게 만들 수도 있어 더욱 골치 아파질 수도 있습니다.

인사

'관리학'이란 타인과 다투는 것이 아니고 대립하는 것도 아닙니다. 아집을 가지거나 자신의 이익을 앞세워서는 더욱 안 됩니다. 참된 '관리학'이란 반드시 다른 사람의 입장에서 고민해야 하고, 상대가 받아들일 수 있도록 해야 하며, 타인과 나 모두에게 이롭고 즐거운 것이어야 합니다. 최고의 원만한 관리란 이러한 것입니다.

어느 제자가 하루는 제게 "스님께서는 일생동안 자신의 성격이 어떠했다고 생각하십니까?" 하고 물었습니다.

저는 "선하다 여기면 서슴지 않고 밀고 나가는 것이 나의 성격일 것 같다"라고 답했습니다.

본 편에서는 수많은 관련 문제 해결과 사람 사이의 관계 해결에 제가 어떻게 불법의 경문經文과 의리義理를 적절히 사용하고 방편의 도리로 삼았는지 말씀드리려 합니다.

자혜慈惠 스님

저는 젊은이들을 곧잘 해외로 파견하거나 아주 먼 곳까지 보내 일처리를 시키고 소임을 살도록 합니다. 처음에는 많은 젊은이들이 이에 주저하였으며, 자진해서 나서는 이가 없었습니다. 그러나 제게는 수많은 제자를 대하는 나름의 노하우가 있습니다.

중국 양저우(揚州) 국가종교국國家宗教局 엽소문葉小文 선생과 중국불교협회中國佛敎協會 회장 조박초趙樸初 선생께서 감진도서관鑑眞圖書館을 세우고, 나아가 감진대학교鑑眞大學校를 설립하려는 데 보시를 희망하셨습니다. 저는 교육 분야에 늘 흔쾌히 공헌을 해왔습니다. 그러나 중국 양저우에 도서관을 세우려면 적어도 2, 3년은 걸리고, 그 지역의 관계자들과 다방면의 교섭이 이루어져야 합니다.

이 과정에서 저는 60여 년 동안 저와 함께 교육 사업을 일구어 온 총림학원 원장 자혜 스님을 눈여겨보게 되었습니다. 언어 방면에 능통한 자혜 스님은 저를 위해 일본어와 타이완어 통역을 담당했습니다. 일처리도 능숙하고 분석에 일가견이 있으며, 특히 대외적으로 대응하는 능력에 뛰어난 스님입니다. 그럼에도 제가 중국으로 파견하려고 하니, 타이완의 비구니가 낯선 중국에서 공사 건설을 진행한다는 것이 부담으로 작용했는지 약간 주저하는 모습을 보였습니다.

처음, 제가 자혜 스님에게 중국의 지방 관계자들과 협약서 체결·세부사항 작성·설계도 기획·도서관 건설 계획을 부탁했더니, 듣자마자 "큰스님! 제가 그 많은 일들을 어떻게 다 처리합니까?" 하며 난색을 표했습니다.

저는 자혜 스님에게 계속 권한다 하여도 여전히 난색을 표하고 가길 꺼려하니, 자혜 스님이 내심 다른 사람의 파견을 바랄 것이라는 것을 잘 알고 있었습니다.

그래서 저는 "자혜 스님이 안 간다니…, 참! 이런 일에 파견할 만한 인재를 불광산에서 찾기 힘든데…. 안 간다면 어쩔 수 없이 제가 다녀오는 수밖에 없겠습니다. 그런데 계약서 체결하는 등 중국에 자주 드나들다 보면 다른 일들이 지체될 텐데, 정말 이러지도 저러지도 못 하겠습니다"라고만 이야기했습니다.

자혜 스님은 자신이 가지 않는다면 제가 나서서 책임지고 해야 한다는 말을 듣고는 마음 한 편에서는 차마 그렇게 할 수 없었을 것입니다. 제가 국내외로 다니며 내적 업무와 외적 사무를 처리해야 하고, 강연과 공사 등도 두루 많으니 자혜 스님도 제가 눈코 뜰 새 없이 바쁘다는 것을 잘 알고 있기에 두 말 않고 "알겠습니다. 이 일은 제가 맡겠습니다" 하고 나섰습니다.

저는 계속해서 부탁하고 권유할 필요 없이 다른 방법으로 접근했습니다. 자혜 스님 스스로 상황을 고려해 보고 일의 경중도 비교해 보면서 '이 일은 나 아니면 안 되겠구나!'라는 생각을 갖도록 하였습니다. 그 후 자혜 스님은 2년여의 시간을 들여 드디어 중국 땅에 감진도서관을 설립해 냈습니다.

10년 동안, 대륙의 감진도서관에서 주최한 양저우강단(揚州講壇)은 거듭 문화를 부흥·발전시켰으며, 수백 분의 명사가 이곳에서 강연을 하였습니다. 그때마다 천 명이 넘는 청중이 참석한 것은 중화문화에 대한 실질적인 공헌을 이루어냈다 말할 수 있으며, 여기에는 자혜 스님의 공로도 분명히 있음을 기억해야 할 것입니다.

저는 어떤 상황에서도 목적을 달성하려면 상대에게 이해시키고 그를 감동시켜 스스로 원해서 기꺼이 받아들이게 하는 것이 관리학이라 생각합니다. 이러면 이루어내지 못할 일이 없을 것이라 생각합니다.

자용慈容 스님

초창기 불교의 집회 활동에는 고작 수십 명 정도가 모였고, 힘껏 경전을 강연하고 포교를 해도 200~300명이 고작이었습니다. 당시 타이완에서는 광복절(10. 25.)과 국경일이 되면 학교의 교사와 학생들이 총통부 앞에서 행사를 개최한 것 말고, 사회 전체를 통틀어 가장 규모가 큰 집회라고 해도 모두 200~300명 정도밖에 모이지 않았습니다. 1,000명 이상이 참여하는 행사를 개최한다는 것은 매우 어렵고 힘든 일이었습니다.

1978년부터 저는 타이베이의 국부기념관에서 강연을 했습니다. '말'로만 강연한다면 물론 듣는 사람도 있겠지만, 강연에 커다란 흥미를 갖지 못하는 사람도 있을 수 있겠다 싶어, 신도들이 불법을 섭수하고 가르침과 교감하게 하기 위하여 중국의 돈황벽화 속에서 표현한 설법의 수승한 장면을 재현해 가르침을 전파한다면 어떨까 생각해 봤습니다. 기악과 노래를 통한 설법, 그리고 이와 잘 어울리는 춤을 결합한 강연이야말로 역동적인 방식의 강연이라 생각되었습니다. 불교의 정신과 활력을 전달한다면 대중의 흥미를 더욱 잘 이끌어낼 수 있을 것 같았습니다.

당시 타이완은 공연을 할 만한 여건이 제대로 갖춰지지 않았고, 우리에게 이쪽 방면으로 활동하는 인재도 별로 없었습니다. 그래서 저는 젊은이들 가운데 포교 활동에 뛰어난 자용 스님을 발굴해서, 그에게 강연과 공연이 결합된 새로운 형태의 프로그램을 기획하도록 하였습니다.

처음에는 자용 스님도 약간 어렵게 느꼈습니다. 국부기념관의 좌석이 3,000석에서 최대 5,000석 규모인데, 그 많은 군중 앞에서 가무를 공연하자면 적합한 사람을 선출하는 것 외에도 공연하는 사람 역시 커다란 용기가 필요했습니다.

저는 자용 스님께 "스님의 여동생이 타이완예술대학 교수 아닙니까? 다른 곳에서 찾지 말고 학교의 교수님과 학생들에게 도와달라고 동생에게 부탁해 보세요. 노래와 춤을 배우는 사람들이 많은 대중 앞에서 공연해 보면 성취감도 클 것입니다"라고 말했습니다.

제 이야기를 듣고, 자용 스님은 굉장히 의미 있는 일이라며 이 방면의 홍법 활동을 맡기로 하였습니다. 이로써 불교 포교의 새로운 모습이 생겨나고, 예스러운 전통불교의 포교 형식을 벗어난 혁신을 이루었습니다. 후에 국부기념관에서의 공연은 포교 30년 동안 항상 빈자리 없이 청중으로 가득차고도 모자라 가장자리와 통로까지 군중으로 넘쳤습니다.

타이베이 국부기념관에서 일하는 직원들도 국부기념관 건립 이래 이렇게 많은 사람이 참여한 행사는 본 적이 없었다고 입을 모았으며, 질서정연한 것은 물론, 해마다 다른 프로그램으로 불교를 함축시키고 융합시킨 예능 활동이었다고 말했습니다.

이는 분명 저의 불법 강연이 좋았던 것이 아니라, 가무가 크게 한 몫했을 것이라 생각합니다. 저는 자용 스님이 자신의 재능을 발휘할 수 있도록 격려하고 키워주었으며, 홍법의 새로운 형식을 과감히 만들어내게 했습니다.

타이베이 국부기념관과 타이베이, 가오슝 대형장소에서 열린 강연 혹은 불교범패음악회 등이 불교에서 성대한 행사가 된 것은 물론, 이후 사회의 대규모 활동에도 가무 등을 넣은 공연이 선보인 것은 자용 스님의 영향과 전혀 무관하다 할 수 없습니다.

'활동에 대한 관리'는 반드시 모든 인연이 모아지고, 반드시 많은 인재들이 하나가 되어야만 합니다. '관리'는 혼자 전권을 휘두르며 자기 고집대로 밀고 나가는 것이 아닙니다. 모두가 참여하게 만들어야 제대로 된 관리학의 활용이라 하겠습니다.

각배覺培 스님

각배 스님은 불광산에서 출가하기 전 아르헨티나에서 대학을 졸업한 엔지니어 출신입니다. 어느 해 브라질에서 홍법을 하던 각성覺誠 스님이 추천한 인연으로 저를 따라 유럽 홍법을 떠나는 길에 동행을 했습니다. 저는 각배 스님에게 궁금한 것이 있으면 언제라도 질문하라 일렀습니다. 그러자 일정 내내 끊임없이 제게 질문을 하였고, 저도 제가 아는 만큼 모두 대답을 해주었습니다. 홍법 일정을 원만히 마칠 때까지 그는 수백 가지가 넘는 질문을 하였습니다.

'학문'이란 배우고자 하면 물어봐야 하고, 질문을 해야 해답을 얻을 수 있습니다. 그는 알고 싶은 것을 질문하고, 저는 바로 답해 주었습니다. 이렇게 주고받는 사이 각배 스님은 어느 정도 증진되었을 것입니다.

그는 원래 다른 사찰에서 출가를 하려 했었지만, 마지막에는 불광산을 선택했고 우리도 크게 기뻐했습니다. 저는 겨우 이틀 동안 그의 질문에 답을 해주고 불광산의 독서회와 불광회 등을 창설한 소중한 인재를 얻었습니다.

저는 관리학이 때로는 이 '앎(知)'에서부터 그를 증장시키고, 이치에서 그가 알아차리게 해야 한다고 생각합니다. '이치'와 '불법'이라는 테두리 안에서 우리가 그에게 설명해 주어 지식이 늘고 공경심이 생겼기 때문에 신앙은 더 늘어나게 될 것이고, 비교적 쉽게 수행과 도를 깨우쳐 나갈 수 있는 것입니다.

누군가는 나면서부터 알고, 누군가는 배워서 알고, 누군가는 곤경에 처해서 배우게 된다 하였습니다. 무엇이 되었든 이해하고 알았다면 깨달을 수 있을 것입니다.

저는 그에게 "불광산으로 꼭 오라!" 당부한 적도 없고, 그가 저에게 질문 좀 하였다 해서 인력을 충원하려는 것처럼 그를 스카우트하려고도 안 했습니다. 그저 저는 그와 이야기를 나눈 후, 그에게도 자신의 생각과 선택이 있으니 그의 자유에 맡겨야 한다고 생각했습니다.

훌륭한 비둘기는 아무리 멀리 날아가도 다시 돌아오는 귀소본능이 있습니다. 훌륭한 말은 지나간 길을 선명하게 기억합니다. 다행히 각배 스님이 수승하여, 수많은 문제를 해결한 뒤, 어디로 갈지 그가 알아차렸을 것은 당연합니다.

관리학에 대해 말하자면, 저의 관리는 '관여를 하지 않는다'는 것입니다. '관여를 안 한다는 것' 내에는 또 많은 관리가 있다고 늘 말합니다. 관리학을 응용한다 하여 반드시 규제가 담긴 관리를 해야 하는 것은 아니고, 때로는 '관여를 하지 않는다'는 것도 좋은 방법일 수 있습니다.

여상如常 스님, 각원覺元 스님

제가 불광산에서 『불광교과서佛光教科書』를 편집할 당시, 두 제자가 저를 갑자기 찾아왔습니다. 한 사람은 여상 스님이고 한 사람은 각원 스님이었습니다.

두 사람 모두 대학원 석사 출신으로 불광산의 각 부서에 파견되어 일하고 있었습니다. 저는 이 두 사람이 주무 책임자의 방식과 마음이 맞지 않아 곤란을 겪던 중에 스스로의 고뇌를 표현하고자 저를 찾아온 것이라 생각했습니다.

저는 스스로를 '하나의 쓰레기통'이라 비유합니다. 모든 사람이 쓰레기와 고뇌를 갖고 저를 찾아오지만, 즐겁고 기쁠 때는 찾아오지 않습니다. 그래도 저를 찾아오는 사람들은 똑똑합니다. 제가 그들의 문제를 해결해 줄 수 있는 통로라는 것을 알기 때문입니다. 총명하지도 않고 이 통로를 이해 못하는 사람들은 저를 찾아오지 않고, 스스로 결단을 내리고 감정적 처리를 해버리니 그 결과는 늘 제 예상을 넘어섭니다.

여상 스님과 각원 스님이 저를 찾아왔을 당시 두 사람 모두 불광산에서 지낸 지 이미 10여 년이 넘었습니다. 총림학원을 졸업하고 석사까지 공부한 뒤에 각 부서에서 근무하고 있었으니, 부서가 적합하지 않았다 생각했다면 그것은 그들의 능력이 떨어지는 것이 아니라 아직 연분이 맞지 않은 것이라 생각했습니다. 그때 저도 그 두 사람의 능력이 어느 정도이며 성격은 어떠한지 알지 못했고, 갑작스럽게 찾아왔기 때문에 저도 뾰족한 수가 없이 "이렇게 합시다. 제가 지

불광교과서

금 『불광교과서』를 편집하고 있는데, 두 사람이 옮겨 적는 것과 타이프 치는 것을 도와주며 일단 여기에 있어 봅시다" 하고 이야기했습니다. 두 사람은 흔쾌히 저의 일에 동참하였고, 일도 무척 잘했습니다.

『불광교과서』 안의 수많은 삽화는 모두 여상 스님이 저를 도와 작업한 것이었습니다. 그가 없었다면 『불광교과서』가 깔끔하고 예쁜 디자인으로 나오지 못했을 겁니다. 또한 그때 저는 늘 노래와 이야기를 곁들인 포교를 제창해 왔는데, 각원 스님의 목소리가 우렁차, 노래와 이야기를 곁들인 포교 공연이 있으면 그만한 적임자가 없었습니다.

그들은 제가 있는 곳에서 소임을 살며, 제가 집회를 열 때마다 각원 스님은 노래를 부르며 홍법하였고, 제가 편집하려면 여상 스님이 그림을 디자인해 주었습니다. 그들은 이렇게 저를 따라 자신의 적성에 맞는 곳에 안착하였습니다.

두 사람 모두 소임을 다하고 화목하게 일할 수 있다는 것을 이해한 뒤, 저는 그들을 각자의 장점을 살려 발전하도록 소임을 맡겼습니다. 여상 스님은 저를 위해 문교기금회와 운수서차(이동도서관)를 맡아 운영하고, 불타기념관을 이끌어가고 있습니다. 각원 스님은 타이난에 남대별원南台別院을 건립하였고, 후에 타이베이 도량 주지 소임을 맡았습니다. 두 사람은 맡은 바 소임들을 훌륭히 처리하였고 널리 홍법을 펼치면서 각자의 능력을 십분 발휘하였으며, 지금은 불광산의 우수한 동량이 되었습니다.

만일 그들이 저를 찾아왔을 때 제가 먼저 야단을 쳤다면 그들은 마음속에 불만을 가졌을 것입니다. 억울한 마음으로 저를 찾아왔는데 제가 또 그들에게 야단을 쳤으니 불만이 마음에 가득했을 것입니다. 그래서 저는 누가 옳다 그르다 이야기하지 않고, 그들로 하여금 제 곁에 머물며 일을 하면서 안정을 찾도록 하였습니다.

저는 타인을 한 번에 너무 많이 책망하거나 너무 많이 칭찬하지 말아야 하며, 서둘러 결론을 내려 너는 이러이러하고 그는 저러하다 하며, 네 잘못이다 그의 잘못이다 하지도 말아야 한다고 생각합니다. 그렇게 하면 일을 도리어 더 엉망으로 만들 수 있습니다. 먼저 그들의 성향을 이해하고 그들이 자연스럽게 능력과 배운 바를 펼칠 수 있도록 놓아두는 것도 무방하겠습니다.

그래서 저는 여상 스님과 각원 스님에게 간섭하지 않는 관리를 하고, 옳고 그름을 논하지 않고 좋고 나쁨을 이야기하지 않았습니다.

성실하게 일하면 되는 것입니다. 누가 옳고 누가 그른지는 저 멀리 치워버리고, 누가 좋고 나쁜지 상관하지 말고, 불법을 중요시하고 사업을 우선시하고, 인아人我를 마음에 담지 않고 대립하지 않는다면 해내지 못할 일은 없습니다.

묘향妙香 스님

주민정朱玟靜이라는 아가씨가 있었습니다. 저를 대면할 당시 불광산에 다닌 지는 대략 7, 8년 정도 되었고, 키는 크지 않았지만 동작이 민첩하고 여학생 복장을 하고 있었는데 밝고 명랑했습니다.

제가 소임에서 물러난 이후, 저는 불광산의 인사 문제에 그다지 간섭하지 않았고, 모든 인원의 인사이동은 그들의 자유에 맡기고 각 부서의 관할을 존중했습니다. 이렇게 지낸 지 몇 년 후 한번은 불광산의 전등루傳燈樓에서 바닥청소와 쓰레기를 치우고 있는 그녀를 보고 갑자기 궁금해져 이름을 물어보았습니다. 그녀는 주민정이라고 대답했고, 저는 "오랫동안 불광산을 다닌 것 같은데 왜 아직 출가하지 않았습니까?" 하고 물었습니다. 그러자 그녀는 서류심사에서 통과하지 못해, 출가할 기회가 없었다고 답했습니다.

저는 조금 이상한 생각이 들었습니다. 이렇게 총명하고 영특한 사람인데, 더구나 불광산에서 수년간 힘들게 봉사도 하였는데 왜 출가할 수가 없었을까? 그래서 저는 전에 주민정 씨가 어떤 일을 했었는지 다시 물었습니다. 그녀는 간호대학을 졸업하고 노점상도 하였고 식당에서 아르바이트도 하는 등 일과 학업을 병행했으며, 수년간 중

환자실에서 간호업무에 종사했다고 답했습니다.

저는 이 친구가 귀찮고 괴로운 일도 잘 인욕하고, 힘든 일도 능히 해내는데다 대학도 졸업하였고, 더구나 간호사 출신이니 우리 불광산에 꼭 필요한 인재라는 생각이 들었습니다. 그래서 그녀에게 "이러면 어떨까요? 제가 출가하라 권하면 그렇게 하겠습니까?" 묻자, 그녀는 "물론입니다. 제가 바라는 바입니다"라며 그 자리에서 흔쾌히 답했습니다. 그리고 출가하여 지금은 법명이 묘향입니다.

저는 그녀가 했던 노점상, 아르바이트, 중환자실 근무 모두 매우 힘들고 어려운 일이라 생각합니다. 그녀처럼 근면 성실하며 고생을 두려워하지 않는데, 장차 불문에서 수행하면서 고행하고 대중을 돌보는 것을 두려워할 리 있겠습니까?

과연 그녀는 출가 후 줄곧 전등회에서 제자 대중의 승사僧事를 보살피고 협조하는 일을 하는 등 많은 관리업무에 종사했습니다. 간호업무 역시 병행하며 환자 돌봄에도 정성을 다하여 소홀함이 없었습니다. 2시간이 소요되는 병원과 불광산을 하루에 서너 차례 오가며 많은 환자들에게 열정적으로 봉사했습니다. 심지어 불타기념관 건축 중에 수도·전기 문제로 곤란을 겪을 때에는 적극적으로 나서 수많은 수도·전기 등 공사상의 문제를 협력·처리하기도 했습니다.

오랜 출가 생활에서 열심히 봉사하는 그의 성격 덕분에 모든 사람이 그녀를 칭찬하고 그녀에게 감사했으며, 저 역시 제가 내렸던 결정에 안도와 환희를 느꼈습니다.

원인은 어디에 있을까요? 인사의 관리에 있어서는 외모만 봐서는 안 되며, 인품이 있어야 하고, 힘써 배우고 공부해야 하며, 인내할 줄 알아야 하며, 발전하려고 노력하고, 타인과 잘 어울리고, 널리 선연을 맺도록 노력해야 '불광'이라는 단체 안에서 일할 수 있습니다. 그래서 주민정 양의 출가를 성취시킨 인연은 저에게는 관리 면에서 제가 아직은 사람을 보는 능력이 있고, 늙기는 했어도 아직 타인을 성취시켜 줄 수 있으며, 또한 제대로 좋은 일 한 가지를 했다고 생각합니다.

양자만楊慈滿 사고師姑

양자만 사고(師姑: 여기서는 여성 재가자를 지칭)는 이란(宜蘭: 타이베이 동북 지방) 사람입니다. 민국 41년(1952)에 제가 이란 뇌음사雷音寺에서 홍법을 시작하며 이란 염불회의 회계를 보면서 신도에게서 매월 회비 1원씩 보시받는 것을 맡았습니다. 10년 후 저는 가오슝에서 불광산을 창건하였지만 금전관리에는 재주가 없어 그녀에게 가오슝으로 내려와 회계를 도와 달라 청했습니다. 그녀도 흔쾌히 승낙하고는 서둘러 짐을 꾸려 가오슝으로 왔습니다.

그녀는 초등교육밖에 받지 못했지만, 당시의 장부관리는 복잡할 것도 없이 기껏해야 더하고 빼고 곱하고 나누는 가감승제加減乘除 정도였습니다. 그녀도 각별히 마음을 써가며 매일 들어오고 나가는 품목들을 꼼꼼하게 기록했습니다.

양자만 사고는 책임감은 매우 강한 반면 업무 처리가 강직한 편이었습니다. 그는 불광산에서 회계를 보며 자금을 결제할 때마다 저를 찾아와 자금 부족을 이야기했지만, 아무리 능력이 좋아도 없는 돈을 그녀가 어쩔 수 없다는 걸 저도 잘 압니다. 그녀가 발심해서 자금관리를 해주는데 제가 이런 스트레스까지 안겨 주어서는 물론 안 되는 일 아니겠습니까? 제가 매번 그녀에게 어디에 융통할 자금이 있으면 잠깐 돌려쓰는 것도 한 방법이라 이야기하면, 그는 해보지도 않고 "그 자금들은 장차 이런저런 일에 사용할 것이니, 먼저 차용하는 것은 안 됩니다" 하며 반론을 제기했습니다.

저는 지금 발등에 불이 떨어졌으니 먼저 가져다 사용하고, 나중 일은 또 그때 다시 방법을 생각하면 된다고 생각했습니다. 급한 불도 앞뒤가 있지 않겠습니까? 그러나 그녀는 늘 고집을 피웠고, 이야기가 이쯤 되면 항상 "저는 잘 모르겠습니다. 그만 두겠습니다" 하고 말했습니다.

양자만 사고가 사명감도 있고 책임감도 무척 강한 사람임을 저도 압니다. 양자만 사고가 그만 둔다고 말하면, 저는 "좋아요. 그만 두십시오"라고 말하고는 일부러 능력이 안 되는 사람 하나를 들먹이며 관리를 맡긴다고 말했습니다.

그 소리를 듣자마자, 그녀는 다급하게 "그 사람은 이걸 알지도 못하고 할 줄도 모르는데 그건 안 됩니다" 하고 외쳤습니다. 그러면 저는 "그만 둔다고 하였으니, 사고께서는 더 이상 아무 말 마십시오"라고 타일렀습니다. 어찌됐든 그녀도 책임감 있고 양심도 있는 사람이라, 매번 안 하겠다고 이야기하고서도 얼마 지나지 않아 다시 그 일을 계속했습니다. "무턱대고 청하는 것보다 상대방을 자극해 더욱 분발하게 하는 것이 낫다(請將不如激將)"고 했습니다. 저는 그녀의 심리를 이해하고 그녀의 생각에 맞춰 그에게 맞는 처방을 한 것입니다.

인사

그래서 저는 누구든지 "안 하겠습니다. 그만 두겠습니다"라고 말하면, 그를 타이르거나 설득하지 않습니다. 이러면 도리어 그의 기세만 더 돋울 뿐이며, 저는 다른 사람을 찾으면 되니 당신이 안 해도 괜찮다고 말합니다.

책임감도 있고 불교를 위해 발심한 그가 적임자가 아닌 사람에게 일을 맡기는 것을 두고 보지만은 않을 것입니다. 스스로 이치를 깨닫기만 하면 발심하여 다시 일을 맡을 것입니다. 불광산에서 수십 년 동안 그녀는 우리와 이렇게 지내왔습니다.

민국 71년(1981), 조산회관朝山會舘의 관장을 맡고 있는 소벽하蕭碧霞 사고는 평소 양자만 사고의 존경과 신임을 받고 있었던 사람이었습니다. 이때 저는 양자만 사고의 업무를 보면서, 이미 그가 감당할 만한 수위를 넘어섰다는 걸 알고, 장부를 소벽하 사고에게 넘기자고 권했습니다.

소 사고는 정치대학 회계통계학과를 졸업한 유능한 인재입니다. 회계 관리가 전문 분야이긴 하였지만, 늘 청렴하고 금전 관리에 관여하기를 원치 않았으며, 아버지와 자신의 퇴직금 전부를 불광산에 헌납하여 사찰의 공적 자금으로 귀속시키고, 절대 사사로이 사용한 적이 없습니다. 그가 이 직무를 맡길 원하지 않아서, 당분간 대리만 해달라고 부탁했습니다.

"소 사고님이 맡지 않으면 양 조장도 다른 사람에게 안 넘기겠답니다. 보다시피 그녀도 이제 백발성성한 노인이 다 되지 않았습니까?" 하고 말하니, 소 사고도 허락하였고 문제는 순조롭게 해결되었습니다.

세간의 각종 관리 가운데 물품의 관리나 일, 금전, 시간, 공간의 관리는 모두 쉬운 편에 속한다고 생각합니다. 물품은 의견을 표출하지 못하고 당신한테 항의하지도 못하니, 배치하는 만큼 자신의 기능을 발휘할 것입니다. 일처리도 일정한 원칙이 있으면 됩니다. 일의 경중과 완급을 제대로 파악하고, 일의 좋고 나쁨, 득과 실을 정확히 가늠하면 관리하는 데 별 어려움이 없을 것입니다.

관리학 중 가장 관리하기 어려운 것이 '사람'입니다. 사람은 서로 다른 사상, 서로 다른 습관, 서로 다른 생각, 서로 다른 의견 등을 가졌기 때문입니다. 수많은 다름 가운데에서 어떻게 사람을 통섭하는가가 사실상 가장 힘들고 어렵습니다. 이렇다 해도 저는 사람이 서로 부딪히며 사랑을 기반으로 하고, 책임을 기반으로 하고, 충성을 기반으로 한다면 모두가 친한 친구이자 한 가족이 될 수 있다고 생각합니다. 인사관리에 대해 저는 '관기觀機'를 알기만 하면 적절하게 문제를 해결할 수 있다고 봅니다.

불광산은 그 후 양자만 보살을 불광정사에 모셔 노년을 편안하게 보내시도록 했습니다. 젊어서부터 이란 염불회와 불광산을 위해 고생한 그의 헌신에 대한 보답인 셈입니다.

불문은 보수도 없고 대우도 높지 않고 그저 발심에 의지할 수밖에 없어 인재를 구하기가 무척 어렵습니다. 인연이 닿아 발심하신 젊은 이와 보살들은 기도하는 곳마다 응답하시는 관세음보살처럼, 이곳에 오면서 괴로움과 어려움에 처한 이를 구할 수도 있습니다. 불광산에서 발심하여 봉사하시는 분들은 진정 보살도를 행하시는 분들입니다.

장소제張少齊

장소제 거사는 저의 은사스님이신 지개 상인志開上人과 동년배이므로 제가 마땅히 스승님으로 받들어야 하는 분입니다. 그분과의 인연을 말씀드리자면 참으로 불가사의합니다.

제가 서른 살 무렵, 그분께서는 제게 『각세순간覺世旬刊』의 편집을 맡기셨고, 더해서 총 편집까지 맡아 달라 요청하셨습니다. 제가 존경하는 분이었고, 이런 경험을 통해 배울 것도 많겠다 생각해 승낙했습니다.

사실 제가 신문 편집에 대해 무엇을 알았겠습니까? 그러나 저의 보잘 것 없는 재주를 높이 사 주셨기에 저도 제법 훌륭하게 해왔습니다. 선생께서 『각세순간』을 저에게 완전히 일임하신 후 저는 40년 동안 운영하며 멈춘 적이 단 한 번도 없었습니다.

2000년 『인간복보人間福報』를 창간하였고, 저는 『각세』를 『인간복보』로 바꿔 계속 발행하였으며, 『인간복보』의 부록을 '각세 부록'이라 부르게 되었습니다. 이 시간까지 합한다면 발행한 지 60년이 다 되어갑니다.

한 가족처럼 오래 알고 지낸 사이라 친근하게 '장 선배'라 불렀던 장소제 거사는 신문풍新文豊 인쇄공장을 운영한 적이 있었습니다. 대장경을 인쇄 발행하고 싶었던 그는 제게 상무이사를 맡아 달라 요청했습니다. 빈곤하기 이를 데 없던 그 시기에 제게 무슨 돈이 있어 인쇄공장에 투자해 대장경을 인쇄하겠습니까? 그렇지만 저를 생각해 주신 호의를 생각해 홍법 초기 기본생활조차 이어 가기 힘들던 상황에서 겨우겨우 오천 원을 마련해 드렸습니다.

2, 3개월도 지나지 않아 그는 또 제게 "우리도 인쇄공장을 운영할 줄 모르니 유劉씨 성을 쓰시는 불교 도반에게 공장 경영을 맡깁시다" 하고 제안했습니다. 저도 흔쾌히 찬성했습니다. 이렇게 해서 저의 첫 상무이사의 명의도 사라졌습니다.

우리는 서로를 도와주며 여전히 좋은 관계를 유지하고 있었습니다. 심지어 제가 잡지 편집할 때는, 작가는 아니지만『인생잡지』를 편집하는 저를 도와주고자, 투고할 여러 편의 글을 써내며 저에 대해 아낌없는 지지를 보내주었습니다.

당시 '중화불교문화관中華佛教文化館'이 베이터우(北投)의 좋은 곳에 자리를 잡고 있었고, 땅값도 무척 비쌌습니다. 그러나 동초東初 스님은 기이하게도 무슨 이유에서인지 '중화불교문화관'의 이사장을 자신의 제자인 성엄聖嚴 스님에게 맡기지 않고, 재가 장로인 장소제 거사에게 넘긴다는 유언을 남겼습니다. 유언을 남길 때 장 선배는 이미 연로하여 더 이상 사회봉사를 할 수 없을 정도였습니다. 그러나 저는 '중화불교문화관'은 더 발전해야 하고 불교를 위해 더 많은 일을 해야 한다고 생각했습니다.

그래서 어느 날 장 선배와 한담을 나누다 별 뜻 없이 이야기를 꺼냈습니다.

"선배님, 굳이 이사장을 해야 하십니까? 이사장은 동초 스님의 제자인 성엄 스님에게 맡겨야 합니다. 젊고 불법을 널리 알리는 데 의지도 있는 그에게 맡기면 장차 할 일이 있을 것입니다."

제가 말한 뒤, 그는 갑자기 입을 다물고 한동안 아무 말 없이 생각에 잠겼습니다. 당시 그가 어떤 생각을 했는지 저는 모릅니다. 그러나 후에 성엄 스님이 이사장에 취임해 법고산法鼓山을 창건했습니다. 이 일의 성취에 있어 저의 공헌이 아주 없지는 않다고 생각합니다.

저는 평생 생일을 쇠는 것을 좋아하지 않았습니다. 그러나 서른 살 때 뜻밖에도 그가 신도들을 독려해 잔치를 베풀어 저를 축수해 주었습니다. 지극한 그의 정성에 저도 감동하였습니다. 장 선배의 변함없는 관심·신임·사랑에 감사하며, 30년 전 그가 미국으로 이민 가는 데 도움을 드렸고, 미국에 있는 제자 또한 수 년 전 백세를 넘겨 타계할 때까지 그의 가족 모두가 편안히 머물 수 있도록 돌봐 드렸습니다.

이 분과 저의 인연은 마음으로 서로를 아끼는 것이었습니다. 그가 생각하는 저는 지극히 성실하고 책임질 줄 아는 사람이며, 타인이나 친구를 멋대로 의심하거나 권모술수를 부리지 않고 생각하는 대로 가식 없이 행동하는 사람이었을 것입니다. 저 역시 그가 자상하고 온화하다 생각하기에 우리는 일생 상대방을 존중하고 우의를 나눴습니다. 사람과 사람 사이에는 신뢰하고 서로 돕고 인연을 맺어야지, 원한을 맺으면 안 됩니다. 이것이 함께 사는 원칙이자 관리의 핵심입니다.

주교(朱橋, 주가준朱家駿)

주교, 즉 주가준은 원래 이란 통신병 학교에서 중견간부 정도의 문

관장교였습니다. 후에 구국단救國團을 도와 이란에서 『란양청년蘭陽青年』을 편집했습니다. 그 사실을 알게 된 저는 그의 재능을 알아보고 『각세순간』과 『금일불교今日佛教』의 편집을 도와 달라 청했습니다.

주가준은 편집에 특별한 재능이 있어 표제와 삽화로 기존의 편집 범주를 벗어나 창의적인 디자인을 선보였습니다. 그가 편집한 잡지는 아름답기 한량없었으며, 그는 가끔 '주교'라는 필명으로 글을 써 발표하기도 했습니다.

후일 타이완에서 가장 권위 있는 청년문예잡지로 타이베이에서 구국단이 발행하는 『유사문예幼獅文藝』에서 그가 편집장을 맡아 달라는 요청이 들어왔습니다. 저는 이렇게 훌륭한 인재를 제 곁에만 붙잡아 둘 수 없다는 것을 알고, 반드시 사회의 중요한 기관에서 성과를 크게 올릴 인물이라 생각했기에 매우 기뻤습니다.

이처럼 재능이 뛰어난 청년 장교가 저를 따라다니며 식사 당번, 차 심부름, 청소 등 저의 대소사를 모두 돌봐주었습니다. 그러나 이 일 이전에 제가 먼저 그를 돌봐주었습니다. 그가 잡지 편집 작업을 할 때 우유를 데워 그에게 가져다주고, 그가 업무로 고민하며 머리를 쥐어짤 때 저는 과일 한 접시를 보내주었습니다. 가끔 저는 그와 마주앉아 이야기를 나누며 그의 업무상 중압감도 덜어주곤 했습니다. 우리는 서로에게 영향을 주고 서로를 존중하며, 서로 나이에 얽매이지 않았기에 저는 일심으로 저를 위해 일하고 저를 도와주는 그를 얻을 수 있었습니다. 우리는 비록 사제 관계였고 연령 차이도 많이 있었지만, 오히려 부자지간처럼 그는 저를 무척 믿고 따랐습니다.

　후에 그는 애정의 늪에 빠져 감정의 다툼을 벌였습니다. 이것은 젊은이라면 충분히 있을 수 있는 일이었습니다. 안타깝게도 그는 결국 세상을 비관해 자살을 선택했습니다. 제가 그때 타이베이에 있었더라면 그에게 도움을 줄 수도 있었을 텐데…. 그때 이미 저는 가오슝에 내려와 있었기에 유감스럽게도 이처럼 유망한 불제자 하나를 잃었습니다. 우리는 서로 존중하고 서로 구속하지 않고 왕래했습니다. 그는 늘 스승으로 삼을만한 벗이었고, 항상 평등하고 화목하게 지냈습니다. 업무적인 인연에서는 서로를 배려하였습니다. 때로 그가 깊은 밤까지 쉬지 않고 있으면 저도 그에게 다과를 내어주고 식사를 가져다주며 그를 가까운 친구처럼 대하였지, 제자라 여기지 않았습니다.

　'주교' 외에도 당시 양석명楊錫銘·주광유周廣猷·구덕감裘德鑑 대령·향언享言 대령 등이 모두 이란 합창단과 홍법대의 구성원이자 진정한 호법이었으며, 인간불교의 기초를 뿌리내리는 데 많은 도움을 주었습니다. 비록 군대 내에서 그들의 지위는 높았지만, 저는 이 많은 장교들을 대함에 있어 그들을 비천하다 여기지 않았고, 제 자신이 우월하다 생각지 않았습니다. 모두가 서로 존중하였고, 그들도 저와 즐겁게 왕래하며 서로 흉금을 털어놓고 평등하게 대했습니다. 군대에서는 병사를 거느리려면 그들의 마음을 잡아야 한다는 말이 있습니다. 친구 사이이든 스승과 제자 사이이든 부자 사이이든, 어떤 사람을 대하더라도 서로 마음을 나눌 수 있는 것이 제가 남을 대하는 관리방식이자, 관여하지 않는 관리라는 관리학입니다.

장우량(張友良, 자련慈蓮 보살)

이란 가영대歌詠隊의 주요인물인 장우량 양은 란양여중蘭陽女中을 졸업했고, 5, 60년대 전에는 매우 교만한 사람이었습니다. 명성도 대단해 사람들은 그녀를 '작은 주선(周璇: 대중음악 가수이자 배우이며, 민국 시기 4대 미인 중 하나로 꼽힘)'이라 불렀습니다.

재능 있는 그녀는 여러 곳을 다니며 군 위문공연, 상장 수여, 프로그램 진행 등을 하였으며, 이란 전체에서 유명했습니다. 그녀는 노래를 하기 위해 우리 합창단에 참가했습니다. 처음에는 제가 말을 건네도 그녀는 본체만체했습니다. 항상 대접받는 것에 익숙하고 교만한 성격의 그녀가 출가자를 무시하는 것은 어쩌면 당연했습니다.

당시 제가 만든 이란 합창단은 가끔 집회를 가지면 여러 사람과 잠깐 법문 시간을 가졌습니다. 그녀도 듣고 난 뒤 차츰 불교에 대한 신앙심이 생겼고, 염불회에도 종종 참가하곤 했습니다.

어느 날 그녀가 제게 말했습니다.

"스님, 염불만 하면 되었지, 왜 예불까지 해야 해요? 머리가 땅에 닿도록 부처님께 절 올리는 것은 정말 보기 싫어요."

"보살님 말씀도 맞습니다. 그럼 바닥에 머리를 대지 말고, 절도 하지 마세요. 앞으로 사람들이 절을 하면 보살님은 그냥 서 있어도 됩니다. 그것도 한 것과 마찬가지입니다."

그러나 모든 사람이 절을 하는데 그녀 혼자 그 자리에 멀뚱히 서 있으니 절을 안 하기도 곤란했습니다. 나중에 그녀는 또 제게 말했습니다.

"예불도 괜찮은 것 같아요. 그런데 부처님 주위는 왜 돌아야 하죠? 빙글빙글 도는 것이 아무런 의미도 없는 것 같아요."

"그 말씀도 맞습니다. 그럼 저들이 부처님 주위를 다 돌고 올 때까지 한쪽 옆에 서 계십시오."

제가 이렇게 이야기하자 그녀는 더 이상 반박하지 못했고, 저도 그녀의 뜻을 따라 주었습니다. 그러나 모두 부처님 주위를 돌고 있는데 어찌 혼자만 한쪽에 서 있을 수 있겠습니까? 결국 모두를 따라 함께 돌게 되었습니다. 나중에 그녀는 저에게 천진난만하게 말했습니다. "예불도 정말 좋고, 부처님 주위를 도는 것도 너무 좋아요. 너무 재미있어요."

저는 이 교만했던 아가씨가 결국에는 차츰 도심道心이 생겨날 것이고 일도 잘 할 것이라 생각했습니다. 하루는 기회와 인연이 무르익었다 생각이 들어 그녀에게 물었습니다. "장 보살님! 저는 일이 있어 나가봐야 합니다. 제가 없는 동안 이곳의 청년회와 학생회, 그리고 아동반을 대신 관심을 갖고 돌봐주고 도와줄 수 있겠습니까?" 그녀는 저를 바라보며 말했습니다. "제가 왜 그들에게 관심을 갖고 도와줘야 하는데요?" 그녀가 차츰 성장하고 있고 불자로서의 기본예절이 어느 정도 성숙했다고 생각해서 좋은 뜻으로 부탁을 한 것인데, 그녀의 이 대답은 제게 실망과 낙담을 주긴 했지만, 제가 그녀를 싫어한 것은 아닙니다. 저는 그녀가 천천히 나아질 것이라고 생각했습니다.

훗날 그녀는 귀의하여 법명을 자련이라 하였으며, 이란 염불회에서는 자장·자혜와 함께 천하삼분天下三分이라 불리며 각자의 특기를 발휘했습니다. 자장은 법회업무에 능통했고, 자혜는 설법 통역에 능통했으며, 자련은 성악에 능통했습니다. 그녀는 또한 아동반의 담임을 맡아 아동반을 이끌며 봉사했고, 1~20년 동안 학생회 회장을 맡으면서도 거절한 적이 없었습니다. 그래서 관리학 방면에서 인재를 배양하는 것은 한 번에 성공할 수 있는 것은 아니며, 차근차근 타이르고 일깨우며 순응하고 포용해야 하고, 시간을 두고 천천히 키워내어 인연이 구족되면 자연 해결됩니다.

사자범謝慈範

사자범 양은 이란의 귀족 출신으로 항저우(杭州) 국립음악대학을 졸업하였으며, 소프라노 성악가였습니다. 그녀가 부르는 노래는 한 번 들으면 정말 다시 듣고 싶은 노래였습니다. 60여 년 전에 아직 TV가 없던 시기라 안타까웠습니다. 그렇지 않으면 TV에서 공연하는 그녀의 노랫소리와 모습이 분명 모두의 환영을 받았을 것입니다.

그때 그녀는 이란 뇌음사 맞은편에 살고 있었습니다. 그녀의 어머니는 항상 사찰에 예불하러 오셨고, 오빠네 부부도 가끔 들리는 편이었지만 그녀는 절에 온 적이 없었습니다. 훗날 그녀가 시집갈 때 그녀의 부모님은 시중드는 아이를 딸려 보냈을 뿐만 아니라 『대장경』을 혼수처럼 함께 보냈습니다.

그녀는 비록 불교가정에서 태어났지만 보통 사회의 여성과 마찬가지로 불교에 대해 아는 바도 없었고, 심지어 젊은 스님을 보면 저멀리서 바라보기만 하고 가까이 다가오지 못했습니다. 한번은 이런 일이 있었습니다. 많은 신도들이 '관음득도觀音得道'라는 영화를 보러 가는데 저도 꼭 같이 가야 한다고 고집했습니다. 저는 현재 영화 속에서 관세음보살을 어떻게 표현하는지 알 수도 있는 기회이니 가도 괜찮을 것 같았습니다.

당시 20여 명의 신도에 둘러싸여 가고 있는 저를 보고 그녀는 이상하게 생각했습니다. 극장에서 나와 사찰로 돌아가려 할 때, 그녀는 "제게 불교에 관한 의문점이 좀 있는데, 내일 찾아뵙고 가르침을 청해도 될까요?" 하고 물었습니다. 저는 대답했습니다. "물론 언제든 환영입니다."

다음날, 그녀는 저를 찾아와 불교에 관한 궁금한 점을 물었습니다. 후에 그녀도 발심하여 귀의했고, 법명은 자범慈範이라 했습니다.

민국 45년(1956), 중화불교문화관은 『대장경』 발행을 위해 사회의 후원을 얻고자 전국을 돌며 홍보할 팀을 꾸렸습니다. 단장은 남정 장로南亭長老가 맡고, 저는 단체를 이끌고, 이란 합창단의 청년들이 단원으로 참여하여 20여 명이 위풍당당하게 나아갔습니다.

사자범의 노랫소리는 맑고 깨끗하여, 가끔 불교를 전파하면서 그녀가 소프라노 한 곡을 부르면 매우 놀랍고도 신선하여 관중의 눈을 사로잡았습니다. 그래서 그녀도 단체에 합류했습니다. 한편으로는 귀족 가문 출신인 그녀가 단체 안에서 다수의 뜻에 따라 행동할 수 있을까 무척 걱정되었습니다. 단체 안에는 서로를 무시해서는 안 되고, 반드시 다함께 어울리고 다함께 목표를 향해 전진해 나가야 합니다. 후에 그녀도 다른 대원들과 함께 고생하고 인내하며 홍법에 쓰일 도구를 운반하는 것을 보고 저도 안심이 되었습니다.

1955년 성운대사(두 번째 줄 왼쪽에서 다섯 번째)가 중화불교문화관 『대장경』 발행 전국 선전단을 이끌고 타이난 법화사에서 기념촬영(1955.10.10).

우리가 자이(嘉義)에 도착해 포교 활동을 할 때, 저는 사전에 모두에게 오늘 저녁 포교할 순서를 말해 주었습니다. 어떤 말을 하고 어떤 노래를 부를 것인지, 저는 기획하고 발표까지 모두 준비했습니다. 그러나 포교 활동 후, 그녀는 사전에 약속했던 노래를 부르지 않고 다른 거사님의 의견을 따라 다른 노래를 불렀습니다.

저는 "어떻게 허락도 받지 않고 멋대로 규정을 바꿀 수 있습니까?"라고 말하고는, 그녀를 즉시 퇴출시키고 차비를 주며, 우리 단체에 당신은 필요하지 않으니 다음날 아침 타이베이로 돌아가는 차를 타라고 했습니다.

결국 우리 단체의 젊은이들이 조급해하며 말했습니다. "스님, 갑자기 왜 이렇게 엄격하게 구세요? 별일도 아닌데 조금 야단치고 말지, 굳이 제명까지 할 필요는 없잖아요?" 나중에 단체 내에서 젊은 이들이 고모라고 부르는 애愛 씨 노인이 저를 찾아와 사정했습니다.

"사 양은 귀족 출신이고 우수한 인재입니다. 우리를 따라온 것만으로도 이미 서러운 점이 많을 텐데, 이제 제명한다고 돌아가라고 하면 보기에도 많이 좋지 않습니다."

그러나 저는 "안 됩니다. 그녀가 바로 귀족 출신이기 때문입니다. 우리 단체에서는 모두가 평등할 뿐 이른바 '귀족'이란 없습니다. 그녀가 단체의 규칙을 지키지 않겠다면 저도 그녀를 지도할 방법이 없습니다"라며 그녀를 돌려보내길 고집했습니다.

그 후 그녀도 스님에게 말 좀 잘해달라고 여러 사람에게 부탁했지만, 전혀 소용이 없었습니다. 저는 사실 단체의 규율을 보여주기 위해 그녀를 본보기로 삼은 것입니다. 설사 신분이 높은 귀족일지라도 저는 인정에 얽매여 일을 처리하거나 결정하지 않았습니다. 그것은 불공평한 것입니다. 그 후 우리 선전 팀이 40일 간 타이완 전국을 돌 때도 수십 명이 함께 어울리면서 의견충돌로 인한 다툼이 조금도 없이 모두가 화목하고 평화롭고 우애 있게 서로를 도왔습니다. 저는 공정한 처리가 인사관리에 있어 중요한 관건이라 생각합니다.

이 사자범 양은 후에 남편이 불행하게 교통사고를 당하여 오랜 세월 타이베이에서 홀로 가정을 꾸려가야 했습니다. 그녀가 칠십여 세가 되고, 저도 팔십 세쯤 되었을 때였습니다. 곧 졸업을 앞둔 아들을 보기 위해 그녀가 미국에 왔을 때 서래사에서 한 번 만난 적이 있었습니다.

4, 50년 전 인물과 재능이 당대 으뜸이었던 여성이 가정을 위해, 사랑을 위해 세월의 시련을 거치면서 이제는 백발이 성성한 노인이 되었으니, 인생이 참으로 무상하다 느꼈습니다.

그러나 그때 제가 그녀를 제명하고 부끄럽게 만든 일을 그녀가 아직도 기억하고 있는지 모르겠습니다. 만일 기억하고 있다면 그녀에게 사과하고 싶고, 그녀가 이해하고 마음속 응어리를 풀기 바랍니다.

"다음 차례는 네가 될 거야!"라는 말로 이란 청년들을 장려

초기 이란의 불교청년의 숫자는 백 명 이상이었고 모두 뛰어난 인재들이었습니다. 저는 외국을 다녀올 때마다 늘 작은 선물을 사다 그들에게 나눠주었습니다. 그러나 일이백 명의 청년회 회원 한 사람씩 줄 선물을 사기에는 그 비용이 만만치 않았습니다. 그래서 가끔 만년필 하나만 사다가 누군가에게 주고, 필기노트 한 권만 사서 또 누군가에게 선물하곤 했습니다. 저는 절대 뒤에서 몰래 주지 않았습니다. 모두가 있는 데서 모두의 박수와 축하를 받으면서 이 상을 받게 했습니다. 그런데 왜 시기하는 사람이 없었을까요? 쟤는 주는데 왜 나는 안 주냐, 생각하는 사람이 어째서 없었을까요?

보통은 이런 상황이 발생할 수 있습니다. 그러나 저의 단체에서는 이런 모습이 없습니다. 이유가 무엇일까요? 왜냐하면 저는 그들에게 "여러분들은 시기심을 가져서는 안 됩니다. 시기심을 가지는 순간 나는 누구에게도 선물을 줄 수가 없습니다. 그러면 여러분들 모두 똑같이 못 받는 것입니다"라고 말했습니다.

　내가 다른 사람에게 양보하면 다음 차례는 내가 될 것이기에, 젊은이들에게 상을 줄 때마다 그들은 상을 받으러 앞으로 나온 친구를 위해 기뻐했습니다. 그들은 다음 차례가 자신이 될 것이라는 것을 알고 있기 때문입니다. 청년들로 하여금 단결하고 우애를 나누며, 시기와 원망하지 않고 이치를 깨우치며 그들에게도 장차 희망이 있음을 알게 하는 이 "다음 차례는 네가 될 거야"라는 것이 저는 공평한 인사관리의 좋은 방법이라 생각합니다.

앞 다투어 분재를 감상하러 오다

불광산은 50년 전 개산한 이후, 산 아래 주민들과의 교류가 순조롭지 못했습니다. 이른바 '근처에 있는 절을 더 무시한다'는 말처럼 산 아래쪽 향민들은 토지를 저에게 팔지 않기로 서로 합의했고, 산 위에서의 일도 참여하려 하지 않았습니다. 마치 불교와 향민이 대립이라도 하고 있는 듯 보였습니다.

　이 지방에 곤륜궁崑崙宮이라는 작은 도교사원이 하나 있었는데, 그들이 신을 모시고 집회를 하는 장소였으니 굳이 불광산까지 그들이 올 필요가 없었습니다. 그러나 먼 친척보다 가까운 이웃이 더 좋다고, 반드시 그들과 우애 있는 관계를 유지하여 모든 향민이 우리에게 적대적이지 않고 향민의 절반만이라도 우리와 가까워질 수 있기를 바랐습니다.

　저는 해마다 진심으로 겨울이면 구제 활동을 하였고, 해마다 새해에는 홍빠오(紅包: 붉은 봉투에 넣어주는 세뱃돈)를 나눠줬으며, 해마다 새해가 되면 그들을 초대해 음식을 함께 나눴습니다. 그러나 그들은 아이들만 보내고 어른들은 방문하려고도 안 했습니다. 심지어 마을 공동회의를 개최하는데 회의장도 제공하고 연회도 제공하겠다고 했지만, 그들은 여전히 요지부동이었습니다.

30여 년간 불광산과 산 아래 주민들은 이렇게 교착상태로 지냈습니다. 비록 저는 도로를 개선하고 유치원을 세우고, 심지어 보문중학교를 설립해 그들의 자녀가 공부할 수 있게 해주고 전화도 연결해 주는 등 향민을 위해 많은 것을 만들어 줬음에도 불구하고 그들은 감사 인사조차도 없었습니다. 저는 제가 외지인인 관계로, 그들과 언어와 심리적으로 교류할 수 없는 무언가가 있을 것이라 생각했습니다.

한번은 지나다 우연히 증금익曾金益 이장 댁에 있는 분재 화분 몇 개를 보았습니다. 감상할 만한 가치가 충분히 있는 분재들이었습니다. 소나무 분재 하나의 수령이 적어도 1, 2백 년은 족히 되었을 것 같았습니다. 수백 년 된 나무가 화분에서 기이한 형태로 자라다니 가히 장관이었습니다. 저는 이장님에게 "이처럼 멋진 분재를 집에만 두고 보시기엔 아깝습니다. 새해 설날에 불광산 대웅보전 앞에 놓으면 더 많은 사람이 감상할 수 있을 것입니다" 하고 요청 드렸습니다.

그는 처음에 "몇 개 안 되는 분재가 뭐 볼 것이 있다고…" 하며 난색을 표했습니다. 그래서 저는 "성 전체에 분재동호회 친구들이 계시겠지요. 그분들과 함께 분재를 대웅보전에 모아놓고 분재전시회를 여는 것도 좋을 것 같습니다"라고 말했습니다.

가오슝시(高雄市) 다슈구(大樹區) 구장 황전은黃傳殷 선생(오른쪽)과 가오슝시
씽티엔리(興田里) 이장 증금익曾金益 선생(왼쪽)이 불광산 명절맞이 분재전시회
를 감상하며 경험을 나누고 있다.

　제 말을 들은 증금익 선생은 의미 있는 일이라며, 곧바로 분재협
회 친구들에게 공동 전시를 갖자고 초대했습니다. 그래서 2005년
설날 대웅보전에서 분재전시회를 가졌습니다. 당시 타이완에서는
이런 전시회가 매우 드물었기 때문에 불광산을 찾는 사람들마다 멋
진 분재의 모습을 보고, 이런 분재는 처음이라며 감탄사를 연발했습
니다. 설날이 지나고 저는 특별히 감사장을 만들어 증금익 선생에게
전달하며, 좋은 일을 해주신 데 대한 감사와 더불어 내년에도 계속
해서 불광산에서 더 많은 분재를 전시해 줄 것을 요청 드렸습니다.
　수 년 동안 해마다 설날에 거행되는 분재전시회는 사람들이 감상
할 수 있도록 분재에게 무대를 제공해 주는 것뿐만 아니라, 예불하

러 오시는 신도들에게도 마음과 눈이 즐겁고 불광산이 더없이 아름답다고 느끼게 해주었습니다.

증 선생은 불광산에서 분재가 전시될 때 참관하러 온 사람들 숫자가 그들이 1년 간 전시할 때 왔던 숫자보다 더 많았다고 이야기하기도 했습니다. 분재전시회 하나가 여러 사람의 특기를 발휘할 수 있게 해주었고, 향리 주민과의 거리도 점차 좁혀주었습니다.

저도 인사관리의 문제를 생각해 본 적은 없습니다. 사람들에게 이로움을 줄 수 있길 바랄 뿐입니다. 그러나 타인을 돕다 보면 뜻밖에도 어느새 제 자신 역시 편리함을 얻게 됩니다. 저는 서로 모두가 기쁜 것이 가장 좋은 관리가 아닐까 생각합니다.

자매결연 사찰

수십 년 전 정부는 외교를 확대하기 위해 많은 도시와 다른 도시들과의 자매결연을 추진하고, 많은 단체와 외국 단체들과의 자매결연을 추진했습니다. 저는 이것도 의미가 있을 것이라 생각했습니다. 두 국가·두 도시가 마치 자매와 같아지는 것입니다. 당신은 동방에 있고, 저는 서방에 있으니 더 많은 왕래를 위해 우리도 자매결연을 합시다. 중국 고대에 유비·관우·장비가 의형제를 맺으며 맹세한 '도원결의'가 천 년을 전해 내려오는 것처럼 말입니다.

악비岳飛와 탕회湯懷·장현張顯·왕귀王貴·우고牛皐가 의형제를 맺고 송나라의 강산을 수호하는 데 합심협력한 일도 있었습니다. 심지어 민간소설에서는 『칠협오의』나 『수호전』처럼 단결하기 위해 형제자매로 맺어져 서로 돌봐주고, 더욱 우의를 나누며, 자주 왕래하고, 역량을 배가시킵니다. 이것도 관계를 관리한다고 부를 수 있을 것입니다.

한국의 통도사通度寺는 한국에서 가장 큰 가람 중 하나입니다. 몇천 헥타르의 토지를 소유하고 있으며, 특히 부처님의 금란가사와 진신사리를 모시고 있기에 불보사찰이라 부릅니다. 이미 1,500년의 역사를 가진 그들은 당시 주지스님이셨던 성파性波 스님과 영축총림 방장과 대한불교 조계종 종정을 역임하셨던 월하月下 큰스님과 상의한 후, 불광산과 자매결연을 하기로 했습니다. 그 당시 개산한 지 겨우 30년 밖에 안 된 불광산은 언감생심 유구한 역사의 한국 제일 대가람과 자매결연은 생각도 할 수 없던 때였습니다.

그러나 성파 스님께서는 "우리가 비록 유구한 역사를 지니긴 했지만 이미 늙고 쇠약하여 이 시대의 흐름에 적응하기 힘듭니다. 불광산은 새롭게 시작하는 도량이고, 교육·문화·자선 등을 운영하는 홍법이 모두 시대를 앞서가고 있습니다. 역사를 간직한 도량이 현대적 도량과 함께 앞을 향해 나아갈 수 있다는 것은, 전통과 현대의 융합이라 하겠지요"라고 말씀하셨습니다. 그분의 말씀에 감복한 저는 1982년 10월 23일 가오슝시 중정문화센터(中正文化中心)에서 자매결연 의식을 거행했고 5,000명 이상이 함께했습니다.

자매결연 후 한국의 신도들도 끊임없이 불광산을 방문하고, 불광산의 제자들도 한국에 가서 많은 환대를 받았습니다. 특히 불광산이 서울에 도량을 건립할 때도 그들이 많이 보살펴 주었습니다. 유학생 의은依恩 스님과 다른 제자가 한국에서 대학을 다닐 때도 그들은 많은 도움을 주었습니다. 이를 통해 세상에는 기꺼이 타인과 협력하고 왕래하며, 기꺼이 서로 인정하면 우의가 생기고 역량은 배가 된다는 것을 알 수 있습니다.

보십시오! 두 나라도 협력 단결할 수 있는데, 양안(兩岸: 중국과 타이완)의 동포는 왜 이처럼 분열되어야만 합니까? 춘추오패春秋五霸·전국칠웅戰國七雄·삼국연의三國演義·오호십육국五胡十六國·수당오대隋唐五代·군벌軍閥의 할거 등, 중국인은 분열을 좋아하는 성격이라도 되는 겁니까?

현재 중국과 타이완 양안은 서로 다른 목소리를 내고 있습니다. 어느 당파에서는 중국과 관계를 끊어야 한다 생각한다니 정말 생각조차 못 할 일입니다. 저는 사람과 사람 사이에는 서로 인정하고, 민족과 민족 간에도 인정하고, 국가와 국가 역시 서로 인정하고 왕래해야 상호 간의 역량이 증가될 수 있다 생각합니다. 분열은 반드시 쌍방 모두가 상처를 입는 지름길입니다. 우리 모두는 염황(炎黃: 염제 또는 신농씨와 황제黃帝. 중국인들의 시조로 받들어짐)의 자손이니, 양안이 일가 형제처럼 친하게 지내기를 희망합니다.

한국 통도사와의 자매결연이 전통과 현대의 결합이라면, 태국 담마가야(法身寺)와의 자매결연은 남전불교南傳佛教와 북전불교北傳佛教의 결합입니다. 비록 신앙적으로 역사와 배경, 교육의 차이는 있겠지만 모두 부처님의 제자이자 모두 부처님 믿는 사람들입니다. 다 같은 불문의 제자인데 협력 못할 게 뭐가 있겠습니까? 협력할 수 있으면 화목할 수 있고, 화목할 수 있으면 쌍방이 모두 승자입니다. 관리를 알면 쌍방이 모두 승자입니다.

관여치 않는 관리에서 자연스럽게 질서가 생긴다

항상 사람들은 제게 "불광산의 출가제자가 천여 명인데, 모두가 함께 생활하며, 인아人我의 다툼이 없는 이유는 무엇입니까? 그들이 모두 화목하게 지내도록 하는 대사님의 관리방식은 무엇입니까?" 하고 묻습니다.

사실은 저도 관리라는 것을 잘 모릅니다. 다만 진정한 문제의 원인은 모두 인아를 분별하고 대립하기에 분쟁이 생겨난다 생각합니다. 그래서 불광산에서 입도한 제자에게 인아 관계가 있어서는 안되겠기에 대사형·둘째 사형·셋째 사형이란 이런 분별을 하지 않고, 너의 제자·나의 제자·그의 제자라는 규칙을 정하지도 않았습니다. 이러한 분별은, 스승 된 자는 비록 분쟁이 없더라도 그의 제자는 분쟁이 있을 수 있습니다. 이 분이 나의 스승이다, 저 분이 나의 스승이다 이렇게 분별하기 때문에 본래 아무 일도 없다가도 너의 것이니 나의 것이니 하는 명분으로 인해 분쟁을 야기하게 됩니다.

그러므로 저는 제자를 받아들이는 초기에 한 가지를 염두에 두었습니다. 제자는 개인의 소유가 아닌 불교의 소유이자 모두 불제자입니다. 3할은 사도師徒 관계이고, 7할은 도반 관계이며, 모든 제자는 개인적으로 제자를 받는 전통이 없다는 것입니다. 그러나 '대代'라는 제도는 있습니다. 모두를 일대, 이대, 삼대로 나눕니다. 예를 들어 처음 백 명에서 이백 명까지는 일대, 삼백 명에서부터 사백 명까지는 이대인 것이고, 오백 명에서부터 육백 명까지는 삼대인 것입니다. 이대인 제자는 일대와 분쟁할 수 없고, 삼대인 제자는 이대와 분쟁할 수 없습니다. 분명 선후의 윤리가 존재합니다.

"먼저 들어온 자가 사형이다"라는 말이 있듯이 불광산에서는 '자慈'자 항렬, '의依'자 항렬, '영永'자 항렬처럼 그들의 항렬자를 따르고 있습니다. 이렇게 한 대 한 대를 관리하면서 질서가 생겨나고 제도가 생겨났습니다. 그러나 너와 나를 나누지 않고 법에 의존해 대중을 통솔하고 다스리고 있습니다.

관리학 면에서 관여치 않는 관리에서 자연스럽게 질서가 생긴다 합니다. 그래서 불광산의 인간관계에서는 서로 질서가 있습니다. 누가 상중전上中前에 자리하든지 언제나 질서가 있습니다. 인아 간에는 자연히 존중하고 의좋게 지냅니다. 그렇기에 당연히 분쟁도 없습니다. 이것이 바로 제가 인사에 관하여 관여하지 않으면서 관리한다는 것이 아닐까 생각합니다.

팔경법八敬法

불광산 개산 초기 곽郭씨 성을 가진 공군 하사관 한 분이 찾아와 출가하고 싶다고 말했습니다. 저는 "좋습니다. 축하와 함께 당신을 축복합니다. 도심道心을 내고 세속을 벗어나 불문에 들어 더욱 정진하려는 것은 항상 좋은 일입니다"라고 말했습니다.

그러나 그는 "저한테는 아이가 다섯 있습니다. 큰아이는 12살쯤 되었고, 막내가 이제 겨우 두세 살밖에 안 되었는데, 어떻게 해야 할지 저도 잘 모르겠습니다"라고 말했습니다. 그 말을 듣자마자 '다섯 아이라니 잘 되었구나. 마침 보육원(유치원)을 설립하려는데 한꺼번에 다섯 아이가 생기니 보육원이 북적북적하겠다' 생각하고 그에게 "좋습니다. 그 아이들 다섯 명을 제가 대신 보살피겠습니다" 하고 말했습니다. 그래서 그는 다섯 아이를 우리 보육원에 머물게 하고 출가를 했습니다.

출가를 했다고 부자의 정이 끊어지는 것은 아니니, 그는 가끔 불광산에 들려 자녀들을 찾아보곤 했습니다. 몇 차례 찾아온 뒤에 그가 한번은 저를 만나 "불광산의 비구니들은 규율이 없어 보입니다. 비구를 봐도 정례頂禮하지 않으니 팔경법이라는 것도 모른단 말입니까?" 하고 말했습니다.

저는 속으로 생각했습니다.

'당신은 아주 고뇌도 모르고, 부끄러움도 모르는구려. 당신이 출가하여 해탈하도록 여러 아들딸을 내가 대신 부양하고 있는데, 비구니가 당신에게 정례하기를 바라니 그대에게 그런 공덕이 있기는 한 것인지…. 비록 여기가 개산한 지 얼마 되진 않았지만 그 수많은 불광산의 비구니들이 모두 20년 이상 수행한 분들인데, 출가한 지 이제 겨우 2, 3년 되어 머리 위 계인戒印의 표시조차 마르지 않은 당신에게 남성이라고 정례를 하라니….'

무엇을 팔경법이라 하는지 저도 잘 모르겠습니다. 그러나 저는 그에게 가르침을 줄 필요가 있다고 생각했습니다.

"지금 총림학원의 원장이신 자혜 스님은 일본 유학을 한 적도 있는 우리 불광산에서 가장 어른 비구니십니다. 자용 스님은 보육원의 원장으로, 그대의 다섯 아이 모두 그대를 대신해 그분이 돌봐주고 있습니다. 그렇다면 그대는 여기 와서 그들에게 감사해야 합니까, 아니면 그들에게 정례하라고 해야 합니까? 스스로 판단해 보십시오. 그 다음은 제가 알아서 하겠습니다."

그는 듣자마자 부끄러워 얼굴조차 들지 못하고 말했습니다.

"죄송합니다. 저는 그분들이 저를 공경해야 한다는 뜻이 아니라, 다만 불교에는 팔경법이 있다는 것이 생각났을 뿐입니다."

"팔경법은 누가 정한 것입니까? 부처님이 정한 것이라고 증명할 수 있는지요? 앞으로 팔경법을 말하지 마십시오. 스님은 인간 세상과 당신에게 도움을 주고 이로움을 주는 사람이라면 무조건 감사하고 그를 존중해야 합니다. 이것이야말로 스님이 해야 할 사람의 도리입니다. 게다가 공경은 타인이 스스로 우러나 우리를 공경해야 하는 것이지, 우리가 사람들에게 공경하라고 요구하는 것이 아닙니다."

제 말을 들은 뒤 그가 자녀를 보러 불광산을 찾는 횟수가 줄어들었습니다. 저는 그의 덕행이 조금은 향상되었으리라 생각합니다.

관리하면서 이로움을 주어야 할 때에는 이로움을 주고, 이치를 깨우쳐야 한다면 이치를 이해하도록 해줘야 하며, 때로는 따끔한 일침을 가할 필요도 있습니다. 관리학 측면에서도 이것은 매우 중요합니다.

십수가十修歌

최근 제자들 모두 불광산 개산 50주년 기념행사에 대한 논의가 한창입니다. 과거 50년 동안 저의 주장과 저의 의견에 따라 그들은 시키는 대로 했습니다. 그러나 저는 이제 나이가 들어 제자들에게 앞으로 50년은 너희들에게 맡기겠다고 말했습니다. 그러므로 모두 앞으로의 관리 문제에 대해 수많은 상의와 토론을 했고, 저도 그들에게 과거 관리 경험을 통해 얻은 바를 들려주었습니다.

인아人我의 관계를 처리하는 것이 관리이고, 어떤 문제에 대한 저의 처리방식이 관리이며, 큰일은 작게 만들고 작은 일은 없던 것으로 만드는 것이 관리입니다. 차례가 있고 순서가 있고, 안락하고 즐거우며, 모두 함께 번영하는 것이 관리의 목표입니다.

미래의 관리를 이야기하자니, 저는 20년 전 어머니께서 타이완에 오셔서 저의 여성 제자들에게 자신의 「십수가十修歌」를 강연하시던 모습이 떠오릅니다. "첫째 수행하니 시부모의 성냄을 받지 않아도 되고, 둘째 수행하니 남편의 미움을 받지 않아도 되고, 셋째 수행하니 음식 만드는 괴로움이 없고, 넷째 수행하니 가사일로 바쁘지 않아도 되고, 다섯째 수행하니 자녀를 낳지 않아도 되고, 여섯째 수행하니 방이 추울까 걱정하지 않아도 되고, 일곱째 수행하니 땔감과 식량이 오를까 걱정하지 않아도 되고, 여덟째 수행하니 동서지간에 미움 받지 않아도 되고, 아홉째 수행하니 대장부상大丈夫相을 이루게 되고, 열째 수행하니 선과善果와 공덕을 원만하게 닦게 된다"라는 것입니다. 여자가 출가하는 것은 참 좋은 것이고, 불광산에 있는 것은 천당에 있는 것과 같다는 의미입니다.

어머니의 「십수가」는 여성이 수도하는 것은 아주 갸륵한 일임을 말하고 있습니다. 사실 사람은 몸을 수련하고 마음을 수련하고 모든 일을 닦고 점검하여, 세계가 함께 번영하고 공유해야 합니다. 그래서 저도 「십수가」를 한 수 지었습니다. "첫째 다른 이와 시시콜콜 따지지 않는 수행을 하고, 둘째 서로 비교하지 않는 수행을 하며, 셋째 예의 있게 행동하는 수행을 하고, 넷째 사람을 만나면 미소 짓는 수행을 하며, 다섯째 사귐에 손해를 보더라도 신경 쓰지 않는 수행을 하고, 여섯째 후덕함을 갖추는 수행을 하며, 일곱째 마음에 번뇌를 없게 하는 수행을 하고, 여덟째 좋은 말을 입에 담는 수행을 하며, 아홉째 군자를 사귀는 수행을 하며, 열째 불도佛道를 이루는 수행을 한다"는 것입니다. 이 「십수가」는 가정·사회·단체·국가·전 국민이 서로 어울려 협력하는 규범으로 삼아도 되고, 이 가운데는 보살의 인성과 사상, 그리고 생활도 포함되어 있습니다.

만일 자아관리가 안 되고, 타인을 존중하는 아량이 없다면 이 사회는 평안하고 안전하기가 매우 어려울 것입니다. 저는 비교하고 따지며 논쟁하지 말라고 주장합니다. 인아가 계산하고 따지지 않는데 성내고 원망할 것이 무엇 있겠습니까? 서로 비교하지 않는데 해결 못 할 일이 무엇 있겠습니까? 친절하게 사람을 대하고, 웃는 얼굴로 사람을 대하면 어떤 문제도 변화시킬 수 있습니다. 고개를 한번 끄덕이고 예의를 갖춘 행동 하나로 자연스럽게 다툼이 없어지고 화목해질 것입니다. 약간의 손해를 입는 법도 배워야 합니다. 사실 손해를 보는 것이 이익을 얻는 것이기도 합니다.

타인에게 너그러이 대하는 법을 배워야 합니다. 과거에 저는 늘 "타인을 책망하는 마음으로 자신을 책망하고, 자신을 용서하는 마음으로 타인을 용서하라"고 말했습니다. 우리는 자신에게는 엄격하고 타인에게는 관대해야 합니다. 이러한데 타인과 나 사이에 무슨 문제가 또 있겠습니까? 관리해야 할 필요가 없으니 천하가 태평할 것입니다. 마음에 탐욕·성냄·어리석음·의심의 번뇌가 없고, 모두 서로를 칭찬하고, 좋은 말을 하고 타인에게 상처 주지 않으면 교류하는 사람 모두 진실한 군자입니다. 이렇게 하면 성현이 되고 불도를 성취할 수도 있지 않겠습니까? 저는 「십수가」 또한 현대 사회·현대 단체·지도자·간부 모두 다 같이 봉행해야 한다고 생각합니다. 그러므로 저는 「십수가」를 여기에 응용하여 또한 관리학의 조연助緣으로 삼을 수 있다고 봅니다.

서기실書記室

불광산에는 대략 천여 명이 속해 있고, 그 안에는 서로 다른 성격의 사람이 혼재해 있다 보니, 각 부서의 인아 사이에는 마찰이 생길 수밖에 없습니다. 때로 근무하는 부서에서 주무 관리자와 맞지 않고, 관리자가 부리지 않겠다고 하는 사람이 있다면 그는 대체 어디로 가야 할까요? 그래서 저는 서기실을 만들었습니다. 누구든 상사와 맞지 않는 사람이 제게 달려와 털어놓고 그 부서에서 일하기를 원치 않으면 먼저 저의 서기실에 와서 일하라 하였습니다. 저의 서기실은 마치 수용소와 같았으며, 상사와 맞지 않는 사람, 원하지 않는 사람은 모두 제가 있는 곳으로 왔습니다.

자장 스님 등과 같은 일부 장로사형은 그래도 저를 따른 세월이 오래되었으니, 어떤 제자들이라도 좋건 나쁘건 간에 그들의 부서에 배치하면 능히 받아들이고 능숙하게 그들을 이끕니다. 그러나 일부 젊은 주무 관리자는 인사에 있어 편리를 봐줄 줄 모르고 두루 어울릴 줄 모릅니다. 이러한 인사 문제를 위해 서기실이라 부르는 하나의 완충지대를 만들었습니다. 서기실에는 전체 인원이 몇 명인지도 모릅니다. 적을 때는 두세 명이 있고, 많을 때는 일이십 명이 한 공간에 모여 있을 때도 있으니 상황을 봐 가면서 결정합니다.

서기실에서 얼마 동안 대기해야 한다는 규정은 없습니다. 누구는 1, 2개월 머물다가 특기를 살려 다른 곳에 일을 찾아가고, 누구는 온지 8년, 10년이 지나도 떠나지를 못하고 서기실에서 자료를 찾고, 파일을 관리하고, 서적을 발송하고, 기록하는 등의 일을 도와줍니다. 서기실의 제자는 대부분 아주 즐거워하며 떠나기를 원치 않습니다. 서기실은 저의 관리 아래 있습니다. 저는 그들의 능력이 어떠하든 크게 따지지 않고, 그들의 업무 성적이 어느 정도인지 따지지 않습니다. 또 지나치게 칭찬하지도 않고 지나치게 호통 치거나 책망하지도 않습니다. 일체 아무 일 없음을 기본으로 삼습니다. 저의 관리는 그저 다들 서로 존중하고 서로 이해하며 타인을 침해하지 않아 모두가 자아를 단속하는 생활을 준수해 나가는 것입니다.

저의 작디작은 서기실은 묘광妙廣 스님이 주임을 맡고 있습니다. 묘광 스님은 오는 사람은 흔쾌히 받아들이고, 가는 사람은 기쁜 마음으로 보내줍니다. 그는 성실하게 자신의 본분을 지키고 몸으로 직접 실천하는 사람입니다. 모두가 그를 본받아 타인의 시시비비를 말하지 않고, 타인의 좋고 나쁨을 논하지 않으며 자신을 잘 관리해야 합니다. 그래서 수십 년 동안 서기실은 인사를 중재하는 기능을 발휘해 왔고, 보이지 않게 승단의 안정에 커다란 기여를 했습니다.

저는 사람과 사람 사이에는 선입견을 가져서는 안 되고, 날카로워도 안 되며, 책망하면 안 되고, 따질 필요가 없으며, 매사 더 많이 이해하고, 매사 상대에게 더 자유를 주며, 매사 능력에 따라 기용하고, 사람끼리 비교하여 화나게 하지 말아야 한다 생각합니다. 저마다의 능력이 따로 있다고 하듯, 적합한 인연과 적당한 인아 관계를 기다렸다가 자유롭게 자신의 능력을 발전시켜 나가게 해주면 피차 서로 존중과 포용하는 가운데 타인과 나 사이에는 자연스럽게 서로 편안하고 아무 일이 없게 됩니다. 저는 관리학 측면에서 무사無事를 관리로 삼는 것이 가장 훌륭하다 생각합니다.

가오슝 불교당(高雄佛教堂)

가오슝 불교당은 제가 발의하여 건설한 것이지만 저는 사찰이 저 개인의 소유라고 생각한 적은 없습니다. 그것은 불교의 것이고, 대중의 것입니다. 그래서 건물을 완성한 뒤에 월기月基 스님에게 주지를 맡아줄 것을 청했습니다.

가까운 거리에 작은 집이 하나 있었는데 유치원을 차려도 좋겠다 생각했습니다. 이란에서 저는 이미 자애慈愛유치원을 만들었기에, 가오슝 불교당도 젊은이에게 자육慈育유치원을 개설해 맡겨도 좋을 것 같았습니다.

그때 일부 젊은이들이 저의 의견을 받아들여 타이중에 있는 성정부省政府에서 개설한 유치원교사양성반에 참가하였으며, 얼마 지나지 않으면 가오슝으로 돌아올 참이었습니다. 마음으로는 자육유치원 등록을 하고, 서둘러 원생모집도 해두어야 젊은이들이 돌아와 바로 일을 맡을 수 있을 것이라 생각했습니다. 대략 4, 50명을 모아 회의를 열었지만 대부분의 사람들은 이구동성으로 "급할 것 없습니다. 올해는 시간이 촉박하니 우리 내년에 다시 이야기합시다"라고 말했습니다.

처음에는 왜 다들 시간을 앞당겨 처리하지 않고 늦추려고만 하는지 그들의 뜻을 이해할 수가 없었습니다. 제가 먼저 이사회를 선출하지 않았고, 그들은 누가 선출될지 아직 모르기 때문에 모두들 밀어주지 않으려 한 것이라는 사실을 나중에서야 알았습니다. 저는 이런저런 말로 설득해 보았으나, 그들은 연기하는 쪽으로 의견일치를 보았습니다. 결국 저는 "여러분들이 알아서 처리하십시오. 저는 관여하지 않겠습니다" 하며 분통을 터뜨렸습니다.

저는 옆에 앉으신 주지이자 저의 스승이신 월기 스님에게도 "스승님, 이해해 주십시오. 앞으로 불교당의 일에 소임을 살아 달라고 저를 찾아오실 필요 없습니다. 저는 관여하지 않겠습니다" 하고 말씀드렸습니다. 홧김에 제가 머무는 방으로 돌아온 저는 눈을 감고 명상을 시작했습니다. 면목이 없어진 그들도 나중에 제가 있는 곳을 찾아와 말도 걸어보았지만, 저는 눈조차 뜨지 않고 쳐다보지도 않았습니다. 결국 진호미眞好味 호텔의 이사장인 왕준웅(王俊雄, 법명은 자서慈書)과 경방서점慶芳書店 창설자인 이경운李慶雲 등 삼십여 명이 문 앞에서 저에게 "스님 뜻대로 저희들은 따르겠습니다" 하며 간청했습니다.

저는 속으로 관용을 베풀 때는 너그럽게 관용을 베풀고, 그만둘

때는 곧바로 그만두어야지 덮어놓고 자기 고집만 부려서는 안 된다 생각했습니다. 그래서 저도 그들을 위로하고 격려하며 교육 창설이 미래 불교의 발전에 지극히 중요하다는 것을 설명했습니다.

후에 그들의 합심 단결로 자육유치원은 가오슝에서 두각을 나타 내었고 훌륭한 성적을 내게 되었습니다. 주자화周慈華와 자용 스님 의 발심 아래 유치원 사업은 눈부시게 발전했고, 불교를 위한 수많 은 우수한 인재와 신도를 길러냈습니다.

관리학을 응용함에 있어 어려움이 닥쳤을 때 무턱대고 고집을 부 리지 말고, '나는 관여 안 한다. 물러난다. 필요 없다'는 것처럼 일보 전진을 위한 일보 후퇴도 할 수 있어야 합니다. '물러나 관여하지 않 겠다'는 것은 모두에게 생각할 시간을 줄 수 있습니다. 예를 들어 그 들이 다시 저와 이야기하려 해도 눈조차 뜨지 않고 이 일에 관여 않 겠다고 하였습니다. 이상하게도 당신이 관여 안 한다고 하면 할수 록 상대는 당신이 관여해 주기를 더욱 바랍니다. 그러므로 단체 안 에서, 군중 안에서, 단체의 군중을 잘 관리하려면 사람 마음의 미묘 한 관계 또한 주의 깊게 살피지 않으면 안 된다는 것을 생각해야 합 니다.

가오슝 불교당은 원래 먼저 '링야구(苓雅區) 포교소'라 불렸으며 신앙을 가진 링야구의 일부 신도가 조직한 것입니다. 제가 가서 '가 오슝 불교당'이라 고치자 신씽구(新興區), 옌청구(鹽埕區), 산민구(三 民區) 등 전체 가오슝의 신도들이 연이어 찾아왔습니다.

링야구 주민들의 지역 관념은 매우 강했습니다. 우리 링야구의 불 교당은 이제 산민구의 사람도 오고, 신씽구의 사람도 오니 항상 타

가오슝 불교당(高雄佛教堂)

인이 들어와 그들의 마당을 차지한 것처럼 여겨졌습니다. 겉으로는 그럭저럭 화목한 듯 보였지만 모두의 마음에는 분별이 있고 개인적 지역 관념을 지니고 있었습니다. 심지어 그 당시에는 타이난(台南)파, 펑후(澎湖)파, 가오슝 지역주민파까지 있어 모두 지역을 가지고기 싸움을 했으며, 이 사람은 어디 구역이고 저 사람은 어느 구역이라 비교하기도 했습니다. 한 단체 안에서 이러한 분별과 대립이 있고 너와 나의 관계를 따지고 비교하는데, 앞날에 더 이상 무슨 발전이 있겠습니까?

후에 저는 절묘한 방편 하나를 생각해 냈습니다. 법당에 불상을 모셔야 한다고 하자, 저는 필요 없다며 신도들을 모아놓고 "석가모니 부처님은 인도 사람이니까 인도로 돌아가시게 합시다. 우리 여기에 인도의 부처와 조사는 필요 없습니다" 하고 말했습니다.

제 말을 듣고는 모두 망연자실하거나 제가 무엇을 말하려는지 이해하지 못했습니다. 다시 제가 "여러분은 여기가 여러분의 땅이라 생각하시니 석가모니불은 인도로 돌아가시게 하고, 저 역시 가오슝에 있길 원치 않으니 이란으로 돌아가겠습니다. 여러분들이 알아서 잘하십시오"라고 말했습니다.

그제에서야 깨닫고는 "아이고! 스님 말씀이 백번 지당하십니다. 우리가 이 구역 저 구역 분별하지 말아야 했습니다. 앞으로 우리 가오슝 불교당은 합심 단결하여 서로 돕고, 부처님과 스님의 지도 아래 다함께 불교를 널리 알리고 우리의 믿음을 정화시켜 나가도록 하겠습니다" 하고 말했습니다.

저는 그들을 찬탄하며 말했습니다. "여러분이 이러해야 불교를 이해한다 할 수 있습니다. 불교는 우리 가오슝의 불교일 뿐만 아니라 타이완의 것이고, 중국의 것이고, 세계의 것이고, 온 허공, 우주 인류의 것입니다. 그런데 여러분은 내 집만의 불교, 내 구역만의 불교로 불교를 확 축소시켜버리니 그래서야 어떻게 불교와 호응할 수 있겠습니까?"

나중에 가오슝 불교당이 모두 화목하게 지낼 수 있었던 것은 이 한 차례의 설명이 커다란 영향을 주었다고 생각합니다. 저는 대중관리 측면에서 반드시 중요한 순간, 중요한 자리에서 일침을 가해 깨달음을 얻게 해주는 것이 일을 쉽게 성사시킬 수 있는 방도라 생각합니다.

부처님오신날 영불迎佛 화차花車

저는 이란에서 부처님오신날 가두행진 경험이 있기 때문에 가오슝에 온 뒤에도 가오슝시 불교회는 부처님오신날 경축행사를 제게 맡겼습니다. 과거 경찰과 교섭한 경험으로 저는 '가두행진'이란 뜻의 '유행遊行'이란 글자를 사용하지 못한다는 것을 알고 있었습니다. 그래서 저는 '부처님오신날 기념 영불 화차'라는 타이틀을 사용했습니다. 저는 각 사찰에서 화차를 준비해 가오슝시의 크고 작은 골목을 돌면서 부처님 탄신의 성대한 분위기를 사람들에게 알리자고 했습니다. 그러나 모두들 곤란하다며 손을 내저었습니다. 이유가 무엇이었을까요? 모두들 수레를 꽃으로 장식하는 데는 적지 않은 돈이 들어가 경제적으로 곤란하다고 이야기했습니다. 그래서 저는 화차 시합을 열어 가장 멋진 화차를 선정해 표창하기로 결정했습니다.

당시 가오슝에는 대략 30여 정도의 사찰이 있었는데, 저는 일일이 사찰을 방문해 만드는 법을 전수해 주었습니다. 글자는 어떤 형식으로 쓰는지, 가로로 쓸 때와 세로로 쓸 때는 어떻게 부르는지, 어떻게 화차를 장식하는지 등을 그들에게 모두 알려주었습니다. 여전히 난색을 표하며 거절하는 사람에게는 "만들지 않아도 괜찮습니다. 그러나 다른 사찰에서는 가오슝시민 앞에서 자신들의 사찰을 뽐내고 홍보할 텐데, 만들지 않으면 여러분의 사찰은 점차 잊힐 것이고 점점 낙후될 것입니다. 참여해야 더욱 발전할 수 있습니다"라고 말했습니다.

그들은 제 말을 듣는 둥 마는 둥 했습니다. 물론 저도 결과를 염두

이란(宜蘭) 뇌음사雷音寺 주최 부처님오신날 경축 화차 행진

에 두지는 않았고 제 방식대로 모두의 참여를 유도했습니다. 수산사
壽山寺 한 곳에서만도 민국 53년(1964)의 부처님오신날에만 10여 대
의 화차를 만들었는데, 신도들이 분담하고 협력하여 화차를 제작했
습니다. 나중엔 다른 사찰에서도 이 소식을 듣고 앞 다투어 참여했
으며, 총 2, 3백 대의 화차가 만들어져 가오슝에서 위풍당당하게 행
진을 했습니다. 제 기억으로는 오복五福 네거리에서 수산사 앞쪽 큰
길 처음부터 끝까지 고층건물에서 아래까지 늘어뜨린 폭죽이 터지
는 소리에 하늘이 진동할 정도였고, 연기로 가득 차 걸어 다니기도
힘들 정도였습니다. 그러나 우리는 가두행진이 아니라 부처님을 영
접하는 것이었기에 경찰도 우리를 상관하지 않았습니다.

모든 대중이 함께 행사를 치르면, 첫째는 그들에게 희망과 영예와 성취감을 주어야 하고, 둘째는 사전에도 상점과 가게를 돌며 그들에게 "여러분을 축복하기 위해 부처님께서 오셨습니다" 하고 이야기하며 선전을 해야 한다고 생각합니다.

초기의 영불 활동은 대중에게 광범위하게 환영받았습니다. 만일 계속 이어져 갔다면 타이완 불교는 분명 크게 달라졌을 것입니다. 안타깝게도 중국불교회가 예산 낭비라 생각하고 이 활동을 가로막았습니다. 낭비하지 않고 돈을 쓰지 않으면 그 돈을 도대체 어디다 쓸 겁니까? 왜 부처님 탄신을 위해, 포교를 위해 돈을 좀 들여 공헌하려 하지 않는 겁니까? 만일 불교회에서 나서서 주도했다면 명분이 더 섰을 테니 더 많은 효과를 가져왔을 것입니다.

저는 불교회의 지지가 없는 상태에서 개인적으로 성심성의껏 이란에서 시작해 가오슝까지 성대한 영불 행렬을 여러 차례 치렀습니

가오슝(高雄) 수산사壽山寺 주최 부처님오신날 경축 화차 행진

다. 해외 화승(華僧: 중국 스님) 환영 행렬도 제가 주최해 가오슝 기차역에서부터 봉산鳳山 주위를 돌아 다시 가오슝 기차역까지 오는 데도 대성황을 이루며 인파가 끊이지 않았습니다. 안타깝게도 불교회는 활동을 허락하지 않았을 뿐만 아니라, 신도에게 돈도 걷지 말고 사찰의 경비도 들이지 말라고 제게 권했습니다. 그 말은 곧 부질없는 짓 하지 말라는 것이었으니, 저는 그저 한탄만 할 따름입니다.

그러나 저는 저의 방식과 기획과 선도 역할이 관리학 측면에서 장차 큰일을 성취시킬 수 있다고 생각합니다. 아쉽게도 불교회가 저를 지지해 주지 않으니 개탄을 금할 길 없다 하겠습니다.

하나의 도로로 맺어진 인연

50년 전 제가 불광산에서 개산하고 사찰을 짓는데, 벽돌공장에서 불광산까지 약 20여 킬로미터의 도로가 모두 진흙으로 된 좁은 길이었습니다. 비라도 오면 이 진흙길은 걸을 수조차 없었지만 저는 이 길을 정비할 힘이 없었습니다. 개산 후 얼마 뒤, 도로국(公路局) 제3처장인 예사증倪思曾 선생이 현장답사를 나왔습니다. 그는 남부의 모든 도로를 관할하고 있었습니다. 한번은 참관하고 난 그를 붙들어 엉성하게 지어놓은 불광산 회은당懷恩堂에서 점심을 대접하겠다고 청했고, 그도 기꺼이 제 뜻에 응해 주었습니다. 식사 후 그는 매우 흡족해하며 말했습니다.

"앞으로 여기에 사찰을 건축하면 많은 이들이 예불을 드리러 올 수 있고, 사회 분위기 개선과 인심 정화에 커다란 도움이 되겠습니다."

"처장님, 벽돌공장에서 산 위까지의 길이 진흙도로입니다. 평소에도 걷기 힘든데 비라도 오면 차량이 지나기는 더욱 어렵습니다. 지금은 교통이 너무 불편해 신심을 정화하러 올 사람도 드뭅니다."

"이 도로는 현에 있긴 하지만 우리 제3공무국工務局에서 대신 관리하고 있습니다. 스님 말씀을 참고해 아스팔트로 다시 보수하는 문제를 고민해 보겠습니다."

"그건 정말 처장님의 가장 큰 공덕입니다."

그리고 얼마 지나지 않아 새로운 아스팔트길이 조성되어 불광산 개산에 필요한 각종 자재들도 쉽게 운송하고 사람들이 편리하게 왕래할 수 있게 되었습니다.

그 후에 한번은 태풍이 심하게 불어 비바람이 몰아치고 산에 홍수가 발생했습니다. 산 전체의 물이 도로로 쏟아져 이렇게 만든 도로를 흔적도 없이 휩쓸어버려 사람의 통행이 어려워졌습니다. 저는 이 도로 상황을 사진으로 찍고, 도로에 배수구가 없으니 산에서 홍수가 내려오면 배출할 수가 없어 도로가 파괴된 것이라며 파괴된 원인을 설명했습니다.

이러한 의견을 전달했고, 예사증 처장도 이것을 보고는 그도 전문가인지라 부족한 부분이 어디인지 바로 알아차렸습니다. 그는 관련 부서에 경비와 계획을 조속히 마련해 배수구까지 제대로 된 더 넓은 도로를 만들도록 힘써 주었습니다. 그래서 더 편리하고도 안전하게 지나다닐 수 있게 되었습니다.

개산한 지 7, 8년 정도 흐른 후 이 도로는 차츰 차량도 많아지고 사람도 많아졌지만, 사용하기에는 폭이 좁았습니다. 게다가 이 도로의 아스팔트길은 2급에 속하는 것으로 1급인 고속도로처럼 평탄하지 않았습니다.

과거 성정부의 성주석(省主席: 도지사에 해당)인 구창환邱創煥 선생의 모친이 왕생하셨을 때, 저는 그를 위해 장엄한 왕생불사를 해드렸습니다. 그도 제가 돈 한 푼 받지 않고 해준 것에 감사했습니다. 그래서 한번은 현장縣長과 시장市長을 모시고 불광산에서 회의를 가지기도 했습니다. 저는 정성껏 대접하며 이 기회를 빌어 다른 현과 시의 도로는 모두 곧고 평평한 반면, 가오슝현의 도로만 구불구불하고 차량통행도 불편하다며, 그에게 가오슝현의 모든 도로가 타이완의 다른 현과 시에 못 미친다는 것을 설명했습니다. 듣고 나서 깊이 고민하던 그는 지방 건설에 힘쓰겠다고 했으니 이는 저에게 성의를 표시한 셈이었습니다. 그 후 이 도로는 또다시 넓어지고 1급 노면으로 새로 보수되었으며, 구불구불한 구간을 직선으로 개선했으니 이는 구창환 선생의 공덕이라 하겠습니다.

저는 관리하면서 타인이 우리들에게 시주할 것만을 생각해서는 안 되고, 먼저 우리가 어떻게 사람들과 인연을 맺을까를 생각해야 한다고 봅니다. 이 길은 어떻게 해서 생겨난 것입니까? 바로 인연을 맺어 생겨난 것입니다. 저는 연이 닿는 사람과 인연을 맺을 수 있고, 그에게 편리함을 줄 수 있고, 그를 기쁘게 할 수 있습니다. 그래서 "타인에게 믿음을 주고, 타인에게 기쁨을 주고, 타인에게 희망을 주고, 타인에게 편리함을 준다"는 불광산의 네 가지 관리신조가 생겨나게 되었습니다.

'관리학' 측면에서 보면 타인을 이해시키는 것은 매우 중요한 일입니다. 상대가 이해를 해야 당신에게 한 손이라도 거들어줄 수 있습니다. 우리는 비록 힘은 없지만, 제게는 입이 있습니다. 그 입으로 저는 힘을 가진 사람에게 상황이 이해가도록 설명할 수 있고, 입장을 바꿔 국민을 위해 봉사하도록 할 수 있습니다. 이러면 일 처리가 어렵지는 않을 겁니다.

최초의 승려 신발

처음 타이완에 도착했을 때는 불교의 교세가 굉장히 미약해 승복을 한 벌 입고 싶어도, 신발 한 켤레 바꾸려 해도 살 수 있는 곳도 없고 만드는 사람도 드물었습니다. 나중에 타이난에 엽葉씨 성을 가진 거사가 있었는데, 그가 발심하여 승려 신발을 가지고 와 팔았습니다. 민국 53년(1964), 그가 수신사에 와서 승려 신발을 판매하는 것을 보고 물었습니다.

"나한 신발 한 켤레에 얼마입니까?"

"25원입니다."

"두 켤레 사겠습니다. 한 켤레에 30원씩 60원 드리겠습니다."

그는 어리둥절해하며 물었습니다.

"왜요? 한 켤레에 25원이라고 했는데 두 켤레 사신다면 50원 주시면 됩니다."

그때 저는 이렇게 말했습니다.

"50원이면 본전치기니까 품질을 개선할 수 없고, 그럼 돈을 또 못

벌 것 아닙니까? 앞으로 장사를 하지 않으면 저희들이 다시 이 신발을 사서 신을 수 없지 않겠습니까? 그래서 5원 더 드려서 거사님을 도와드리는 것입니다. 이런 관념을 모두가 가지고 거사님이 승려 신발과 승복을 제작하는 것을 도와준다면 거사님은 큰 점포를 열든지 회사를 차릴 수도 있습니다. 그럼 우리도 더 편리해지지 않겠습니까? 이것은 거사님을 돕는 것이 아니라 우리 자신을 돕는 것입니다."

이런 좋은 일이 있을 것이라는 제 말을 듣고, 그는 그 말이 맞는 것 같다며 60원을 받고 신발 두 켤레를 팔았습니다.

그 후 그는 자신이 만든 신발을 자주 팔러왔을 뿐만 아니라, 심지어 자신의 아들 엽붕승葉鵬勝을 불광산에 보내 출가시켰습니다. 그래서 세간의 관계·관리·교류에서 때로 타인의 이익을 고려할 줄도 알아야지, 지나치게 자신의 이익만을 생각해서는 안 됩니다. 사실 타인이 이로움을 얻게 되면 우리도 덕을 입을 수 있습니다.

저는 '인간에 대한 관리'에 있어 인연 전체를 늘 생각합니다. "당신이 저를 도와주었으니 제가 당신을 도와드리겠습니다"라며 타인과 빚진 것 갚듯이 해서는 안 됩니다. 자신만 이롭고 타인은 손해를 보게 해도 안 됩니다. 타인을 이롭게 하고 타인에게 편리함을 준다면 관리적 측면에서 적은 노력으로 커다란 효과를 거두게 될 것입니다.

구기 운동

저는 강소성 양저우에서 태어났고, 고향 집 옆에 양자강이 있어 서너 살 때부터 물속에서 수영하는 법을 배웠습니다. 집은 가난했어도 물속에서 수영하며 노는 즐거움은 사그라질 줄 몰랐습니다. 12세에 출가한 서하산棲霞山에는 연못조차 없었으니, 물오리였던 저는 한순간 육지오리가 된 듯한 느낌이었습니다. 어려서부터 몸에 밴 습관을 한순간에 바꾸는 것이 쉽지는 않았습니다. 그러나 제 인생의 미래가 수영에 달려 있지 않고, 공부와 더 많은 능력을 가져야 사회에서 생존할 수 있다는 생각이 들었습니다.

인내·수행·학습이 바로 제 출가 뒤의 목표가 되었습니다. 나중에 총림사원에서 운동을 하자고 제안했지만, 보수적인 스승님들은 받아들이지 않았고, 운동을 좋아하는 저의 습관마저 없애버렸습니다. 그래서 타이완에 온 뒤 타이완 불교강습회의 교무주임을 맡은 저는 곧바로 학생들에게 배구를 하자고 제안했지만 학생들은 공을 보기만 하고 받을 생각을 못했고, 심지어 뒷걸음질까지 쳤습니다. 정말 아쉬웠습니다. 과거 학생시절에는 체육을 제안해도 선생님이 저를 물리치더니, 이제 선생님이 되어 체육을 장려해도 학생이 오히려 참가할 엄두도, 운동할 엄두도 내지 못하니 말입니다.

불광산을 세운 뒤, 당시 타이완의 농구는 전에 없던 성황을 누리고 있었습니다. 극난克難 팀·대붕大鵬 팀·육광陸光 팀·칠호七虎 팀 등이 있었고, 당시 이름을 날렸던 가지군賈志軍·당설방唐雪舫·진조열陳祖烈·황국양黃國揚·왕의군王毅軍 등의 유명선수들이 저는 지금

2010년 불광배 국제대학여자농구 경기에서 점프볼을 하고 있는
성운대사

까지도 쉬이 잊히지 않습니다. 농구를 하면 우리의 인생교육, 자아
관리, 더 나아가 인아 관계 모두 큰 의미가 있으므로 저는 불교의 젊
은 출가자들이 반드시 배워야 하는 운동이 농구라 생각합니다.

농구를 하면 비록 한쪽과 적대관계가 되지만 그는 나의 원수가 아니라 나의 친구입니다. 상대방이 없으면 저는 운동할 수 없으므로 비록 두 팀으로 나누기는 하지만 모두 친구이지 원수가 아닙니다.

자비에는 원수가 없습니다. 농구장에서는 경기가 맹렬하게 진행되지만 그 가운데는 인자함을 내포하고 있고, 가장 중요한 것은 상대를 건드려서는 안 되고 때려도 안 됩니다. 만일 부딪히거나 쳤다면 그것은 규칙위반이고, 규칙위반을 할 때마다 손을 들어 상대에게 미안하다는 제스처를 해야 합니다. 저는 잘못을 인정하는 것이 인류의 가장 큰 용기라고 생각합니다. 잘못을 인정하는 습관을 기르는 것은 매우 중요합니다. 그 밖에도 신속하게 득점을 올리도록 시간을 효율적으로 사용하는 습관도 길러야 합니다. 경기 시간은 일분일초 사라져가고 있고, 조금만 늦어도 기회는 사라집니다.

농구 경기는 팀플레이입니다. 단독으로 뚫고 들어가려 하지 말고 다른 사람에게 기회를 만들어줘야 하며, 시간을 잘 활용해야 하는 것 등이 모두 농구 경기에서 얻는 교육들입니다. 결론적으로 농구 경기에서 기술이 출중해야 하는 것은 당연하고, 인품과 도덕도 매우 중요합니다. 젊은이들을 훈련시키는 데에 무척 효과적입니다. 많은 사람이 제가 농구 경기를 좋아한다는 것을 알고 있습니다. 몸은 비록 늙었지만 농구를 통한 교육은 여전히 좋아합니다. 용감해야 할 때 용감히 공격하고, 수비해야 할 때 철저히 수비하며, 진퇴와 속도와 작전과 타인에게 기회를 만들어 주는 것 모두가 관리학의 일종이 아닐까 합니다.

사회를 위한 어려움

타개와 분쟁 해결

관리학은 당신에게 타인을 관리하라 시키는 것도 아니고, 타인에게 희생을 요구하는 것도 아닙니다. 관리의 관건은 사람들에게 인연을 주는 것입니다. 관리학을 잘 배우려면 먼저 당사자에게 기쁨과 이로움을 주어 그가 기꺼운 마음으로 받아들이도록 해야 적어도 서로가 이익을 얻습니다.

들어가는 말

중일전쟁에서 승리하던 그해, 국민당 성당부省黨部의 책임자가 우리에게 '공민公民' 수업을 강의해 주러 초산焦山에 왔습니다. 우리의 사상을 넓혀주고 더 멀리 보게끔 해주는 등 강의가 너무 좋아 이 선생님을 존경해마지 않았습니다. 그러나 안타깝게도 그의 함자는 이미 잊어버렸습니다.

18세가 되던 그해, 하루는 그가 우리 전부를 불러 국민당 당원에 참가하라고 했습니다. 존경해마지 않던 선생님이란 이유만으로 무슨 당이든 상관없이 그가 시키는 대로 우리는 국민당원이 되었습니다. 제가 올해 90세가 되었으니, 계산해 보면 저는 이미 72년의 국민당 당적을 가진 국민당 당원이었던 셈입니다. 현재 타이완에 72년의 당적을 지닌 국민당 당원은 분명 몇 안 될 것입니다.

저 자신은 국민당의 활동에 참가하기를 원하지도 않았고, 이제껏 한 번도 참가해 본 적이 없습니다. 딱 한 번 장경국(蔣經國: 장개석 총통의 장남) 선생이 양명산陽明山에서 국민당 12기 삼중전회(三中全會: 3차 중앙위원회 전체회의)를 개최하면서 저를 국민당 평의위원評議委員에 임명했습니다. 그것은 국민당 내에서도 아주 높은 자리로, 장부인(蔣夫人: 장개석 총통 부인인 송미령 여사)과 장위국(蔣緯國: 장개석 총통의 차남) 장군과 이름을 나란히 하는 것입니다. 국민당의 원로였던 이자관李子寬 선생이 제게 "국민당에 가입하면 스님들이 포교하는 데 편리할 것입니다"라고 이야기한 것이 생각나, 불법의 포교를 위해 무슨 당에 가입하느니 안 하느니 따지지 않기로 했습니다.

당시 저는 타이완 도처에서 포교 강연을 하고 있었는데, 치안부서와 문제가 생길 때마다 국민당이라는 배경만 있어도 도움을 많이 받을 것 같았습니다. 그래서 삼중전회에 참가했습니다. 장경국 선생은 회의에서 학백촌郝柏村 선생과 마수례馬樹禮 선생이 군대와 당을 대표해 각기 발언하니, 저에게도 대회에서 의견을 약간이나마 피력하라고 당부했습니다. 그날 오후 학백촌 장군이 "오늘의 대회는 우리 세 명의 양저우 사람이 발표하네요"라고 했던 말이 기억납니다. 마수례 선생과 학백촌 선생, 그리고 저 세 사람은 모두 양저우와 관련이 있습니다.

당시 저는 국민당은 개방을 시행해야 하며, 특히 중국 본토의 친지 방문과 양안의 왕래를 개방해야 한다고 건의했습니다. 4, 50년 동안 국민들은 양안의 대치 상태로 집이 있어도 돌아가기 어렵고 가족이 있어도 만나기 어려웠으니, 살아가면서 정말 안타까운 일이 아닐 수 없었습니다. 그리고 저는 민주당파 인사를 포용하여야 한다고 건의했습니다. 그들 중에도 우수한 인재가 많이 있습니다. 예를 들어 고옥수高玉樹·구연휘邱連輝 등과 같은 이는 국민당에서는 중용해서 써야 할 타이완의 인재입니다. 모두가 국가를 위해 인아를 가르고 분별하는 행동은 하지 말아야 합니다.

결과가 어떻게 되었는지는 저도 모릅니다. 들리는 말로는 중앙당위원회에서는 제 건의를 기록으로 남겼다고 합니다. 훗날 장경국 선생의 개방정책과 타이완의 계엄 해제가 저의 건의와도 관계있는 것 같기도 합니다. 혹자는 말하기도 합니다. 장경국 선생은 아랫사람의 의견을 잘 듣지 않는 성격이고, 저는 그의 부하가 아닌 스님인데, 일개 스님까지도 개방해야 하고 민주화해야 한다 말하는구나 생각했을 것이고, 그래서 수많은 문제가 해결되었을 것이라고 말입니다.

많은 사람이 저를 일러 '정치화상'이라 하지만 천만의 말씀입니다. 저는 정치 쪽에 어떤 힘도 가지고 있지 않습니다. 정치를 할 줄도 모르고 알지도 못합니다. 다만 불광산에 가끔 정치인들이 방문하면 함께 차를 마시고 식사를 대접하고, 오실 때 환영하고 가시면 배웅해 드리는 게 전부입니다.

그 밖에 총통부에서 강연한 것, 장경국 선생의 초대를 받았던 것 외에 저는 성정부는커녕 현정부縣政府조차도 가본 적이 없습니다. 타이완에서의 모든 건설과 홍법 과정에서 곤란한 일이 더러 생기더라도 저는 그저 법대로 해결했지 봉투를 내밀어 문제를 해결한 적이 없으며, 공무원에게 굽실대며 부탁한 적은 더군다나 없습니다. 그러나 불법으로 맺은 인연 덕분에 늘 좋은 마음을 가진 여러 인사들이 도움을 주셨는데, 이것 때문에 모두들 저를 정치화상이라고 한다면 저도 어쩔 수가 없습니다.

사실 저는 수많은 구제 사업을 했으니 또한 자비화상일 것입니다. 또한 많은 교육 사업을 했으니 교육화상이기도 할 것입니다. 문화 출판 사업도 했으니 저를 문화화상이라 불러야 마땅하지 않을까요? 그런데 사람들은 이렇게 부르지 않고 '정치화상'이라 부릅니다.

저는 정치 활동에 참가해 본 적도 없고, 심지어 불광산을 건설하며 정부에 벽돌 하나, 기와 하나 보조해 달라 요구한 적 없었으며, 지금까지 단 한 푼의 보조도 신청한 적이 없는데 '정치'라는 단어는 가당치도 않습니다.

유명 영화감독인 유유빈劉維斌 선생께서 "사람들이 스님을 정치화상이라고 부르는 것은 스님에게 그만큼 힘이 있다는 뜻이겠지요" 하며 위로해 주었습니다. 부끄럽게도 제게 무슨 정치적 힘이 있겠습니까? 그러나 그 뒤에 생각해 보니 명성과 지위는 한낱 허상에 지나지 않는 것이니, 더 이상 따질 필요가 없을 것 같았습니다.

지금 생각하면 수십 년 동안 정계의 수많은 주요 인사들, 특히 그들 사이의 분쟁이 있으면 저도 그들에게 분쟁을 해결하고 근심을 덜도록 도움을 준 적이 있습니다. 그래서 약간은 저의 공헌도 있다 생각하여 그것을 간략히 적어보려 합니다.

이란 여간옥선余簡玉嬋 여사의 당선과 사퇴

타이완에 헌정이 실시된 이래로 국민은 지방 행정수장과 의원을 선출할 수 있습니다. 이란 지역은 민간의 역량이 국민당의 상상을 초월했습니다. 일반 대중은 국민당 외의 인사를 지지하는 것을 희망했습니다. 당시 당 외부의 인사 곽우신郭雨新과 그 뒤의 임의웅林義雄, 유석곤游錫堃의 명성이 제일 높았고, 이란에서 높은 득표율로 당선되지 않은 적이 단 한 차례도 없었으니 민주의식을 가진 지도자적 인물이라 할 수 있었습니다.

순박하게 보이는 이란이 선거 때만 되면 후보들 사이의 경쟁은 극

럴해지고 민중의 참여도 적극적이 되었습니다. 선거운동에 열정적인 사람은 적극적으로 후보자가 해야 할 일을 대신하였습니다. 부모님은 자녀를 데리고 한 집 한 집 찾아다니며 후보자의 선거를 돕고, 인정에 호소하며 머리를 조아리는 일까지 이루 헤아릴 수 없이 많았습니다.

　민국 56년(1967) 즈음, 이란현 현의원 선거 때 국민당은 패기 있고 능력 있는 장학아張學亞 선생을 의장으로 내세울 계획이었지만, 선거 결과 40여 표가 모자라 낙선했습니다. 의장은커녕 의원조차 당선하지 못하였으니, 국민당에서는 장차 의회를 휘어잡기 어려울 것이라 생각했습니다.

　당시 이란의 선거업무를 주관하던 국민당 주임위원 여원예黎元譽 선생은 개표 당일 밤 갑자기 저를 찾아와 이미 당선된 현의원 여간옥선 여사에게 당선 포기를 종용해 달라 부탁했습니다. 그녀만 포기하면 장학아 선생이 보궐로 올라가고 의장이 될 수도 있다는 것이었습니다.

　저는 무척 곤란했습니다. 여간옥선 여사도 수개월 동안 힘들게 찾아다니며 일일이 부탁하고, 많은 체력과 비용을 소모하고 나서야 현의원에 당선되었는데 사직하라니요. 이것은 불공평하고도 너무나 난처한 일이었습니다. 그러나 저는 국민당을 보호하기 위해, 또 평소 제게 잘해 주신 주임위원 여원예 선생의 입장도 생각해야 했습니다. 과거에 태풍이 지나간 뒤 마을을 구제하는 데 불교도 함께 나서서 재난구제를 해야 한다며, 저와 동행하면서도 자신은 한 발 물러나 전면에 나서지 않음으로써 불교를 돋보이게 했습니다.

불교에 대한 여원예 선생의 우의에 감사하는 뜻에서 이 일은 꼭 도와줘야겠다고 생각하고 여간옥선 여사에게 권해 보겠다고 약속했습니다. 그러나 아무 이유 없이 희생만 강요할 순 없어서 저는 "만일 여사께서 현의원을 사퇴하신다면 제가 이어서 운영하고 있는 란양구제원蘭陽救濟院 원장을 당신에게 맡기고 싶습니다. 높은 보수와 대우를 보장합니다"라고 했습니다.

사실 란양구제원의 원장 자리가 현의원에 비할 바는 못 되지만 여간옥선 여사는 기본적으로 신앙이 있었고, 제가 스님인지라 제 체면을 봐서 여러 가지로 곤란한 상황에서도 현의원직을 사퇴하고 장학아 선생에게 양보하였습니다.

그 후 여간옥선 여사는 란양구제원의 원장이 되었고, 그녀의 남편은 이란현 경찰국 소방대대의 대장이 되었습니다. 두 분 모두 이란염불회 신도이자 성실한 불제자이며, 저와의 우의도 매우 깊습니다. 저는 여간옥선 여사에게 부당했었다고 생각되어, 원장으로 있던 시기에 자주 격려하고 표창했습니다.

당원이라면 당을 아껴야 합니다. 당에서 우리에게 희생을 요구할 수도 있습니다. 여간옥선 여사가 저의 말을 듣고 기꺼이 희생하기로 결정했어도 분쟁을 해소하는 과정에서 상대에게 공연한 희생을 강요하고 부당한 대우를 받게 될 때, 타인에게 억지로 강요하지 말고 상대방에게 다른 것으로 보상을 받는다는 느낌이 들게 해주어야 한다고 생각합니다.

여간옥선 여사는 현의원이 되지는 못했지만 구제원의 원장이 되었고, 여원예 선생에게도 저는 다방면으로 보살펴 주시고 여러 가지로 치하해 주시길 부탁드렸습니다. 그러나 국민당은 자신이 필요할 때는 애걸복걸하더니, 자신에게 필요 없다면 그 일은 싹 잊어버리고 다른 보상이나 격려를 해줄 줄 모릅니다. 그래서 겨울에 얼음을 씹어 먹듯 국민당에 공헌했던 수많은 사람들의 마음에 한기를 서리게 했습니다. 이러한데 당위원회가 이란에서 민심을 얻고, 충성을 얻어내고, 승리를 쟁취할 수 있었겠습니까? 나중에 저는 타이완에서 국민당이 여러 차례 선거에 패하고 민심을 얻지 못하는 것을 보며, 당위원회를 이끌었던 인사들 모두 철저히 되짚어봐야 할 문제라고 생각했습니다.

어쨌든 저는 란양구제원 원장이라는 직함으로 여간옥선 여사가 이란 지역사회에서 빛나는 교류 활동을 할 수 있도록 해줬습니다. 원래 조산원이었던 그녀는 젊고 아름다웠으며 활발히 활동하는 여걸이라 할 수 있는데, 당과 나라를 위해 기꺼이 희생한 그 진심은 결코 쉽지 않았을 것입니다.

제가 분쟁을 해결함에 있어 이 사건은 '겉보기엔 간단하지만 실제로는 매우 곤란한 일'이었습니다. 제가 보기에 타인과 어울리면서 인아 관계에 대해 말하자면, 상대의 이익을 희생하라고 요구할 때는 대등한 보상, 심지어는 그것을 더 초월하는 보상을 해줘야 그 사람의 마음을 편안하게 해줄 수 있습니다.

'관리학'은 당신에게 타인을 관리하라고 시키는 것도 아니요, 타인에게 희생을 요구하는 것도 아닙니다. 관리의 관건은 사람들에게 인연을 주는 것입니다. '관리학'을 잘 배우려면 먼저 당사자에게 기쁨과 이로움을 주어 그가 기꺼운 마음으로 받아들이도록 해야 쌍방이 함께 이익을 얻습니다.

왕옥운王玉雲과 조수왜趙綉娃의 논쟁

1970년대 가오슝시의 국민당과 민사당民社黨은 모두 상당한 세를 얻고 있었습니다. 국민당의 왕옥운 선생은 가오슝시장에 당선되었고, 민사당의 조수왜 여사는 성의원에 당선되었습니다.

　한 분은 의기양양한 중년신사로 가오슝에서 여러 차례 의장을 지낸 적이 있었으며, 시장까지 당선되니 더 품위 있어 보이며 우러러 보게 되었습니다. 다른 한 분은 아름다우면서도 대범하고, 시의원 조선표趙善標 선생의 따님으로 성의원에 당선되었으니 의회의 꽃이라 할 만했습니다.

　본래 시장은 시장 일을 하고 성의원은 성의원 일을 하면 되는데, 무슨 이유에서인지 모르지만 한번은 왕옥운 선생이 기자간담회에서 조수왜 의원에게 상처를 주는 말을 약간 하였습니다. 참을 수 없었던 조수왜 의원은 당장 법원에 고소하겠다고 하였고, 가오슝시의 많은 사람이 나서 그만두라 권했어도 그녀는 끝까지 고소하겠다고 고집을 피웠습니다.

　물론 시장에 당선된 지 얼마 되지 않아 정계스캔들을 일으켰으니, 이 사건은 고소 대상인 왕옥운 시장에게도 불리했습니다. 가오슝시 당위원회 주임위원인 계리과季履科 선생이 제게 나서달라고 하였고, 저 역시 당의 지시를 따라 그들을 화해시키는 데 협조하였습니다.

　다행히 조수왜 씨는 학생 시절 수산사에서 삼보에 귀의하여 저의 신도가 되었기에, 저는 조수왜 씨에게 한 발 양보하라 권하면서 결국은 어떤 결과가 나올지를 분석해 주었습니다. 시의원과 시장이 논쟁하면 결국에는 손해를 보게 되니, 모두 화해하고 화목하게 더불어 평화롭게 잘 살면서, 이 '더불어'를 귀히 여기고 사회와 민중을 위해 의회에서 더 많이 국민의 복리를 위해 힘쓰다 보면 반드시 훌륭한 명성을 얻게 될 것이라 이야기했습니다.

이와 같은 제 권유에 그녀는 "스님께서 이렇게까지 말씀하시는데 제가 어떻게 거절할 수 있겠습니까? 말씀하신 대로 따르겠습니다" 하고 답했습니다. 모두들 무척 의외라 생각했습니다. 두 호랑이가 한 치의 양보 없이 대치하던 국면이 갑자기 갈무리되었고, 법정 싸움으로 번지지도 않은 채 가오슝 정계의 한 차례 먹구름은 사라졌습니다.

저는 그래도 부처님과의 인연에 기대어야 한다고 생각합니다. 불법은 인아 사이에서 일정 부분 공헌을 하고, 일정 부분 건의하고, 일정 부분 관리를 하는 데 꽤 쓸모 있다고 생각합니다.

그 뒤에 저는 왕옥운 선생과 조수왜 여사를 불광산으로 초대했습니다. 어느 날 황혼 무렵이었는데, 두 사람이 화해서에 서명을 하며, 가오슝을 떠들썩하게 했던 정치적 해프닝은 이렇게 마침표를 찍었습니다. 이 문제 해결에 있어 저는 그들에게서 차 한 잔 받아 마신 적 없고 그들에게서 감사를 받은 적도 없지만, 이렇게 유야무야 해결되었습니다.

저는 정치를 좋아하지 않고 정치판에 발을 들여놓고 싶지도 않으며, 정치인에게 청탁하고 싶지도 않습니다. 타이완에서 저는 누구에

사회

게도 돈 봉투를 보내지 않았고, 건축하며 수많은 어려움에 봉착했어도 저는 설법을 할 뿐 부탁하지도 않고 돈 봉투로 해결하지도 않았으며, 불법의 힘만을 사용했습니다.

"정치를 묻되 간섭하지는 않는다"라는 태허太虛 대사의 주장은 참으로 옳으신 말씀입니다. 저는 이 사회를 살아가는 국민의 복리에는 관심을 가져야 하지만, 정치상의 통치 철학에 대해서는 우리가 간섭할 일이 아니라 생각합니다. 그래서 계리과 주임위원도 저더러 가오슝시의 입법위원 선거 경쟁에 나가라 권한 적이 있지만, 감당할 능력이 안 되어서 정중히 거절했습니다.

저는 제 자신을 드러내는 것을 원하지 않습니다. 저의 먼 조상까지 남들 입방아에 오르내리는 것은 그렇다고 쳐도, 저의 신앙인 부처님까지 대중의 모욕을 받게 하는 것은 정말 원하지 않습니다. 그래서 저는 이런 정치판에 정말 발을 들이고 싶지 않습니다. 저는 본디 태허 대사의 이념을 따르고 있지만, 자주 불광산에 참관하러 오고 불법을 논하러 오는 타이완의 정치인에 대해서도 불법의 인연이 다소 있습니다. 불법이 있기에 그들에게도 방편이 생길 것이라는 것을 수많은 정치인 역시 알고 있다고 생각합니다.

'관리학'이라는 측면에서 볼 때, 이런 분쟁은 모두가 감정적으로 나서서 한쪽 편만을 돕고 다른 한편은 돕지 않으면 한쪽만 감싸게 되니, 쌍방에게서 좋은 결과를 얻지 못하는 것은 자명합니다. 또는 당사자가 손해를 보는 듯한 느낌을 주어도 그것 역시 평화로운 화해가 아닙니다. 저는 쌍방의 체면을 모두 살려주고, 한 발 물러날 수 있게 해주어야 일은 잘 갈무리되고, 사람은 마음의 안정을 찾는다고 생각합니다. 사실 그들 마음에도 이렇게 매듭지어지기를 희망했던 것일 수도 있습니다. 그래서 '화해'라는 관리는 민심에 적합해야 하고, 시기적절해야 하고, 합리적이어야 하며, 편애해서는 안 되고, 공정하지 않으면 안 되며, 선입견을 가져서는 안 됩니다. 관리학에 있어 이것은 반드시 주의해야 할 문제입니다.

타이완 최초의 총통 직접선거

1996년 타이완에서는 최초의 총통 직접선거가 실시되었습니다. 각 당의 대선주자들이 선거를 통해 정권쟁탈전을 벌였습니다.

이등휘李登輝와 련전連戰은 국민당에서 추천받았고, 명성과 인망이 두터웠던 성주석 임양항林洋港·학백촌 참모총장 두 사람도 몰인정한 이등휘의 대항마로서 의분을 품고 경선에 뛰어들고자 했습니다. 당 인사인 팽명민彭明敏 역시 경선에 참가하며 그의 참모인 사장 정謝長廷과 함께 승리를 다짐했습니다. 과거 타이완의 4대 공자 중의 하나로 비유된 진사수陳辭修의 아들 진리안陳履安은 경제부장으로 시작해 감찰원장까지 오른 사람인데, 자신의 젊고 뛰어난 재능을 믿고 타이완 정계에 맑은 물이 흐르게 해야 한다며 경선에 참가할 뜻을 비쳤습니다. 그리고 정직하고 청렴한 왕청봉王淸峰 변호사를 파트너로 선택했습니다.

타이완의 총통 하나에 이처럼 뛰어난 인사들이 경합을 벌이니 국민당에서 추천한 사람이 결코 우세하지만은 않다는 것을 우리도 알 수 있었습니다. 특히 이등휘는 타이완 사람이자 국민당원이며,

1988년 장경국 선생 서거 당시 총통대리를 했습니다. 총통대리의 신분으로 경선에 참여하니 비교적 쉽게 이점을 챙길 수 있었으므로 이등휘의 당선은 따 놓은 당상이라 보았습니다.

그 밖의 후보자 진영에서는, 진리안의 경우는 불광산의 신도였으니 불광산에서 자신을 지지해 줄 것을 원했고, 불광산도 정과 의리를 버릴 수 없어 최선을 다하겠다는 말만 했습니다. 그리고 임양항·학백촌 역시 저와 친한 친구인지라 그들도 제게 협조를 희망했습니다. 저는 물론 두 사람이 따로 나와서 힘을 분산시키는 것보다는 한 팀을 밀어준다면 이등휘와의 경선에서 승산이 있을 것이니 그들에게 서로 협력하는 게 어떠냐고 권했지만, 임양항과 학백촌 두 사람 모두 자신이 나가야 더 승산이 있다면서 조금도 양보하지 않았습니다.

경선에 관해 누구나 선거 전에는 모두 자신이 나가야 승산이 있다고 자신하는 것이 저는 이상하게 생각되었습니다. 이런 상황에서 임양항과 진리안 사이에서 권유는 해봤지만 두 사람의 공감을 얻어내진 못했습니다.

그 뒤 저를 찾아온 학백촌 장군과 타이베이 도량의 작은 방에서 점심공양을 하며 선거에 관해 이야기를 나눴습니다. 저는 그가 진실로 정과 의리가 있는 사람이라고 생각합니다. 그도 총통과 부총통 선거에 뜻이 있는 건 아닌데 당과 국가를 사랑하는 마음과 친구와의 정을 생각해 안 될 것을 알면서도 나왔다 했습니다. 그러니까 제가 가서 진리안과 임양항이 협력하도록 권유해 달라 했고, 저도 특별히 양명산에 있는 임양항의 공관에서 2시간가량 이야기를 나눴지만,

총통과 부총통을 누가 맡느냐는 문제 때문에 결국 성공하지 못했습니다.

물론 임양항 선생 또한 정직하고 공평무사한 사람이고, 진리안 역시 젊고 전도유망한 인사였지만, 안타깝게도 장경국 선생이 당초 이등휘에게 총통대리를 시켜 이미 절대적인 우세를 점하고 있었기에 다른 인사들은 결국 패배의 고배를 마셔야 했습니다. 그래서 타이완은 결국 이등휘가 총통에 당선되었고, 중국국민당 당주석을 겸임하게 되었습니다.

이등휘의 총통 역임 기간에 공정하고 평등하지 않으며 의롭지 못한 사건들이 많았기에, 나중에 당원이 그의 주석 직위를 파면시켰지만, 그가 정치적 영향력을 행사해 타이완에 준 상처는 이미 무엇으로도 보상할 수 없을 정도였습니다. 2000년이 되어 정권이 교체되었고, 국민당은 50년간 누렸던 정권을 잃어버리자 수만 명의 군중이 중앙당 위원회 앞에 모여 이등휘의 퇴진을 요구하는 시위를 벌였습니다. 이등휘는 내려왔지만 민진당의 진수편陳水扁이 총통에 당선된 뒤 국제무대에서 타이완의 처지는 더욱 힘들어졌습니다. 진실로 때가 되지 않았고, 운이 오질 않았고, 천명이 닿지 않았음이라, 제가 보기엔 미래의 역사가 모두 공평하게 설명할 것이라 생각합니다.

저는 어떠한 결과도 얻을 수 없다는 걸 분명히 알고 있었으면서도 그 가운데서 주선을 해주었습니다. 그래도 친구와의 우의를 생각해 최선을 다하고 싶었습니다. 이것 역시 인아 관계 유지의 한 방편이며, 관리의 한 격식일 것입니다.

오백웅吳伯雄의 대장다운 풍모

1994년 타이완은 지방자치를 실시하여 타이완성省의 성장省長도 국민투표로 선출하기로 하였습니다. 당시 국민당에서는 송초유宋楚瑜가 후보자로 나왔고, 내정부장內政部長 오백웅 역시 독자경선 참가를 표출했으며, 야당 후보인 진정남陳定南 씨의 기세 또한 만만치 않았습니다. 출사표를 던진 세 사람에게 각계의 관심이 집중되었습니다.

국민당 역시 두 호랑이가 서로 싸워봐야 득 될 것이 없음을 알고, 당내 인사가 나서 기왕에 당에서 송초유를 당 후보로 정했으니 오백웅에게 감정적으로 나서지 말고 당을 위해 조금만 희생해 달라 권유를 했습니다. 그러나 오백웅은 반드시 승리할 것이며, 타이완에 겨우 아리산만 남는다고 해도 자신은 끝까지 성장 경선에 참가하겠다고 맹세했습니다. 양측이 한 치의 양보도 없이 첨예하게 대립했습니다.

당시 성의 당위원회 주임위원이었던 종영길鍾榮吉 선생이 저를 성의 당위원회로 초청해 직원들에게 강연해 줄 것을 부탁했습니다. 강연이 끝나자 그도 역시 제게 이러지도 저러지도 못하는 이번 선거의 어려움을 토로했습니다. 이때 문득 제게 '둘째 철학(老二哲學: 무리하게 첫째가 되기보다 온당한 둘째가 되는 것)'이 떠올랐으니 참 재미있는 일입니다. 그래서 오백웅을 만났을 때 일시적으로 떠오른 영감에 빗대어 경선 포기를 권했고, '둘째 철학'은 손해 보는 것이 아니라며 선거의 득실을 설명해 주었습니다.

불광산 제7대 주지 진산승좌晉山陞座 취임식에 참석하고 있는 오백웅 선생
(2005.1.16).

그는 제 말을 듣고 오랫동안 깊은 생각에 잠겼습니다. 나중에 대
외적으로 제 영향을 받았다 표명하기도 했습니다만, 그의 부친인 오
홍린吳鴻麟 선생이 그에게 양보하라 한 것이 가장 큰 힘이었을 것입
니다. 그때 국민당은 두 사람이 경쟁하는 일 없이 송초유 선생이 순
조롭게 진정남 선생을 이겼습니다. 이 역시 큰일은 작게 만들고, 작
은 일은 없던 것으로 만든 사건이었습니다. 한 차례의 정치 폭풍은
이렇게 간단하고도 쉽게 사라져 버렸습니다. 나중에 여론에서는 계
속해서 오백웅을 제가 후보 사퇴하게 했다 하는데 이 말은 가당치도
않습니다. 그에게 후보 사퇴를 시키면 제가 무엇으로 그의 손실을
보상해 줄 수 있단 말입니까? 그 공로는 감히 제가 받을 수 없는 것
입니다.

저는 분쟁이 없고 단결하여 협력만 한다면 국민당은 충분히 승산

이 있다고 보았습니다. 안타깝게도 모두들 명리名利 앞에서는 한 치도 양보하지 않고 권력을 위해 끊임없이 서로 물어뜯기 때문에 많은 역량을 약화시켰으니, 타이완에서 국민당의 상황이 날로 악화되는 것도 원인이 없다고는 못 할 것입니다.

2007년 원래 국민당 당주석은 특별비 문제로 기소되어 당주석 자리를 사퇴했기에 국민당에는 지도자가 없는 형국이었습니다. 그때 정치를 이미 담담하게 바라보던 오백웅 선생에게 당을 위해 그래도 경선에 참가하라 격려했습니다. 후보자 등록은 오후 4시까지였습니다. 그는 타이베이 도량에서 불광회 업무를 다 처리하고, 오후 3시에 달려가 1분 남겨놓고 간신히 등록을 마쳤습니다. 결국에는 국민당 당주석에 당선되었습니다.

오백웅 선생이 당주석에 재임하는 기간 국민당에서 선출된 입법위원이 입법원 정족수 3분의 2이상을 차지했으니, 그것은 입법원의 과반수나 됩니다. 그 뒤 그는 또 마영구馬英九 선생의 선거를 도와 높은 득표로 총통에 순조롭게 당선시켰으니, 이는 당주석으로서 무척 성공적이고 영광스런 일이 아닐 수 없습니다.

안타깝지만 무슨 원인에서인지 마영구 선생은 총통에 당선된 뒤 당정黨政이 합일해야 좋은 성과를 낼 수 있다고 생각한 듯, 오백웅 선생에게 당주석 자리를 자신에게 양보하라 했습니다. 이에 오백웅 선생도 넘겨줄 수밖에 없었을 것이고, 이때부터 국민당은 더욱 쇠락의 길을 걷게 됩니다.

이러한 상황에서 저는 오백웅 선생께 국제불광회 중화총회의 총회장을 맡겨 그가 사회대중 속에서 수많은 활동을 하도록 해주었습니다. 이 또한 당초 그에게 성장 선거에서 사퇴를 권유했던 저의 보상이 아닐까 합니다. 그도 항상 대중에게 자신의 집 4대가 저와 우의를 나누고 있으며, 모두 불교를 수호하는 수호자라 말합니다. 이 또한 제가 타이완에서 얻은 가장 훌륭한 선연입니다.

제가 오백웅 선생에게 성주석의 경쟁에서 물러나라 권했을 때, 그는 "고개를 돌리니 피안의 세계구나"라는 것을 깨달았고, 그 태도와 아량이 대중의 높은 평가를 받았습니다. 당이 어려울 때는 자신을 내려놓고 당주석 경선에 참가하며, 의로운 일에 적극적으로 나서 전체적인 국면을 고려하는 그의 기량 역시 대중의 지지를 얻었습니다. 물러나야 할 때 물러나고, 나서야 할 때 나서라는 소소한 건의와 작은 인연을 그에게 주었지만, 그는 기꺼이 저의 의견을 받아들였습니다. 이것은 저와 오백웅 선생이 우의를 나누며 쌓은 서로에 대한 신뢰라 할 수 있습니다.

이른바 '관리학'은 상대의 손해를 줄이고, 손실을 입게 되었으면 그에게 적정한 보상을 해주는 것이며, 이것이 '관리학'의 중요한 이치입니다.

릉봉凌峰과 하옥순夏玉順

1989년부터 타이완 TV방송국에서 방영한 「팔천리 길 구름에 달 가듯이(八千里路雲和月)」라는 프로그램은 타이완에서 처음으로 중국본토를 소개한 다큐멘터리입니다. 매일 같이 재방송을 하며 시청률 최고를 기록했습니다. 이 프로그램 제작자인 릉봉 선생은 저와 특별한 인연이 있습니다. 그는 홍콩에서 저를 만났을 때, 프로그램에서도 나왔던 '게르(몽골의 이동식 전통가옥)'를 제게 선물하겠다고 했습니다. 우산 형태의 건축물로 안에 수십 명이 들어가 이야기를 나눌 수도 있다고 했습니다.

그때 게르를 기증하고 싶다던 그는 게르가 어떤 모습인지 대중에게 알릴 수도 있고, 또 한편으로는 불광산의 볼거리가 하나 더 생기는 것이라 이야기했습니다. 그의 호의는 저도 잘 알지만, 타이완에 있는 저는 받기가 불편했습니다. 불교도량인 불광산의 어디에 게르를 놓아야 적당할까요? 당시 양안이 이제 막 왕래를 시작할 때라, 우리가 지나치게 중국 본토의 물자를 탐한다는 인식을 타이완 대중에게 심어줄 우려가 있어 저는 완곡하게 그의 호의를 거절했습니다.

또 다른 일화는 타이베이에서 연예계 매니저를 하고 있는 하옥순 선생의 이야기입니다. 그는 매우 많은 스타가수를 배출했고, 자혜 스님의 요청으로 불광대학을 위해 '옛 가요 콘서트(老歌義唱)'를 열어 모금하였으니, 불광산의 입장에서는 도움을 주는 신도 중 한 사람입니다. 많은 가수들을 초대해 콘서트 봉사를 했던 그는 자신은 한 푼도 갖지 않았고 수입 전부를 불광대학에 기증했는데, 이에 저는 깊은 감명을 받았습니다.

원인이 무엇이었는지는 몰라도 갑자기 하옥순과 룽봉 두 사람이 다투기 시작했고, 특히 룽봉 선생은 하옥순 선생에게 폭력까지 휘둘렀습니다. 이 행동으로 하옥순 선생은 법원에 고소했고, 두 연예계 인사는 결국 법정에 서게 되었습니다. 분명 한쪽이 승소하고 한쪽은 패소하는 것은 자명한 일이지만, 쌍방 모두 유명인사였으니 패소한

쪽은 어찌 얼굴을 들고 다니겠습니까? 그러나 판결이 어찌 나오든 두 사람의 명성에도 영향을 끼칠 것은 불을 보듯 뻔했습니다.

릉봉 선생이 먼저 폭력을 행사했고, 하옥순 선생도 이미 고소를 제기한 상태였기 때문에 이 가운데 손해를 보는 사람은 아마 릉봉 선생일 것입니다. 그래서 릉봉 선생도 저를 찾아와 이 사태의 중재를 요청했습니다. 물론 저도 하 선생에게 거듭 손해만 보라 할 수는 없었습니다. 매를 맞기도 하고 모욕도 받은 데다, 그 역시 유명인사인데 순순히 고소를 멈추려 하겠습니까?

이런 일을 제게 처리해 달라 한다면 출가인인 저는 언제나 평화롭게 해결되길 희망합니다. 다행히 하 선생 남매와 가족 모두 저와 인연이 있었던지라 저는 다만 "고소를 취하하십시오!"라고만 이야기했습니다. 그러나 법정소송의 변호사 비용이 십만 원(한화 약 370만 원)이 넘는데, 이미 다 지불한 상태라 그도 이대로 그만두길 원하지 않았습니다.

저는 "모든 변호사 비용은 제가 책임지겠습니다. 그리고 릉 선생에게 정중히 사과드리라 하겠습니다"라고 말했고, 결국 릉 선생도 저의 의견을 받아들여 쌍방이 타이베이 도량에서 만나 악수하며 화해했습니다. 쌍방 모두 체면을 차렸고 울분도 가라앉혔지만, 그때 저는 그들을 화해시키느라 애쓰고도 십만 원의 화해 비용까지 사용해야 했습니다. 그러나 관리학은 타인이 모두 이익을 얻도록 관리하는 것만이 아니라 생각합니다. 때로는 널리 선연을 맺는 것이 중요하며, 손해를 보더라도 또 이로움을 얻게 될 수도 있기 때문입니다.

후에 릉 선생이 유럽을 방문했을 때, 불광산의 비구니가 유럽에서 발전해 나가는 것을 보고 "유럽 화인華人을 위해 찬란한 역사를 써 내려가는 불광산의 비구니! 유럽 각 도량의 출가승 비구니는 혼자 몸으로 여러 가지 일을 감당하며 화인의 신심과 역량을 응집하였습니다. 중화문화를 부흥시키는 것은 정치적 역량이 아닌 불광산의 비구니들이었던 것입니다. 그들은 유럽에서 중화문화를 널리 알리며 동서문화를 잇는 가교 역할의 중임을 맡고 있습니다"라는 내용을 TV를 통해 보도했습니다. 이것은 저를 향한 룽 선생 나름의 보답이라 할 수 있습니다.

하옥순 선생은 그 후에도 불광대학을 위해 콘서트의 수익금을 수차례 기부했고, 끊임없이 불광산의 각종 홍법 사업을 지지해 주고 있습니다. 그의 누나 하옥주夏玉珠 씨 역시 미국 샌프란시스코에서 국제불광회 샌프란시스코의 회장을 역임하며 불광회에 많은 공헌을 했습니다.

후에 룽봉·하옥순 두 분 모두 불광대학을 도와주며 불교의 전파에 많은 공헌을 하셨으니, 이것도 '결연結緣'이란 '관리학'의 인과 관계이기도 합니다.

해군 용수用水 문제

가오슝은 남부 지역 군대의 주둔지입니다. 공군은 강산(岡山)에, 육군은 펑산(鳳山)에 있고, 그 중 해군은 줘잉(左營)에 기지를 건설했습니다. 40여 년간 해군 군함과 부대에서는 매월 3만 톤의 담수가 필요했습니다. 그러나 담수가 어디서 나오겠습니까? 그때 다슈향(大樹

鄕)에 8개의 우물을 파서 군대에서 사용할 담수를 공급했습니다. 초기 군대는 권위적이어서, 누구도 이의를 제기하려 들지 않았습니다.

1994년 민의가 고개를 들면서 향장鄕長인 황등용黃登勇 선생을 비롯해 다슈향의 많은 사람들이 다슈향의 우물물을 군대에 공급하는 것을 반대했습니다. 주민들은 이 8개의 지하수 우물을 없애서 다슈향의 지하수자원을 보호하려고 했습니다. 군대에서도 수만 명이 갑자기 마실 물이 없어진다는 것이 무척 심각한 일이었습니다. 물론 해군 측에서도 강제로 민간에 압력을 가할 수도 없고, 어떻게 그들과 대화를 시도하고 향민을 설득해야 할지도 몰랐습니다. 쌍방이 똑같이 대치하며 누구도 양보할 뜻이 없는 듯하였습니다.

해군사령관 고법붕高法鵬 중장은 물 공급 중단사태를 막기 위해 한밤중에 불광산으로 저를 찾아와 방법을 일러 주길 바라며 제가 앞에 나서서 조정해 주길 원했습니다. 이 일은 『잡아함경雜阿含經』「집장경執杖經」편에 부처님이 두 부족의 물 분쟁을 화해시킨 이야기를 저에게 상기시켰습니다. 당시 석가족과 코살라족은 '물 부족 문제'로 인해 저마다 몽둥이를 들고 대치하고 있었는데, 마침 그곳을 지나시던 부처님이 쌍방이 평화롭게 지내며 공평하게 물을 나눠 쓰고 함께 가뭄을 이겨내도록 설득하셨습니다.

저는 그저 출가자일 따름이지만, 사회를 대신해 분쟁을 해소할 수 있는 기회가 있다면 당연히 사회에 대한 책임을 내팽개칠 수 없기에 그 자리에서 돕겠다고 약속했습니다. 저는 이 사건을 해결하는 것이 그다지 어렵지 않다 생각했습니다. 그래서 즉시 현장인 여진월영余陣月瑛에게 함께 화해를 중재하자고 청했고, 다음 날 당사자들을 불광산으로 불러 함께 토론하기로 했습니다.

쌍방이 좌정한 뒤, 저는 이렇게 말했습니다.

"해군은 다슈향에서 오랫동안 식수를 사용하였습니다. 다슈향 지역도 해군에 공헌을 한 셈입니다. 지금 다슈향에서 더 이상 군대 측에 지하수를 공급할 수 없다는 것도 이해해 주시길 바랍니다. 그래서 제가 건의를 하나 할까 합니다. 만일 해군에서 계속하여 다슈향의 용수를 사용하신다면 약간의 급여보조를 해서 저들의 삶에 조금 보탬이 되게 해주시면 어떻습니까? 얼마 안 되는 물 값이 해군에서는 큰 문제가 아닐 것입니다."

군대 측에서는 흔쾌히 약속했습니다. 그러나 국방 관련 추가경정예산 문제는 상부에 보고하는데 시간이 필요하니, 고 사령관도 향민들에게 시간을 좀 줄 것을 부탁했습니다. 황등용 향장도 매우 사리에 밝은 사람이라 쌍방이 협의를 이루었고, 돌아간 뒤에 이 기쁜 소식을 향민들에게 전달했습니다. 향민들도 생각지도 못한 돈을 손에 쥐게 되었다며 모두가 기쁜 마음으로 받아들였습니다. 그리하여 이 분쟁은 더 이상 확대되지 않았습니다.

저는 '인사관리'에 있어서 누구나 자신의 의견을 고집하지 말고, 자신의 이익에만 집착하지 말고, 상대가 능히 받아들이도록 공평하고 합리적이어야 하며, 매사 모두 상대와 나 모두에게 이로운 것이야말로 관리학에서 중요시해야 할 점이라 생각합니다.

KP(柯P)에게 설법

KP(柯P: 柯文哲. KP는 '가 교수'란 뜻의 별명)는 2014년 12월 25일, 타이베이 시장에 취임한 지 얼마 되지 않아 시의 하청을 받은 공사를 조사하던 중, 윈웅건설회사에서 약 300억 이상을 들여 건축하고 있는 타이베이 돔구장이 설계도대로 시공되지 않은 것을 발견했습니다. 반드시 부정이 있을 것이라 생각되어 당장 공사 중지 명령을 내렸고 윈웅건설회사에서는 이 결정을 따를 수 없다며 법원에 고소장을 제출했습니다. 타이베이 시민들 역시 시장이 이와 같은 결정을 왜 내렸는지 의아해했습니다.

더구나 타이베이에 새로 건축되는 돔 체육관에서 2017년 유니버시아드가 거행될 예정이었습니다. 서둘러 공사를 진행하지 않는다면 국제사회의 웃음거리가 될 수도 있는 일이었습니다. 그러나 가문철 시장은 이념과 이상을 가진 사람이며, 공정하고 사욕이 없는 사람이었습니다. 그는 돔구장의 건설 중 발생했을지도 모르는 부정을 철저히 조사해야 한다고 생각했기에, 일 년 가까이나 쌍방이 각자의 입장을 고수하며 문제가 원만히 해결되지 못했습니다.

2016년 8월 28일 가문철 시장은 저와 이야기를 나누고자 일부러 불광산을 방문했습니다. 제게는 정치를 묻되 간섭하지 않는다는 한 가지 원칙이 있었습니다. 사회민생 문제에는 관심이 있지만, 그 다스리는 행위는 참견하지 않습니다. 가 시장은 감사하게도 제가 강연하는 『금강경』을 듣기 위해 특별히 남쪽으로 내려왔습니다. 저는 그가 매일 『금강경』을 독송하는 습관을 가지고 있다는 것을 알고 있었습니다. 그래서 『금강경』 안에서 깨달은 바가 무엇인지 물었습니다.

그는 "일체의 유위법有爲法은 꿈과 같고, 물보라 같고, 이슬과 같고, 번개와 같으니 마땅히 여시如是하게 보아야 합니다"라고 대답했습니다.

저는 그에게 이렇게 말해 주었습니다.

"당신이 말하는 그 유위법이 기왕에 꿈과 같고 번개와 같다니 더 확실하게 보아야 하지만, 어떠한 일은 약간 느슨할 필요가 있습니다. 『금강경』은 주로 무주생심無住生心, 무상보시無相布施, 무아도생無我度生, 무증이증無證而證을 설하고 있습니다. 일부 출세간의 사상을 가지고 허망하게 분별하는 망심妄心을 넘어서야 합니다."

『금강경』의 도리에 대해 잠시 이야기를 나눈 뒤, 화제는 타이베이 돔 체육관의 공사 문제로 옮겨갔습니다. 저는 "정치적 지도자가 늘 전체적인 큰 틀을 두루 살펴야지 문제 속에서 양보 없이 대치하는 것도 좋은 모습은 아니라고 생각합니다. 기왕에 『금강경』을 읽었으니, 『금강경』의 지혜를 잘 활용해야 합니다. 색·성·향·미·촉·법 안에 머물지 말고, 더 뛰어난 또 다른 경계에 머물러야 합니다"라고 말씀드렸습니다.

약 2주 정도 흐른 후, 가문철 시장이 드디어 돔 체육관 건설공사 문제에서 양보하여 원웅건설회사가 공사를 재개하도록 결정했다는 이야기가 들려왔습니다. 그는 저의 영향을 받았다 말했지만, 천만의 말씀입니다. 저는 불법을 몇 마디 해주었을 뿐이며, 만일 그가 이처럼 중대한 결정을 하는 데 영향을 미쳤다고 한다면, 이것 역시 부처님의 가르침이 타이베이 시민에게 주는 은덕일 것입니다.

경찰

사람은 경찰 관문을 넘어야 한다

자신의 이익이 아니라, 상대방의 이익과 입장에서 상대방 대신 생각해야 비교적 쉽게 문제를 해결하고 원하는 바를 달성할 수 있습니다. 사람과 사람 사이의 일체 관리, 일체 사물의 왕래에 항상 타인을 위한 배려가 있다면 결과는 크게 달라집니다.

경찰도 우리에게 좋은 일을 할 수 있다

불광산이 개산되고 7, 8년 후 만 존尊의 불상을 모신 대비전(大悲殿, 또는 만불전萬佛殿)이 이미 축성되었는데, 그때 타이완에서는 이와 같은 불사가 매우 드문 일이었습니다. 이 소식은 빠르게 번져 장개석 총통까지 참관하고 싶어 할 정도였고, 모두들 불광산에 올라 불전 안의 장엄한 성상을 우러러보기를 희망했습니다. 또한 장경국 선생이 수차례 불광산을 찾은 것도 대비전에 만존불상을 모신 까닭이 아닐까 생각합니다.

하루는 수십 명의 경찰 제복을 입은 사람들이 불광산을 참관하고 있는 것을 보았습니다. 저는 아마도 우리를 조사하러 왔거나 어떤 목적을 가지고 방문한 줄로 알았습니다. 그들과 가까워지자 한 경찰이 앞으로 나서며 "불광산의 건설이 순조롭게 진행되고 있네요" 하고 말했습니다.

그의 말에서 양저우 억양을 듣고 저는 곧바로 "경찰 선생, 혹시 양저우 사람입니까?" 하고 되물었습니다.

"네, 스님과 동향입니다"라며 그는 제게 명함 한 장을 건넸습니다. 그는 가오슝현 경찰국의 감찰대장 강진훈姜振勛 선생이었습니다.

저는 불광산에 오신 것을 환영한다는 인사를 가볍게 나누고 미래의 불광산 건설 조감도와 발전 방향을 설명해 주었습니다. 가오슝에서 감찰대장을 하고 있는 강진훈 선생이 지역적 인연으로 불광산에 커다란 관심을 표하는 것은 당연한 일이었습니다. 저는 강진훈 선생에게 공양을 드시고 가라 청했고, 마침 공양 시간이라 그들도 남아 공양을 하기로 했습니다. 우리는 반찬을 몇 가지 더 만들어 그들 십여 명이 함께 공양할 수 있게 준비했습니다. 당시 시골 황량한 들판에 식당은 고사하고 물 마시는 것조차 쉽지 않았는데, 간단하게나마 한 상 가득 공양할 수 있다는 것에 그들 일행은 매우 기뻐했습니다.

식사를 마친 뒤 감찰대장은 "저희도 부처님께 보시를 조금 하겠습니다"라고 했지만, 저는 "감찰대장님, 보시는 안 하셔도 됩니다. 제가 오히려 도움을 청하고 싶은 일이 있는데, 이 일만 해결된다면 이보다 더 큰 보시는 없을 것입니다"라고 말했습니다.

"무슨 일인데 그러십니까?"

"제게 성엄聖嚴 스님이란 친구가 있습니다. 늘 미국에서 유학하면서 불법을 더 널리 펼치기를 소망하고 있습니다. 장차 불교에서도 리더가 될 무척 총명한 인재입니다. 그러나 그의 신분증에 부모님의 이름이 없다 보니 미국 대사관에서 그에게 비자를 내주지 않습니다. 선생께서 그의 신분증에 부모님의 이름 등기를 도와주실 수 있습니까?"

당시는 호적업무가 면사무소에서 경찰국으로 이관된 지 얼마 되지 않은 때였습니다. 제 이야기를 들은 그는 자기가 방법을 강구해보겠다고 답했고, 저는 그 자리에서 자료를 넘겨주었습니다.

중국에서는 신분증에 부모의 이름을 명기하지 않아도 별 문제가 없었습니다. 성엄 스님은 나중에 타이완 내정부內政部를 찾아가 몇 차례 이름을 올리려 시도했지만, 담당 공무원은 "스님은 벌써 30세도 넘었는데 이제 와서 갑자기 부모님 이름을 넣겠다는 것입니까? 부모가 자녀의 이름을 올리는 것이지, 어떻게 자녀가 부모를 위해 호적을 만듭니까?"라고 말했다 합니다.

일이 닥쳐서야 신분증에 새 자료를 임의로 채워 넣는 것은 법률적으로 보면 당연히 위법입니다. 그러나 미국 '이민 조례법'에서는 부모·가족은 매우 중요한 연결고리입니다. 그래서 그들은 어떻게 부모가 없는 사람이 있는가 이상하게 생각했고, 그처럼 내력이 없는 사람은 절대 통과시켜 주지 않을 것이고, 미국에 들여보내는 것은 더더욱 하지 않을 것입니다.

그러나 강진훈 감찰대장은 현 전체의 분국장分局長과 책임자들을 전부 경찰서로 소집해 회의를 열었습니다.

"다함께 생각해 봅시다. 법을 위반하지 않는 상황에서 어떻게 하면 이 스님의 신분증에 부모님의 이름을 추가 등기할 수 있는지 말이오."

여러 사람이 심사숙고를 했고, 법률에도 규정에 저촉되지 않으면서 운용할 수 있는 방법이 있으니 애를 좀 쓰면 고비를 넘길 수 있다는 결론을 얻었습니다. 이렇게 해서 보기에는 쉬운 것 같지만 실제로는 무척 힘들게 이 문제를 해결했습니다. 또한 제가 그들에게 식사 한 끼 대접하고 동향이라는 인연 하나를 더하여 저는 성엄 스님의 신분증에 이때부터 부모님의 이름을 생겨나게 했고, 비자를 받아 미국으로 건너갈 수 있게 해주었습니다.

제가 이 인연을 꺼낸 이유는 성엄 스님의 앞날을 위해 제가 무슨 중요한 일을 했다는 것이 아닙니다. 강진훈 감찰대장의 도움이 있었기에 성엄 스님의 신분증에 부모님의 함자를 넣을 수 있었고, 그렇게 해서 순조롭게 미국으로 건너가 홍법하며 동초선사東初禪寺를 건립하였으며, 훗날 일본으로 건너가 박사 과정까지 밟았으니, 성엄 스님에 대한 강진훈 선생의 공헌이 적다고 말할 수는 없습니다.

인연을 많이 맺어두면 언젠가는 열매를 맺는 날이 올 것이니, 친구를 위한 저의 약간의 마음인 셈입니다. '관리' 면에서 인연 맺는 것도 중요한 일임에는 틀림없습니다.

나를 곤경에서 벗어나게 해준 경찰

민국 38년(1949)은 중국 본토와 타이완의 국민이 재난에 허덕이던 시기이자 그들이 행복을 쟁취하게 된 해이기도 합니다. 왜냐하면 국공내전으로 중국 본토의 거주민이 끊임없이 타이완으로 건너왔고, 저도 승려구호대를 조직하여 그 인연으로 성난 파도를 헤치고 구사일생 타이완에 도착했기 때문입니다. 심지어 그때 저는 타이완이 어디에 붙어 있는지조차 몰랐고 친척이나 아는 사람도 없이 이렇게 타이완으로 흘러 들어왔습니다.

타이완에 도착하고 나니 우리 같은 젊은 승려는 위험하고 의심스런 인물로 여겨져 앞날은 막막했고, 사찰에 방부를 들일 수도 없다는 것을 알았습니다. 심지어 우리 가운데 일부 젊은 도반은 생활이 힘들다는 것을 알고 하나둘씩 옷을 갈아입고 다른 길을 찾아 떠났습니다. 그러나 저는 중 이외의 것은 어떤 것도 생각해 본 적이 없었습니다.

저는 중리(中壢)에 있는 원광사圓光寺에서 2년 가까이 머물다, 민국 39년(1950) 신주(新竹) 청초호에 있는 영은사靈隱寺로 옮겨 불교 강습회에서 교사를 맡았습니다. 당시 타이완의 치안 분위기는 누구나 의심스런 인물인 듯 여겨 발걸음 하나 옮기는 것도 굉장히 조심스러웠습니다. 타이완성 불교강습회에서 교사로 있던 제게 신주 현불교회에서는 매주 토요일 신주 성황묘 앞에서 포교강연을 하라 지시했고, 저도 속으로 배우는 셈 치고 해보자 생각했습니다. 원래 저는 중국에 있을 때 불교도 마땅히 선전 활동을 중시하고, 거리 벽보도 제작하며 거리에서 강연도 해야 한다고 생각했습니다.

청초호에서 신주까지 한 시간 반 거리였지만 길이 멀고 험한 것은 두렵지 않았습니다. 그러나 거리로 나가는 것을 경찰은 허락하지 않았습니다. 그래서 제가 사전에 반드시 파출소를 찾아가 활동 이유를 설명하고, 몇 시에 나가 몇 시에 돌아올 것이라 허락을 청하고 나서야 그들은 저의 외출을 허락해 주었습니다.

청초호에서 신주까지 갈 때면 반드시 파출소 앞을 지나가게 되어 있으니, 그들의 시선에서 벗어날 수는 없었습니다. 그들이 제 상사라도 되는 듯 저는 그들에게 허락을 구했고, 그들도 그것을 당연하게 여기는 듯했습니다. 반드시 그들의 허락이 있어야 홍법포교를 하러 갈 수 있다니 제가 마치 무슨 범법자가 된 것 같아 이것도 하나의 부담이 됐습니다.

이렇게 몇 달 뒤, 경찰이 "성운 스님! 상급기관에서 주민을 대상으로 국어보습반을 하나 맡겼는데, 우리 파출소는 장소가 협소하니

이란현 경찰국 사은당 선생의 요청으로 지청당志淸堂에서 강연한 성운대사는
'반야신종般若晨鐘'이라 쓴 편액을 증정받았다(1992.3.19).

불교강습회에서 장소를 빌려주시고 스님께서 맡아 해주시면 어떠
신지요?" 하고 문의가 들어왔습니다. 이것은 제가 생각했던 것이고,
그 당시는 홍법에 열정이 넘쳐흘러, 저는 이 일도 즉시 받아들였습
니다.

원래 그들이 하는 주민 국어보습반에는 경찰이 강의한다니 들으
려는 사람이 아무도 없었다는 것을 나중에야 알았습니다. 수업을 받
으러 오라고 매번 소환장을 발부해도 민중은 아랑곳하지 않았습니
다. 제가 이어받은 뒤 처음에는 고작 20여 명 참가했었고, 두 번째는
80여 명이 참가했지만, 2, 3주 뒤에는 갑자기 2~300명으로 늘어나
파출소에서도 깜짝 놀랐습니다. 젊은 스님이 도대체 무슨 신통한 법
력이 있기에 대중이 자발적으로 찾아와 국어를 배우고 강의를 듣겠

다고 했는지 의아하게 생각했습니다.

이 작은 감동적인 인연 덕분에 그 후 그들은 "강의를 참 잘하십니다. 앞으로 신주 성황묘로 포교하러 가실 때는 저희에게 통보할 필요 없이 바로 가셔도 됩니다" 하고 말했습니다.

당시·신주 대동사臺同寺의 노스님 현심玄深 스님은 대갓집 규수 출신이었습니다. 그 후로 그분은 저를 도와 2시간 가까운 거리를 걷지 않아도 되게 자전거로 저를 태우고 신주까지 데려다 주었습니다. 저는 이 일화가 타이완에서 어려움을 벗어나게 해준 경찰과의 첫 번째 가장 훌륭한 인연이라 생각합니다.

'관리'란 기꺼이 인연 맺고자 하는 것입니다. 경찰이 제게 일을 맡겼을 때처럼, 비록 보수는 없지만 저의 마음과 이상에 부합되어 인연을 맺고자 하는 저의 이 작은 마음 덕분에 제가 이어받은 후 좋은 인과를 얻게 된 것입니다.

그러므로 기꺼이 짊어지고, 기꺼이 책임지고, 기꺼이 타인을 도우며, 손쉽게 이익을 취할 생각만 하지 말고, 봉사와 공헌을 할 수 있다면 인과는 절대 저버리지 않고 자신에게 반드시 좋은 수확을 가져올 것입니다. 그러므로 '관리'가 힘들건 아니건 간에 자신도 얻는 바가 매우 클 것입니다.

수산사의 위기 타개

1957년 가오슝의 신도들이 계속해서 남부 지역 홍법을 요청해 왔습니다. 당초 남부에 건립한 가오슝 불교당은 이미 월기 스님에게 주지 소임을 넘겼기 때문에 제게는 홍법을 펼칠 근거지가 없었습니다.

28명의 신도들은 자발적으로 힘을 모아 신도위원회를 설립, 가오슝 수산공원 입구 앞의 작은 땅을 매입했습니다. 그곳은 원래 호텔을 지을 부지였고 공사도 이미 진행 중이었지만, 신도들은 그들에게 더 이상 공사 진행을 하지 말고, 이곳에 불교사찰을 짓고 불법을 널리 알리는 도량으로 사용하려 하니 팔라고 부탁했습니다.

당시 가오슝 사람들은 참 신앙도 깊었습니다. 그 자리에서 그들의 말을 순순히 받아들여 절반 정도 지은 호텔을 반은 선물하다시피 불교도량을 짓게 넘겨주었습니다. 수산공원과 인접해 있던 관계로 저는 '수산사壽山寺'라 이름 지었습니다. 수산사 건물은 5층으로, 최고층은 정자지붕처럼 만들어 종교적인 건축물임을 나타냈습니다. 완공 후 수산공원 위에 있던 본부, 즉 가오슝 요새사령부에서 갑자기 수산사의 4층과 5층 건물을 없애라는 공문을 가오슝시에 전달했습니다. 이유인즉, 건물의 층고가 너무 높아 자신들이 해상의 목표물을 감시하는 데 방해가 된다는 것이었습니다.

그때는 군대의 의견이 최우선이던 시기였습니다. 민간의 어떠한 진정서도 군대 측에서 '군사가 우선이다' 하면 어떠한 이유를 대어도 아랑곳없이 오직 군대의 의견을 따르는 수밖에 없었습니다. 뒤바뀔 가능성은 전혀 보이지 않았습니다. 수산사 해체의 공문은 우리에게는 마른하늘에 날벼락이었고, 신도들도 갑작스런 사태에 당황하여 어찌할 바를 몰랐습니다. 모두들 시청으로 달려가 청원해 보자고 입을 모았지만, 저는 "너무 걱정 마십시오. 제가 어떻게 해보겠습니다" 하며 달랬습니다.

저는 직접 시청 민정국을 찾아가 청원해 봐야 소용없다는 것을 알았습니다. 이것은 국방안전에 입각한 이유였으니 직접 요새사령부에다가 소통하고 호소해야만 비교적 효과가 있을 것이었습니다. 당초 우리가 건설하면서 요새사령부의 동의를 얻어야 하는 것도 아니고, 그들도 해체하라며 우리와 상의한 것도 아니었습니다. 그래서 저는 먼저 서로의 의견을 교환하는 것이 문제를 해결하는 효과적인 방법이라 생각했습니다.

저는 용기를 내서 신분증을 지참하고 수산공원 입구에서 언덕길을 올라가는데, 10분도 안 되어 요새사령부에 도착했습니다. 입구를 지키고 있는 안전요원에게 신분증을 넘겨주며 "저는 산 아래 수산사의 주지입니다. 들어가 담당자와 협의하여 문제를 해결하려 합니다"라고 말했습니다. 경비병은 제 이름을 적은 뒤 들여보내 주었습니다. 사무실에 들어서자마자 저는 온 목적을 설명했습니다. "저는 수산사 주지인데, 수산사 해체를 담당하는 분이 누구십니까? 제가 드릴 말씀이 좀 있습니다."

자신이 담당자라 말한, 상교(上校: 대령) 계급을 단 사람이 저를 탁자로 안내한 뒤, 앉자마자 먼저 말을 꺼냈습니다.

"국방에 필요한 경우, 고층의 건물은 우리가 해상의 목표물을 감시하는 데 불리한 영향을 줄 수 있으니 부득이 해체하라고 하는 것입니다."

당시 저는 그에게 이렇게 말했습니다.

"상교님! 수산사는 시에 등록된 합법적인 건물입니다. 이제 요새사령부에서 수산사 건물의 고층을 해체하고 싶다니, 저는 이것에 대해서 상관없습니다. 저는 출가자이고 사해가 모두 저의 집이니, 이곳에서 머물 수 없다면 다른 곳으로 가면 그만입니다. 그러나 사찰을 해체하는 여러분들의 처리 방법에 대해서는 제 의견을 말하지 않을 수 없습니다.

먼저 여러분들이 사찰을 해체할 때 만일 어떤 기자가 사진이라도 찍어 신문의 국제면에 싣는다면, 타이완이 아직도 종교를 파괴하고 사찰을 부수는 나라라는 식으로 국제사회에 선전된다면 결코 좋은 모습은 아닐 것입니다. 더구나 지난 주 남베트남에서 정변이 일어난 것은 상교님도 아시지요? 남베트남의 응 오딘 지엠 대통령(Ngô Đinh Diệm, 1901~1963. 남베트남의 정치인, 1963년 11월 즈엉 반 민 장군이 일으킨 군사 쿠데타에 의하여 정권은 무너지고, 피습 후 병원으로 이송 도중 동생 응 오딘 누와 함께 처형됨)이 불교의 깃발을 내걸기를 불허한다 해서 불교신자들이 시위와 행진을 벌였고, 결국 남베트남 정부를 뒤

가오슝 수산사壽山寺

집어엎었습니다. 응 오딘 지엠 대통령도 화를 당해 살해되었습니다.

이외에도 수산사는 가오승의 많은 이들이 출자하여 건축한 것인데, 만일 반드시 절을 부수겠다면 저들이 어떻게 나올지, 뒷일이 어떻게 될지 저는 모르겠습니다. 오늘 제가 찾아온 것은 여러분께 사찰을 부수지 말라고 청하려는 것이 아닙니다. 국가안전 수호와 국방의 평안을 수호한다는 입장에서 여러분들께 약간의 의견을 피력하고자 온 것입니다."

제 말을 들은 상교는 도리어 어쩔 줄 몰라 제게 되물었습니다.

"그럼 어떻게 해야 할까요?"

"아주 간단합니다. 수산사의 높이 초과가 사실은 너무 높지 않은데다 별로 심각한 문제도 아니니, 부수지 말라는 공문서를 다시 시 당국으로 보내주시면 됩니다."

즉시 그는 "그대로 하겠습니다. 그대로요"라고 하였고, 저는 감사하다는 인사를 하고 그 자리를 떠났습니다. 사나운 파도와 하늘 가득 끼었던 먹구름은 이렇게 연기처럼 사라지며 쉽게 문제가 해결되었고, 수산사도 온전하게 유지되었습니다. 나중에 제가 수산사에서 건립한 불교대학은 가오승 최초의 제 홍법도량이 되었습니다.

이 사건 뒤 저는 자신의 이익이 아니라, 상대방의 이익과 입장에서 상대방 대신 생각해야 비교적 쉽게 문제를 해결하고 원하는 바를 달성할 수 있다는 생각이 들었습니다. 사람과 사람 사이의 일체 관리, 일체 사물의 왕래에 항상 타인을 위한 배려가 있다면 결과는 크게 달라집니다. 저는 이것도 관리학 면에서 매우 중요하고 참고할 만한 가치가 있다고 생각합니다.

장소 대관 풍파

제가 처음 타이완에 왔을 때 가장 곤란을 느꼈던 것이 바로 경찰기관과 안전부서와의 접촉이었습니다. 저는 외지인인데다 젊었기 때문에 출가자였음에도 불구하고 줄곧 정부의 신뢰를 얻을 수 없었습니다. 당시 타이완은 정보수집 임무를 띠고 중국 본토에서 다수의 승려를 침투시켰다는 소식이 만연했고, 이것은 타이완에 있는 우리에게 설상가상으로 생활을 더욱 곤란하게 만들었습니다.

특히 타이완의 치안기관은 중국 본토에서 방송하는 내용을 확인도 않고 무조건 그들의 방송대로 일처리를 했습니다. 중국 본토에서 전파한 내용을 위해 온 힘을 다해 일을 처리했다고 말할 수도 있습니다. '본토에서 정보를 수집하라고 승려 몇 명을 보냈다' 말하니 타이완은 대륙에서 건너온 우리 승려들을 눈에 가시처럼 여기고 위험인물로 낙인찍었습니다. 대륙에서 온 출가자의 괴로움은 끝이 없었고, 이로 인해 저는 23일간 감옥신세를 지기도 했습니다.

민국 42년(1953), 제가 이란에 있을 때의 기억입니다. 매주 한밤중이면 관할 경찰이 불심검문을 한다며 깨웠습니다. 한밤중에 저 한 사람만 심문하는 것이라면 괜찮지만, 70세 이상 된 노인 두 분도 계셨습니다. 한 분은 재가자 노보살님이었고, 또 한 분은 노 비구니 스님이었습니다. 뇌음사는 그들 소유의 사원이고 저는 다만 이곳에 방부를 들이고 머무는 것뿐인데, 이렇게 계속해서 그들을 놀라게 하니 저는 정말 면목도 없거니와 무력감을 느끼지 않을 수 없었습니다.

한번은 정鄭씨 성을 가진 관할 경찰이 뇌음사 염불회의 신축 강당

성운대사가 가사의 모습을 본떠 외관을 설계한 타이완 첫 강당인 이란
염불회가 1995년 완공되었다.

을 빌려 시험 장소로 쓰고 싶다고 이야기했습니다. 저는 "안 됩니다. 사찰은 모든 사람에게 예불을 드리라고 빌려주는 곳이지, 경찰이 시험을 치르라고 제공하는 곳이 아닙니다" 하고 거절했습니다. 저의 동의를 얻지 못한 그는 할 수 없이 제 말을 그대로 상부에 보고했습니다. 얼마 지나지 않아, 시험 장소 빌리는 문제를 협의하고자 그들의 국장이 직접 뇌음사로 찾아왔습니다.

저는 국장이 직접 온 것을 보고 어투를 달리해 말했습니다. "국장님! 장소를 빌리는 것은 당연히 가능합니다. 다만 앞서 국장님 관할의 어느 경찰이 늘 우리를 귀찮게 했기 때문에 이곳에서 인연을 얻지 못했습니다. 사람은 상부상조하는 것을 중요하게 여겨야 하는데, 그는 계속해서 우리를 찾아와 귀찮게 하였으니 우리 사찰 사람들도 선의를 베풀기 원치 않습니다. 그래서 빌려주지 않겠다고 한 것입니다. 그러나 국장님께서 직접 오셔서 빌리시겠다니 빌려드리겠습니다."

이 사건 이후 일주일도 안 되어서 그 경찰은 다른 곳으로 발령이 났습니다.

이때부터 이란 뇌음사의 홍법 활동은 안전부서의 인정을 얻어 일본이 만든 슬라이드 상영하기·청년 집회 활동·합창반·아동반·학생회 등 젊은이에게 불법을 널리 알리는 기지로 자리매김할 수 있었습니다.

처음에는 버드나무 가지 하나를 꽂았을 따름인데, 가지가 자라 어느새 이만큼 그늘을 만들 줄은 몰랐습니다. 생각지도 않았는데 그 후 국장님도 불교를 신봉하게 되었고, 국세국장 몇 분에게 영향을 주기까지 했습니다. 심지어 당시 이란 경찰국장인 사은당謝銀黨 선생 역시 우리 신도가 되었습니다. 저와 그가 함께 펼친 '애심마마愛心媽媽' 운동이 타이완 전체로 퍼지면서 타이완 사회에 일조한 적도 있었습니다. 나중에 사은당 국장은 경정서警政署 최고자리인 경정서장까지 올랐고, 경찰계에서 명실상부한 최고의 직위에 이르기도 했습니다.

일찍이 4, 50년 전의 경찰은 저와도 인연이 많을 것입니다. 경찰대학, 경찰학교 모두 제게 강연을 해 달라고 찾아온 적이 있어 경찰과 여러 차례 교류를 가졌기 때문입니다. 저는 그들에게 이야기했습니다. "출가자 또한 경찰입니다. 저는 사람들에게 죄를 짓지 말라 권하지만 여러분들은 죄를 지은 뒤에 처리합니다. 그러니 제가 앞에서 우환을 미연에 방지한다고 할 수 있는데, 만일 제가 일을 잘 못하면 여러분들이 뒤에서 비교적 힘들게 일해야겠지요. 그러므로 경찰 여러분과 우리 종교가 협력하여 함께 사회의 안전을 보호해야 합니다. 종교를 불온한 것으로 보는 것은 사회에 이롭지 못합니다."

'관리학' 안에서 가장 중요한 것은 경중을 알고 시대의 흐름을 아는 것이라 생각합니다. 소위 "사장은 안 무서워해도, 상급자는 무서워한다"고 하듯, 당시 관할 경찰의 요구에 대한 저의 거절은 나름의 이유가 있어서였습니다. 그러나 최고 직위의 경찰대장에 대해서는 권력이 큰 만큼 함부로 밉보여서는 안 됩니다. 그러므로 우리는 일의 경중을 따져볼 줄도, 이해득실을 따져볼 줄도 알아야 합니다. 제가 당시 경중을 이해하고 시대흐름을 알았기에 기회가 도래하자 당연히 저의 의견을 표현했고, 공정함을 얻을 수 있었던 것처럼 말입니다.

용담龍潭 포교 이야기

민국 46년(1957) 즈음, 제가 이란에 있을 때 경찰과 관련된 몇 가지 골치 아픈 일이 생겼습니다. 하루는 용담의 변두리 향촌 마을에서 포교를 하고 있었습니다. 당시 저는 기름통 위에 서서 강연을 하고 있었고, 아래에는 천여 명이 운집해 강연을 듣고 있었습니다. 강연이 절반쯤 지났을 무렵, 한 경찰이 오더니 기름통 옆에 서서 올려다보며 내려오라 소리를 질렀습니다.

저는 속으로 생각했습니다.

'이거 큰일 났구나. 만약 내가 내려가지 않으면 저 사람은 공무집행 방해를 했다고 할 것이고, 내가 내려가면 이 강연은 중간에서 포기해야 하니….'

문득 제 곁에 서 있던 합창단원 오소진吳素眞 양이 보였습니다. 그녀의 귀의한 법명이 자용慈容입니다. 저는 서둘러 자용에게 대신 노래를 부르게 하며, 강연을 듣는 청중들의 분위기를 계속 띄우도록 하고, 저는 기름통으로 만든 단상에서 내려와 경찰과 이야기를 나눴습니다. 저는 퉁명스러우면서도 우호적이지 않은 태도로 "내려와서 뭘 어쩌라는 겁니까?" 하고 물었습니다.

"계엄 기간 중에 사적인 집회를 갖다니, 지금 당장 해산토록 하세요."

"경찰 양반, 해산은 못하겠습니다. 제가 저들에게 강연을 들으러 오라 청한 것인데, 이제 와서 어떻게 돌아가라 합니까? 꼭 해산해야 한다면 경찰 양반이 올라가 직접 하세요."

"제가 그걸 어떻게 합니까?"

"경찰 양반이 안 하겠다면 제가 강연을 마칠 때까지 기다려 주십시오. 그러면 자연스럽게 알아서 해산할 것입니다."

함부로 대중에게 밉보일 수는 없다고 생각했는지, 그는 "그럼, 사고 나지 않게 안전에 꼭 유의해 주십시오"라는 말만 하였습니다. 저도 물론 그러겠다는 말을 하고 다시 올라가 강연을 마쳤고, 모두 자발적으로 해산했습니다.

이 사건 속에서 저는 어려운 주제 하나를 그에게 넘겨주었고, 그는 자신이 해결할 수 없음을 알자 제게 편리를 봐줘야 했고, 그리하여 일을 끝낼 수 있었습니다. 그러므로 일 처리에 있어 이것 역시 '관리'의 한 방편입니다.

적합한 열쇠로 자물쇠를 열어야 한다

이란 염불회에는 항상 젊은 친구들이 와서 참가했습니다. 당시 문제 인물이 두 명 있었는데, 그 중 한 사람이 지금의 자장慈莊 스님입니다. 그때는 아직 출가하기 전이었고 이름이 이신도李新桃라고 했습니다. 란양여중 교무처에서 일했으며, 또한 학교 자치회의 회장이기도 했습니다. 학교에 음악선생이 한 사람 있었는데, 간첩 혐의가 있었기 때문에 음악을 좋아하는 우수한 학생이 연루되어 총살된 것만도 십여 명이 넘었습니다. 그녀는 자치회의 회장이었기에 혐의를 피하기 어려웠고, 매일 경찰이 찾아와 그녀를 심문했습니다. 젊은 아가씨가 한밤중에 수많은 경찰에게 1, 2년 동안 심문을 당하고 나더니 사람 모습이 말이 아니었고, 매일매일 고뇌에 차 있었습니다.

그 사실을 알고 도와주고 싶었지만 당시 제 사정도 그녀와 별반 다르지 않은 터라 달리 방법이 없었습니다. 다행히 부처님을 따르는 신도 중에 형사반의 팀장이신 주덕周德 선생이 있어, 그를 찾아가 상의를 했습니다.

"저를 도와주는 셈치고 이 아가씨를 좀 구해 주십시오. 그녀는 정말 억울합니다. 이 두 해 동안 경찰에서 그녀를 심문하고 활동을 제한하고 있으며, 심지어 염불하러 오는 것조차도 허락하지 않습니다. 경찰에 예불하러 오는 것만이라도 동의해 달라고 이야기해 주면 안 되겠습니까? 마음의 위안이라도 얻게 되면 살아가는 것이 조금은 즐겁지 않겠습니까? 도와주실 수 있습니까?"

그는 제 말을 듣자마자 "힘써 보겠습니다"며 답했습니다.

주 팀장이 이야기를 한 후에 이신도 씨는 공개적으로 염불회에 다니면서 염불할 수 있게 되었습니다. 그녀의 집에서 염불회까지 약 1 km 되는 거리를 당당하게 오가도 경찰은 간섭하지 않았습니다.

시간이 조금 더 지난 뒤, 저는 다시 기회를 봐서 팀장에게 이야기했습니다. "이신도 씨는 여기에서 노래를 부르는데, 합창단에서 목소리가 제일 좋은 단원입니다. 이처럼 우수한 젊은이가 타이베이를 가본 적이 없습니다. 이번에 제가 중국라디오방송국에서 불교음악 음반을 제작하고자 타이베이에 가는데, 그녀가 우리 합창단과 함께 타이베이 중국라디오방송국에서 녹음할 수 있도록 치안부서에 허락해 달라 청을 넣어주실 수 없겠습니까? 안전은 책임지겠습니다. 그녀가 다른 데로 가지 않고 제가 데리고 갔다 반드시 다시 데리고 오겠다고 약속드립니다."

주 팀장 역시 도와주겠다며 어렵지 않다는 뜻을 비쳤습니다. 그가 상부에 진술한 뒤 치안부서의 통솔자가 그녀를 데리고 타이베이 중국라디오방송국에 가서 녹음할 수 있게 동의해 주었습니다. 그때 녹음한 음반 안의 이신도 양의 음성도 훌륭했고, 여성 베이스로 부르는 노래도 상당히 인기가 높았습니다. 이렇게 저는 한 발 한 발 나아가며 그녀를 불교의 성지 사두산獅頭山으로 여행도 시켰고, 석가탄신일 방송도 참여하게 하였으며, 타이베이에 제가 설립한 불교문화복무처에서 일하게도 하였습니다. 결국에는 저를 따라 출가까지 해 법명을 '자장'이라 하였으니, 불광산 여중女衆의 대사형이십니다.

저는 사람 사이에 오해와 의심이 생겨 타인의 도움이 필요할 때, 만일 당신이 너무 많은 요구로 지나치게 부담을 주게 되면 상대는 기꺼이 맡으려 하지 않을 것이라 생각합니다. 그러므로 저는 주 팀장에게 이신도 씨가 염불하러 오게 해달라고만 부탁했습니다. 그 자신도 염불을 하고 있으니 염불하러 온다고 하면 당연히 좋아할 것이기 때문입니다. 이것이 첫걸음이었습니다. 두 번째 걸음은 이신도 씨를 불교 합창단에 참여시켜 노래로써 불법을 널리 알려 대중을 이롭게 하는 것이었습니다. 주 팀장 자신도 신앙이 있으니 불법이 융성해지는 것을 당연히 좋아할 것이고, 그러기에 기꺼이 나서주길 원했고 거듭 그녀를 도와주었습니다.

이렇게 해서 천천히 이신도에 대한 안전기관의 감시와 그녀에 대한 박대, 그녀에 대한 괴롭힘 모두를 사라지게 만들었습니다. 결국 그녀는 더 이상 억울함을 받지 않게 되었고 일신의 자유까지 되찾았습니다. 그녀의 출가와 그녀 가족 중의 혜룡慧龍·혜전慧傳 스님까지, 한 집안에서 여러 사람이 출가한 것 역시 원인이 없는 것은 아닙니다.

또 한 사람은 전력공사에 근무하는 진수평陳秀平 선생입니다. 그는 단지 몸에 경찰이 의심 가는 인물이라고 여기는 사람의 명함을 지니고 있었다는 이유로 덩달아 혐의를 받았고, 그 후로 경찰 측에서도 끊임없이 귀찮게 했습니다. 그 뒤에 그는 방법을 생각해 냈습니다. 르웨탄(日月潭)에 있다가 이란의 전력공사로 옮겨와 제게 도움을 청했습니다. 저는 다시 주덕 선생에게 도움을 요청해 경찰의 감시와 심문 및 관리를 벗어나게 해주었습니다. 훗날 그는 제가 타이베이에 설립한 지광상공智光商工 직업전문학교의 부교장까지 지냈습니다.

'관리'를 하다 문제점이 생기면 먼저 문제가 있는 곳이 어디인지 찾아야 합니다. 해결방법이 있어야 문제를 해결할 수 있습니다. 잠긴 문은 반드시 그에 맞는 열쇠가 있어야 자물쇠를 열 수가 있습니다. 그러므로 문제를 바로 알아 바른 약 처방을 내리려 한다면 때로는 약간의 인연과, 때로는 약간의 시간과, 때로는 약간의 인사人事가 필요합니다. 저는 문제해결을 관리하는 데 있어, 이제까지 절대 금전을 사용하지 않고 항상 지혜를 활용해 해결할 방법을 생각해 냈습니다. 이것은 관리학 측면에서 매우 중요한 학문에 해당합니다.

저는 타이베이에서 왔소!

민국 44년(1955), 우리 이란 염불회의 홍법대는 포교를 하러 화롄(花蓮)에 도착했습니다. 사실 과거 중국 본토에서도 밖으로 나가 불교를 선전하고, 아이들이 노래를 부르는 등의 선전 활동도 했었습니다. 당시 화롄에 처음 도착한 우리는 현지 사정에 어두웠습니다. 저는 포교할 넓은 장소를 봐두고, 삼륜차 하나를 빌려 확성기를 들고 방송을 했습니다. 방송 멘트도 제가 직접 만들었습니다.

"어르신들, 형제자매 여러분, 우리들의 불교가 왔습니다. 우리들의 불교가 찾아왔습니다. 오늘 저녁 7시 반에 모 광장에서 모 스님이 노래와 이야기를 곁들인 부처님의 가르침을 전하실 것입니다. 많이 오셔서 이야기를 들어주십시오."

그런데 이렇게 말을 다 하고 나니, 화롄 경찰국에서는 사람을 파견해 우리 팀을 찾아와 우리 앞에서 대놓고 고함을 쳤습니다.

"누가 화롄에 와서 보고도 하지 않고 집회를 열어 종교 활동을 하는 것입니까?"

모든 단원이 놀라 어찌할 바를 모르고 있을 때, 제가 앞으로 나서며 말했습니다.

"선생님! 바로 접니다!"

상대방은 저를 보자마자 소리쳤습니다.

"저와 함께 경찰국으로 갑시다."

경찰국에 도착하자 한 경찰이 "신청도 하지 않고 어떻게 계엄 기간 중에 화롄에 와서 집회를 열고 불교를 홍보할 생각을 다 합니까?" 하고 물었습니다.

"경찰 양반! 미안합니다. 저는 타이베이에서 왔습니다. 타이베이에서는 이곳저곳 다니며 불법을 홍보해도 보고를 하지 않는 것이 습관이 되었습니다. 화롄도 타이완의 한 지방이지, 다른 나라도 아니라는 생각에서 신청하는 것을 몰랐습니다. 대단히 죄송합니다."

당시 '타이베이'라는 이 단어는 수도를 대표하는 것으로 화롄처럼 변두리에 치우친 지역에 있어서는 결코 무시할 수 없는 것이었습니다. 제가 타이베이에서 왔다는 말을 듣자 그는 제 뒷배가 어떤지 몰라 약간 망설이는 듯했습니다. 그가 잠시 깊이 생각하는 듯하더니 말했습니다.

"그럼 교통과 안전에 주의해 주시고, 다음에 올 때는 꼭 신고하는 것을 잊지 마십시오."

"알겠습니다. 당연히 그래야지요. 알려주셔서 감사합니다."

그래서 그날의 포교는 아무 일 없이 안전하게 마쳤습니다.

사실 저는 그를 위협하거나 으름장을 놓을 생각은 아니었습니다. 다만 무의식중에 "저는 타이베이에서 왔습니다"라는 말을 하긴 했어도, 제가 전에 타이베이에서 여러 차례 포교를 한 것만은 사실입니다. 포교에 대해서도 비교적 관대한 데다 실내집회라면 비교적 쉽게 할 수 있었으니 타이베이는 참 좋은 곳입니다. 그러나 시골인 화롄에 오자 사정은 또 달라졌습니다. 그곳은 광장이었고, 당시는 아직 개방되지 않았던 때라 집회를 하고 싶어도 조금 곤란했습니다. 그러나 다행히도 타이베이가 저의 뒷배가 되어 주자, 경찰 또한 이리저리 고심하며 저와 타협하여 그날의 홍법강연 활동을 잘 마무리

하도록 해줄 수밖에 없었습니다.

'관리'를 하려면, 첫째는 타인에 대해 존중하는 태도를 갖고, 둘째는 자신의 입장을 성실하게 설명해야 합니다. 그러면 이 가운데 생각지도 못했던 효과가 나타납니다. 특히 문제에 직면했을 때, 병에 맞는 약을 처방하듯이 상대방의 의심과 염려를 없애고 안심할 수 있게 해주면 안전하게 일을 처리할 수 있고 문제를 해결할 수도 있습니다. 저는 '관리의 문제' 측면에서 이것도 모두 중시해야 한다고 생각합니다.

부처님오신날 가두행진을 '영불迎佛'로 고치다

저는 타이완 이주 초기부터 경찰과의 왕래에 매우 다양한 경험을 갖고 있습니다.

민국 45년(1956) 즈음, 부처님오신날을 경축하고, 불교의 명호가 널리 퍼지길 서원하며 이란에서 부처님오신날 거리행진을 봉행하고자 했습니다.

계엄 기간 중 거리행진이 결코 사소한 일이 아니니 먼저 경찰에 신고를 하는 것이 좋겠다고 생각하여, 제가 직접 경찰국장을 찾아갔습니다. 가두행진을 신청하겠다는 제 이야기를 듣자마자 그는 말했습니다.

"이런! 신청하러 오지 않았으면 그래도 거리행진을 할 수도 있었겠는데, 지금 오셔서 정식으로 신청하셔도 계엄 기간 중에 제가 어떻게 거리행진을 허락해 줄 수 있겠습니까? 그러니까 대중을 모아서도 안 되고 거리행진도 안 됩니다."

"사람이 죽고 나서 장례행렬도 거리를 행진하는데 그들은 괜찮고요?"

"그들은 신청하지 않고, 거리에서 잠깐 걷는 것뿐이잖습니까?"

"그럼 저도 지금 잠깐 걷는 것뿐이니 괜찮지 않겠습니까?"

"안 됩니다. 이미 제게 알려주셨고, 이미 신청도 하셨잖아요. 허락할 수 없습니다."

저는 스스로가 꼼꼼하지 못했음을 느끼고, 부처님오신날 가두행진 계획을 잠시 접을 수밖에 없었습니다.

시간은 빠르게 흘러 다음 해가 찾아왔습니다. 저는 여전히 부처님오신날 가두행진을 봉행하여, 사회에서 불교의 위상을 넓혀 나갈 생각을 결코 포기하지 않았습니다.

당시 이란은 모두 48개의 리里가 있었는데, 저는 이 '리'마다 염불반을 총 48개 설립했습니다. 염불반 안에 다시 광명반·보리반·자비반 등의 학급이 있었는데, 저는 학급마다 부처님오신날을 맞이해 화차花車를 만들어 거리를 행진할 것을 제안했습니다.

모두들 '돈과 몸을 쓰는 것은 그래도 괜찮지만 꽃으로 장엄한 화차로 가두행진을 하다니, 화차가 대체 어디에서 나온단 말인가?' 하고 생각했습니다. 당시는 택시가 아직 없을 때라 저는 삼륜자전거, 작은 손수레, 짐 운반 수레 등을 꽃으로 장엄한 화차로 만들 수 있다고 설명했습니다.

처음에는 마지못해 저의 이런 제안을 받아들였지만, 다른 '리'와 다른 '학급'과 영예를 놓고 경합하다 보니, 나중에는 가족들까지 하나둘씩 참여하면서 온 식구들을 총동원하며 도와주게 되었습니다.

당시 이란 시 인구는 겨우 5만이었지만, 그날의 가두행진은 순식간에 3만 명이 넘게 모여 인산인해를 이루며 이란 시 전체를 들썩이게 했습니다. 모든 거리의 골목골목까지도 행인을 찾아볼 수 없었고, 오직 큰길인 중산로中山路에만 가두행진을 보기 위해 군중이 집중되었습니다. 경찰도 수많은 인파를 보고, 금지시키지는 못하고 질서유지를 도와줄 뿐이었습니다. 저는 경찰국장의 말대로 '신고'하지 않았습니다. 저는 이것을 가두행진이라 하지 않고 부처님을 맞이하는 '영불迎佛'이라 했습니다. 제가 '영불'의 깃발을 높이 들었기에 아무 일 없이 평안하며 순조롭게 진행되었습니다.

사람과 일에 관한 관리에 있어서 대립하지 말고 말투를 부드럽게

'부처님의 보살핌으로 전 국민이 평안하게' 행사가 각 지역 정부의 호응을 얻고, 경찰 사이카의 에스코트까지 받았다(2011.12.1~22).

경찰

하고, 태도를 부드럽게 하고, 일처리를 부드럽게 하는 등 때로는 조금 완화할 필요가 있다 생각합니다. 대중의 역량을 잘 활용하면 능히 승리를 얻을 수 있습니다. 안전 기관과의 왕래에 있어서도 대책에 맞게 응대하고 평화롭게 처리한다면 안전하게 난관을 헤쳐 나갈 수 있습니다.

수산공원 주차 문제

민국 52년(1963), 저는 수산공원 내에 '수산사'를 하나 건립했지만, 경찰은 이 공원 안에서 주차는 허락하지 않았습니다. 저는 자동차가 없었지만 가끔 손님이라도 오시면 자동차를 타고 와 잠시 주차했는데, 제가 다시 손님에게 자동차를 옮기라 청해야 하니 이것도 매우 난처한 일이었습니다. 그러나 공원의 규칙이었고, 경찰도 명령을 수행해야 하는 입장이니 크게 비난할 수는 없는 일이었습니다.

사회는 점점 발전하고, 후에 저도 수산불학원을 설립하였으며, 전체 학생의 참학參學 활동을 위해 중형버스 한 대를 구입했으니 구입한 버스를 주차해야 했고, 수산공원 문 안에다 세울 경우도 많아졌습니다. 경찰은 계속해서 금지를 시켰고, 저도 그들에게 계속해서 대접도 하고 항의도 했습니다.

경찰은 지나치게 강압적인 수단을 사용하지는 않았고, 저도 특별한 방식으로 대항하지는 않았습니다. 나중에 그들은 저를 상대할 한 가지 방법을 생각해 냈습니다. 저는 차를 타고 오를 수 있고, 출입도 쉽게 하기 위해 수산공원을 오르는 3, 4개의 층계참이 있던 곳을 비탈진 경사로로 만들었습니다. 경찰에서는 바로 이곳을 그림으로 첨부해 원래 계단대로 복원시킬 것을 요청했습니다. 이러면 제가 주차를 할 방법이 없습니다. 당시 우리는 서로 소통과 교류가 없었습니다.

어느 날 법당에서 한 신도의 귀의의식을 집전하고 있는데, 누군가 달려와 경찰이 공공연히 지난번 공사한 경사로를 부수고 다시 수리한다는 사실을 알려왔습니다. 수리를 시작하면 더 이상 차를 세울 수 없으니 큰일이라는 생각을 한 저는 서둘러 한 신도더러 저들에게가 당장 그만두라는 제 말을 전해 주십사 부탁했습니다.

그런데 홍여숙정洪呂淑貞 신도는 경찰을 무서워했습니다. 당시 타이완 경찰은 일본 경찰의 모습과 매우 흡사했으며, 무척 권위적이어서 그녀는 경찰에게 청을 하러 갈 엄두를 내지 못했습니다. 저는 더 이상 지체하거나 머뭇거릴 시간이 없다 생각하고 해청(海青: 기도할 때 입는 중국 전통 예복)을 입고 있었다는 것도 살피지 못하고, 바로 수산사에서부터 나는 듯 달려 나가 공사현장으로 갔습니다.

저 멀리 경찰이 공사를 지휘하고 있는 것이 보였습니다. 그들은 시멘트와 작업도구까지 준비해 왔습니다. 저는 즉시 "무엇하고 계십니까?" 하고 물었습니다. 그들은 차량이 공원 안까지 들어와 주차할 수 없도록 이곳을 수리해 계단으로 만들려고 한다고 답했습니다. 저는 "이것은 무척 심각한 일입니다. 며칠 전에 장 총통 부인께서 수산사 뒤에 있는 부녀습예소婦女習藝所를 방문하셨던 것을 모르십니까? 만약에 장관님이나 장 총통 부인이 다시 오신다고 생각해 보십시오. 당신들이 주차를 못하게 해서 그들이 밖에다 차를 세우고 걸어 들어

가오슝시 중정문화센터 지덕당至德堂에서 경찰관 2천여 명에게 법문하고 난 성운대사가 심정 스님과 요고교姚高橋 국장(왼쪽에서 두 번째)과 함께 기념촬영 (1992.9.3).

오다가 비탈길에서 위험한 일이라도 생긴다면 당신들이 책임질 수 있습니까? 앞으로는 그 밖에 다른 장관들도 방문을 하실 텐데 그분들의 안전을 당신들이 책임질 수 있다면 이 공사를 진행하십시오.”

이 말을 듣고 경찰은 자신들이 어떻게 장 총통 부인과 같은 인사들의 안전을 책임질 수 있겠냐고 답했습니다. 그래서 저는 가장 좋은 방법은 이 공사를 하지 않는 것이라 말해 주었습니다. 경찰도 제가 설명한 이유에 대해 마땅히 반박할 거리도 없어 그냥 넘어가기로 했습니다.

사실 장 총통 부인은 10년, 아마 20년이 지나도 다시 오지 않을 것입니다. 어렵사리 한 차례 부녀습예소를 방문하였고, 그것은 아주 우연한 일이었습니다. 그러나 저는 부득이한 상황에서 장 총통 부인과 많은 장관들의 명의를 빌릴 수밖에 없었습니다. 그것도 경찰 측이 이 중요한 인물의 안전에 대해 주의를 기울이고 보호해야 한다는 것을 알게끔 하기 위해서였습니다. 그래서 경찰도 완화해서 처리할 수밖에 없었고, 결국에는 공사가 흐지부지되었습니다. 그 뒤 저는 참학하는 학생들을 태운 그 버스를 드디어 공원 안에 주차할 수 있게 되었고, 공원 안에도 늘 십여 대의 차가 주차되어 있었습니다. 그러므로 제가 주차권을 얻어낸 것은 부근의 거주민과 대중에게도 이로움을 주게 되었습니다.

어쨌든 우리는 압력에 대해, 큰일은 작게 만들고 작은 일은 없었던 것으로 만들 수 있으면 됩니다. 자신의 편리를 위해 부득이 갖가지 외경과 압력에 약간 타협을 해야 하지만, 인아 관계에서는 지혜와 방편으로 문제를 해결하지 않으면 안 됩니다.

군대

불법을 군대로 가져가다

불교는 '단체'를 중요히 여기고 '신앙'을 중심으로 삼습니다. 위로는 스승을 존중하고 도道를 중요하게 여기며, 자신에 대해서는 엄숙한 용모와 장중한 태도와 단정한 품행을 지니고, 생활 속에서는 고된 수련을 견뎌내야 합니다. 어떠한 단체 내에서든 타인과는 화합하고, 일처리는 근면해야 하며, 명령에는 '복종과 존중'을 해야 합니다.

들어가는 말

저는 역대 군인들이 국가와 국민을 보호하고 국가를 위해 희생하며 공헌한 정신과 용기를 매우 존경합니다.

과거 저는 군인과 왕래가 없었습니다. 그러나 이란 지역에 도착해 홍법을 하면서부터 저의 청년회, 홍법대, 합창대, 문예반 등은 모두 현지 학교의 교사와 학생들의 참여로 이루어졌는데, 이 많은 학교 가운데는 일반 학교 말고도 군인을 위한 통신병 학교가 있었습니다. 교장을 맡고 있는 강江 장군 부부는 독실한 불교신도였기에 그곳의 대령·중령·중위 등 많은 장교들이 '이란 염불회'의 주된 신도가 되었습니다.

제가 남부지방에 개산한 불광산에도 많은 군인들이 왔습니다. 전쟁에 대한 두려움으로, 연이어 불광산을 찾아 부처님의 가피를 구했습니다. 그들의 상관들도 불광산을 찾아와 군심을 위무하기 위해 한 번에 1, 2만 개씩의 호신부를 가져가곤 했습니다.

그들이 기꺼이 불교를 받아들이겠다면, 당시 경제적 능력은 없었지만 불법을 널리 알리기 위해서 저는 플라스틱으로 된 작은 호신불을 만들어 그들에게 심리적 위안을 얻게 하고 싶었습니다. 전쟁에 나갈 때 부처님께서 자신들을 보호해 주시는 부적이 있다는 생각이 들면 그들의 마음도 안정될 수 있다 생각했습니다. 이 소형 호신불을 통해 저도 즐거운 마음으로 널리 선연을 맺으며, 몇만 개라 하여도 무상으로 제공했습니다. 이런 인연으로 저는 군부대와 많은 인연을 맺었습니다.

교육적인 면에서 볼 때, 군대의 교육은 최고로 엄격하다 말할 수 있습니다. 그들에게는 엄격한 생활과 엄격한 규율이 요구됩니다. 이외에도 군대의 최대 강점은 바로 '신의와 명예'입니다. 군인들의 성격은 시원스럽고, 말에는 신용이 있습니다. 많은 정치인들이 모호하게 끌고 가는 것과 달리, 군인의 일처리는 항상 말끔합니다. 이처럼 시원시원하고 솔직한 군인에 대해, 특히 저는 산동과 호남 출신의 군인을 매우 존경하며 저도 그들을 '고향 사람'이라 부릅니다. 그들과 왕래하다 보면 그들이 정직하고 사사로움이 없음을 느낄 수 있습니다. 그래서 불교의 관리는 군대의 관리와 일맥상통하는 면이 있습니다.

불교는 '단체'를 중히 여기고 '신앙'을 중심으로 삼습니다. 위로는 스승을 존중하고 도道를 중히 여기며, 자신에 대해서는 엄숙한 용모와 장중한 태도와 단정한 품행을 지니고, 생활 속에서는 고된 수련을 견뎌내야 합니다. 어떠한 단체 내에서든 타인과는 화합하고 일처리는 근면해야 하며, 명령에는 '복종과 존중'을 해야 합니다. 그래서 누구나 지도자에 복종해야 하고, 단체를 아끼고 보호해야 하며, 제도를 존중해야 하고, 단체정신을 받아들일 수 있어야 합니다. 마음에는 오직 공헌해야겠다, 책임져야겠다, 법에 따라 일처리 해야겠다는 생각만 가지고, 감정에 휘둘리지 말아야 합니다. 군대든 불문佛門이든 이것들은 모두 관리학에서 중요한 문제입니다.

과거에 군대의 요청으로 강연하며, 군대에 참고용으로 제공했던 관리학에 관하여 아래 몇 가지로 간추려 여러분의 이해를 돕고자 합니다.

널리 선연 맺기-인연 관리

1952년, 이란에는 공군 대령이었던 마등馬騰 선생이 있었습니다. 이분은 제가 이란에 와서 홍법해 주시길 바란다는 내용으로 신도들을 대표해 제게 편지를 썼던 분입니다.

이란은 제가 가기 전에도 이미 많은 스님들이 요청을 받아 경전 강연을 다녀온 곳이기도 합니다. 그들이 돌아와서 들려준 이야기를 종합해 보면 그곳은 집도 작고, 인구도 몇 안 되며, 불법은 발전되지 않았고, 현지에는 몇몇의 신도교(神道敎: 일본의 민속종교)만 있을 뿐이고, 몇 있는 출가인조차도 연로하였거나 중년 이후에 출가한 사람이었다며, 이란에 대한 인상이 썩 좋지 않은 듯했습니다.

그때 저는 그들과 생각이 달랐습니다. 게다가 자장 스님의 부친이신 이란의 유지 이결화李決和 거사님을 만났는데, 그분은 태도가 온화하고 점잖으며 자선가의 선량함도 가지고 있었고, 불교도로서의 위의도 갖추고 있었으며, 보자마자 호감을 일으키는 사람이었습니다. 타이베이에 있는 중국불교회에서 우연히 저를 만났을 때 그는 아주 간절하게 자신들을 위해 이란에 와서 꼭 좀 경전을 강연해 달라고 요청했습니다. 이때 그에게서 대단히 감동을 받은 저는 그 자리에서 가겠다고 약속을 했습니다.

1953년 초에 저는 타이베이에서 4시간 넘게 차를 타고 덜컹거리는 북의로北宜路를 달려 드디어 이란에 도착했습니다. 뇌음사에 도착하니 마당에는 남녀의 옷가지들이 가득 널려 있고, 설날이 가까워져 오니 말린 생선과 고기의 비릿한 냄새가 가득했습니다. 원래 이곳에는 많은 군인가족들이 살고 있었습니다. 당시 출가자나 누구라도 나서서 저와 말을 하는 사람이 없었기에, 저는 스스로 불전 안으로 들어가 의자에 앉아 누군가가 만나러 오기만 기다렸습니다.

법당 안에서 저는 신도를 위해 재난소멸의 경전을 읽어주고 있는 7, 80세의 노비구니 스님을 보았습니다. 30분 정도 지났을까? 경전을 다 읽은 노비구니 스님이 멀리서 저를 한 번 보시더니 고개를 돌려 가버렸습니다. 다시 몇 분이 지났습니다. 그래도 다시 저한테 다가와 말을 걸겠지 생각하며 기다리고 있으니, 과연 그가 다가와 "경전 강연하러 오셨습니까?" 하고 물었습니다.

저는 그 노비구니 스님이 하는 민남어(閩南語: 중국어 방언 중 하나로, 타이완에서 널리 사용되는 언어)를 알아듣지 못했습니다. 아마도 이런 뜻이었을 것이라 짐작하고 "그렇습니다"라고 답했고, 노비구니 스님은 다시 자리를 떴습니다.

이렇게 다시 30분 정도 기다렸습니다. 이미 시계가 12시 반이 되었을 무렵에야 노비구니 스님이 다시 나타났습니다. 노비구니 스님은 깨지고 오래된 잔에 따뜻한 물을 담아 제게 건네주었고, 저도 감사하다고 인사를 드렸습니다.

다시 1시가 다 되어갈 때까지 기다리니, 노비구니 스님이 제게 점심공양을 하라고 불렀습니다. 제 기억으로는 탁자 위에 올려놓은 국자는 양철로 만들었는데, 재질이 너무 가벼워 바람이라도 휙 불면 날아가 바닥에 떨어졌고, 탁자는 두 개의 목판을 붙여놓은 것으로 중간에 3cm 정도의 틈새가 있었습니다.

당시 이란은 경제적으로 낙후된 지역이었고, 불교에는 인재가 없었으며, 사찰은 설비가 부족했으니 아마 이와 같은 일들이 자연스러웠을 것입니다. 공양을 마치고 나니, 절 안에는 세면장도 없거니와 화장실이 어디 있는지도 모르겠고, 말도 통하지 않아 물어볼 수도 없어 20여 분 거리에 있는 기차역까지 걸어가 볼일을 보고 돌아왔습니다.

밤이 되자, 노비구니 스님이 법당 왼쪽의 작은 방 한 칸에 방부를 들이게 해주었습니다. 안에는 온통 모기와 벌레가 춤을 추었고, 대나무 침대 하나와 재봉틀 한 대가 전부였습니다. 실내에는 전등조차 없었습니다. 저녁 8, 9시가 되어서야 몇몇 신도가 법당으로 들어오는 소리가 들렸습니다. 저는 그들이 스님이 오셨는지에 대해 이야기하는 것을 듣고 '신도'라는 것을 직감하고는 곧바로 문을 열고 밖으

성운대사는 초기 생활이 청빈하여 글 쓰는 책상 대신 재봉틀을 사용했다.

로 나왔습니다.

그들은 기뻐하며 자신들에게 이야기를 들려 달라 했지만 당시 뇌음사에는 탁자나 의자도 없었기에 바닥에 앉아 이야기를 나누기 시작했습니다. 언어가 서로 통하지 않아, 한학을 조금 연구하신 이결화 거사가 가운데서 다시 민남어로 신도들에게 통역을 해주었습니다. 들어보니 통역이 맞는 것도 있고 맞지 않는 것도 있었습니다. 이렇게 저는 뇌음사에서 「관세음보살보문품」을 처음부터 끝까지 총 20일에 걸쳐 강연했습니다.

당시 생활여건이 너무 열악해 저는 더 이상 머물 수가 없었습니다. 특히 세면장과 화장실조차도 없고, 군대의 권속·아이·남녀 등이 함께 사는데다 비릿한 식물 등 각종 냄새가 섞여 있어, 불당 같지가 않고 군영이나 다를 바가 없었습니다. 하지만 이곳의 독실한 신도들은 타이베이로 돌아온 저를 다시 되돌아오게 만들었고, 이곳 신도들의 성의를 생각해 저는 뇌음사에 남기로 결정했습니다.

이렇게 남기로 하고서야 비로소 보이기 시작했습니다. 이란 현지에는 문화라고 할 것은 없었습니다. 학교 몇 곳은 있었지만, 선생님은 수업 외에는 활동을 하지 않았습니다. 그러던 어느 날, 이란고등학교와 란양여중에서 가르치는 선생님들이 모두 염불회에 참가하겠다며 찾아왔으며, 통신병 학교의 그 많은 장교들까지도 하나둘씩 염불회에 가입했습니다.

그들 모두가 교육에 대한 열정을 품고 있었고, 각종 특기를 가진 인사들이었습니다. 심지어 문리보습반 개설을 권유하기도 했습니다. 당시는 정말 여건이 어려웠습니다. 책걸상조차 없이 길에서 수업을 할 지경이었습니다. 저는 그때 이란 젊은이의 열정을 보았고, 실제로 자주 그들과 마당의 섬돌에 주저앉아 불법에 대해 토론하거나 모임을 가졌으며, 또 수업에 대해 이야기하였고, 각종 프로그램과 방법 등의 제반사를 상의하였습니다. 대부분의 대소사를 뇌음사의 복도 또는 마당에서 교류하였습니다. 이 많은 교사와 청년들 중 누구도 불쾌하게 생각하지 않았습니다.

당시 전체적인 경제여건은 사회 전반이 똑같았습니다. 나중에 저는 정식으로 교육부에 입안을 신청해 '광화문리보습반光華文理補習班'을 세웠습니다. 전 교육부 훈위회訓委會 상임위원이셨던 정석암鄭石岩 교수가 바로 우리 보습반의 학생 중 한 명이었습니다.

제가 이란에 도착한 초기에 많은 교사와 젊은이들과의 관계가 무척 좋았습니다. 제가 불법을 조금 안다는 것이 이러한 인연 짓는 것에 중요한 역할을 했습니다. 저는 그들에게 불교의 예법, 불교의 역사, 그리고 인간사회에 대한 불교의 공헌, 관념 등을 이야기해 주었고, 그들은 이를 통해 불교에 대한 신심을 더욱 공고히 했습니다. 이런 관계 덕분에 이란여중과 란양여중에서는 제게 강연을 요청했습니다.

특히 통신병 학교에 있는 많은 청년들은 모두 외성外省의 호적을 가진 지식인이었습니다. 그들 대부분이 통신 출신으로 물리·교통·광전기·전기·전신 등의 학과에 모두 능통하였습니다. 그 가운데는 글쓰기, 회화 등에 재능 있는 젊은이도 적지 않았습니다. 그들은 벽에 그림 그리는 것을 도와주기도 했습니다. 이외에도 제가 강설한 '문학개론'을 듣고 난 후, 문예반 등에 참가하러 찾아오는 사람도 있

었습니다. 그렇게 해서 이란에서의 저의 홍법포교는 점차 발전되어
갔습니다.

당시 물질적인 여건은 구비되지 않았지만, 저는 타인과의 소통이
급선무였습니다. 저는 그들에게 정성스럽게 대접했고, 친근하게 소
통했고, 적극적으로 그들과 대화하였습니다. 다양한 방면으로 그들
을 예우했고 존경했습니다. 저는 주관하는 입장에서 권위·금전·권
세 등을 이용해 관계를 얻으려는 것은 적합지 않으며, 보시와 자비·
배려·예경·칭찬 등으로 그들에게 자상한 마음을 보여준다면 환난
을 함께하는 지음知音과 도반 역시 증가할 것이라 생각합니다.

이란에 머물던 시기, 저의 위인 됨을 보고 문단에서 편집을 맡았
던 주가준 선생은 후일에 저에 대한 공경과 신뢰가 생겨 『각세覺
世』·『금일불교今日佛教』 등의 잡지 편집까지 도와주었습니다. 그가
우리 잡지 편집에 있어 뛰어난 기량을 보여준 덕분에 타이완 전체
의 출판물 편집 역시 함께 변모하였으니, 예술적 가치가 더 높은 방
향으로 발전한 것은 그의 덕분이라고 할 수 있습니다. 후에 구국단
의 『유사幼獅』에서도 그에게 편집장을 맡겨왔습니다. 그의 성실, 작
가를 아끼는 마음, 예문藝文에 대한 열정이 그를 당시 타이완 문단의
중요 인물로 만들었습니다.

또 양용박楊勇溥 거사는 제게 좋은 불교 노래를 몇 곡 지어주었습
니다. 이외에도 구덕감裴德鑑 대령, 곽언상郭言上 대령 등은 모두 군
대에서 중책을 맡고 있는 사람들인데도 저를 도와 이런저런 건설적
인 의견들을 제공해 주었습니다. 저는 모두 받아들이며, 찬탄을 아
끼지 않았습니다. 그 많은 동료와 장교들이 마치 저에 대한 단결심

이 더욱 배가되는 것 같았습니다. 그래서 저는 관리 측면에서 타인을 중시하는 것은 매우 중요하다고 생각합니다.

이란에 있을 당시 수많은 교사·군인·청년·아동, 심지어 나중에 설립한 유치원에까지 저는 사회봉사와 단체관리에 대한 기본 강령들을 이미 정해놓았습니다. 그것은 바로 '신앙'으로써 그들을 섭수하고 '불법'으로써 그들에게 발심이 뭔지를 인지시키고, 존중받게 하고, 관심을 가지고 대하고, 예의로써 사귀어야 한다는 것입니다. 이야기를 나누되 너무 유치하면 안 되고, 말은 저들이 탄복하게 만들어야 하고, 당신이 그들의 스승이 되기에 충분하다는 생각이 확실히 들게 해줘야 저들이 당신의 '관리'를 받아들일 수 있을 것입니다.

물질적으로 만족스럽지 않고 설비도 부족했던 이란의 작은 염불회에 이렇게 많은 단체가 주변에서 협조해 주었던 것은, 제가 기꺼이 그들과 함께 의자를 나르고 차를 따라 주며, 그들과 제가 평등하고 서로 존중하며 우리가 하나라는 느낌을 주었던 덕분입니다.

저는 제가 스님이라 생각지 않습니다. 저는 출가자일 뿐이고, 봉사자일 뿐입니다. 저는 봉사자를 위한 봉사를 하고 싶습니다. 수년간의 이란 홍법에서 저는 인아 사이의 다양한 관계를 배웠습니다. 만일 이것을 관리학이라고 한다면 그럴 수 있을 것이라 생각합니다. 이란의 직장인들 사이에서, 특히 군대 안에서 제가 무척 자상하고 친절한 사람이며 불법의 이로움을 얻게 해줄 수 있다는 말까지 널리 퍼졌습니다. 이것도 제가 두루 선연을 맺은 결과가 아닐까 생각합니다.

당시 군인들의 생활은 매우 무미건조했습니다. 군대에서는 먹을 것도 잘 곳도 제공하지만, 인정 면에서는 매우 가혹했고 인간적 입장에서 인정과 관심이 많이 필요했습니다. 그러므로 저는 자비를 담은 관심, 존중을 담은 대우, 진심을 담은 찬미로 많은 젊은 장교들을 대했습니다. 그들의 생활은 판에 박힌 통신 지식이 전부였지만, 우리는 예술과 회화·음악·노래 등 다양한 방식을 가지고 그들과 교류했습니다.

저도 늘 제 자신의 언행을 관리하였습니다. 한 예로, 매번 타이베이에 가야 될 때면 뇌음사에서 기차역까지 20분 걸리는 거리를 저는 늘 걸어갔습니다. 제가 중산로를 걸어갈 때면 양쪽 점포의 사람들이 모두 나와 스님이 걸어가는 모습을 구경하였습니다. 이유가 무엇이었을까요? 10년 동안 총림에서 훈련을 거쳐 다른 사람과는 달랐기 때문입니다. 중국 본토에서 건너온 스님에 대해 믿음이 생기며 염불회 회원도 늘어났습니다. 저는 위의를 갖춰 행동하고 걷는 자세까지도 대중을 탄복시킬 수 있어야 했습니다.

그 시절, '관리'라고까지 말할 수는 없지만 그들과 왕래하며 그들이 저의 호의를 받아들이게 하고, 그들의 마음 깊이 들어가 그들이 하나둘씩 불법으로 향해 걸어가게 하고, 인생의 광명을 좇아 그들에게 달려 나갈 미래의 목표를 갖게 하고 싶었습니다.

뛰어난 인물들인 이들을 저는 높은 자리에 앉아 관리하지 않았습니다. 존중·상부상조·친절로써 그들이 인정의 따스함·인성의 아름다움을 느끼고 불법을 수용하게 만들었습니다. 그 많은 군인이 모두 염불회의 신도가 될 수 있었던 것도 이 덕분입니다.

인심을 안정시킴-인심 관리

관리의 요결은 먼저 자신의 마음을 잘 관리해야 하는 것입니다. 그럼 어떻게 하면 마음을 잘 관리할 수 있을까요? 우선 자신의 마음에 시간적 관념과 공간적 순서, 숫자적인 통계, 일처리의 원칙, 자비로운 언행을 가지고 시대와 도덕에 부합할 수 있어야 합니다. 그리고 중요한 것은 자신의 마음에 타인의 존재와 대중의 이익을 담고, 자신의 마음을 자비롭고 부드럽게 관리하고, 인아가 일여一如하게 마음을 관리하고, 겸허하고 평등하게 마음을 관리하여 진심과 정성으로 타인을 대하게 되면 '관리학'의 학점을 채운 셈이 됩니다.

사람이 자신을 잘 관리하고자 한다면 관리할 것이 무척 많습니다. 자신의 사상을 잘 관리해야 하고, 자신의 생각을 잘 관리해야 하고, 자신의 위의를 잘 관리해야 하고, 자신의 말을 잘 관리해야 하고, 자신의 태도를 잘 관리해야 합니다. 어느 한 곳이라도 관리를 잘못하면 괜히 재앙만을 가져오게 될 것입니다. 신구의 삼업이 청정해야 한다고 하듯, 지금 제창하는 '몸으로 좋은 일 하고, 입으로 좋은 말 하고, 마음으로는 좋은 생각 갖자'는 '삼호三好 운동'을 우리는 이미 이란 시절부터 시작했습니다.

제 기억으로 1962년 무렵입니다. 처음 국방부의 요청을 받아 중국과 가장 가까이 있는 군사 요충지 금문도金門島에 홍법을 하러 갔습니다. 당시 금문방위사령부 사령관은 왕다년王多年 중장이었습니다. 그렇지 않아도 금문도를 자세히 살펴보고 싶었는데, 마침 이 인연을 빌어 금문도를 방문했고, 불법을 설하였습니다. 일반인이 금문

성운대사의 금문 방문 당시 직접 마중 나온 엽경영葉競榮 사령관(왼쪽)
(1993.3.22).

도를 한 번 방문하기란 결코 쉽지 않았습니다. 특히 고녕두古寧頭에
서 저 멀리 5,000m밖에 떨어지지 않은 중국의 샤먼(廈門)을 바라보
자니 마치 제 고향 양저우를 보는 듯했고, 고향에 대한 사무치는 정
이 조금은 가시는 듯했습니다.

나중에 엽경영葉競榮 대장(上將)이 재임할 당시에는 이미 여러 차
례 금문도에서 홍법을 펼친 뒤였고, 시간도 수십 년이 지나 단골이
되었다 해도 과언이 아니었으니, 금문방위지구 내의 많은 곳을 자유
롭게 드나들 수 있었습니다. 특히 그 많은 산의 동굴 속과 그들의 지
하갱도 막사를 모두 지나다녔고, 심지어 그들이 가장 자랑스러워하
는 지하갱도 강당인 '경천청擎天廳'에서도 여러 차례 강연할 수 있었

습니다. 경천청 안에는 울림만으로도 매우 분명하게 소리를 들을 수 있어, 마이크가 따로 필요하지 않았습니다.

이외에도 엽경영 대장은 제게 편리를 많이 봐주었습니다. 그때 한 번의 금문도 홍법이 군인의 정신과 마음에 일종의 격려였다고 생각합니다. 저는 그들에게 전쟁은 잔혹하지만 불법에서는 '평화'를 강조하며, 물론 저도 군인이 국가를 보위하는 임무를 띠고 복종을 천직으로 삼는 것은 인정하지만, 신앙의 진리가 더욱 중요하다고 설법했던 것으로 기억합니다. 엄격하게 말해 제가 그 당시 강연했던 불법은 삼귀의·오계·육도·십선 등과 같은 무척 가벼운 내용이었습니다.

이외에 저는 또 군대의 관리가 매우 완벽하다고 찬탄했습니다. 특히 군대에서 정책을 추진함에 있어 매사 정확하게 전달하고 확실하게 설명을 해야만 합니다. 인아 관계에서 보면 이것은 가장 중요한 관리학의 연결고리입니다.

저는 인아 사이에 대립을 피하고 단체의 화합을 중시해야 한다고 설법했습니다. 군대 내에는 본래 이러한 개념이 분명 존재합니다. 그러나 출가자인 저의 입을 통해 나오다 보니 불법의 의미를 담고 있어, 그들은 들으면서 자연스럽게 심리적·정신적으로 더 깊이 받아들여지지 않았을까 생각합니다.

설법을 원만하게 마친 뒤, 그들은 전차에다 저를 태우고 섬을 일주하며 관람시켜 주었고, 금문도의 전쟁사도 들려주었습니다. 저는 전쟁에는 흥미가 없지만, 그들의 호의로 생각하고 받아들였습니다. 엽경영 대장은 한 술 더 떠 저를 작전지휘센터까지 데려가 군사배치의 지세와 환경을 참관시켜 주었고, 중국 측 해안의 시설 등을 이해할 수 있게 진지하게 설명해 주었습니다. 저는 그들의 설명을 진지하게 들었습니다. 마지막으로 현지의 수많은 신병新兵들이 두려운 마음에 연이어 삼보에 귀의하여 부처님의 가피와 보호를 구하고 싶다고 하여, 저도 온 김에 그들에게 귀의의식을 치러주었습니다.

역대 금문방위사령관 호련胡璉·왕다년王多年·엽경영 장군 등께서 제게 베풀어주신 예우에 깊은 감사를 드립니다.

불광산을 건설한 이후 수많은 군인이 불광산을 찾아 참관하여 예불하고 복을 빌고 가피를 주십사 제게 요청했습니다. 금문도와 마조도馬祖島 지역은 최전방이기에 부대가 금문도 접경 지역으로 이동해 가기만 하면 두려워하는 사병이 일부 생기고, 심지어 탈영까지 하는 등 전방으로 가길 꺼려한다는 것을 저는 나중에서야 알았습니다. 금문도에 도착한 뒤, 차라리 바다에 몸을 던질지언정 싸우지 않겠다는 신병도 있다는 이야기를 들었습니다. 군인도 전쟁에 대한 공포를 느끼는 것을 보니, 평화를 사랑하는 것은 역시 인간의 천성이라는 것을 저는 깨달았습니다.

일찍이 중국인들은 빈곤 때문에 관직에 나갈 길을 구하려고 위험을 무릅쓰고 종군의 길을 택했습니다. 그러나 요즘 젊은이들은 가정이 대부분 부유하고 고등교육까지 받았으니, 생명의 위험을 무릅쓰면서까지 모험과 위험을 겪으려 하지 않는 것 또한 자연스러운 현상입니다. 무기에는 눈이 달려 있지 않고, 언제든 인생을 마칠 수도 있으니, 그들이 전방에 배치되는 것을 원하지 않는 것 역시 이해할 만합니다.

그래서 저는 그들에게 전쟁에 대한 생각을 바꿔야 한다고 말했습니다. 농구경기와 마찬가지로 당신은 상대에게 감사해야 합니다. 상대가 없다면 우리도 경기를 할 수가 없습니다. 또한 검술의 고수나 권법의 고수도 상대가 없으면 누군가와 무술을 겨룰 수가 없습니다. 일단 상대가 병이 난 것을 보면 오늘은 겨루지 말고 나중에 몸이 나으면 다시 겨루자고 말하는 것도 어찌 보면 서로가 서로를 아낀다 말할 수 있습니다. 그때는 마침 양안이 대치하고 있던 시기라, 저는 그들에게 사실 양안 모두 동포이며 전쟁은 평화에 도달하는 하나의 수단일 뿐이니, 저는 '평화'를 제창한다고 이야기해 주었습니다.

저는 불법으로 수많은 젊은이들이 인생의 의미와 목표에 대해 정확한 인식을 갖도록 하고, 자신이 현재 처한 환경을 더욱 분명히 알게 해주었습니다. 이것은 마치 우리가 산을 오르는 것에 비유할 수 있습니다. 힘들고 고되지만 그 힘든 것을 견디고 정상에 오를 수 있다면 더욱 아름다운 풍경이 기다리고 있을 것입니다. 또한 잠수와도 비교할 수 있습니다. 위험하지만 뛰어난 실력으로 잠수하면 물속 세계의 아름다움을 직접 경험할 수 있습니다. 저는 그들에게 이러한 방법으로 자신의 심경을 훈련하도록 격려했습니다.

그때 부대의 군인들이 불광산으로 저를 찾아와 그들을 위해 불법을 설해 줄 것을 부탁했습니다. 저는 가장 불법을 좋아하고 가장 잘 받아들일 수 있는 사람은 역시 군인이라 생각합니다. 군인의 생명은 전쟁, 고난, 생사의 언저리에 발 하나를 걸쳐놓고 있어서 종교가 자신에게 얼마나 중요한지를 발견하게 될 것이기 때문입니다.

저는 줄곧 많은 군인들을 중요하게 여겨왔습니다. 저는 군사학은 잘 모릅니다. 그러나 전방에 있는 이 군인들이 고향을 떠나 생명의 위험을 무릅쓰고 국가와 국민을 보위하고 있지만, 그들의 정신적 공허함·심리적 압박감에는 그들이 믿고 의지할 수 있는 신앙이 필요하다고 생각합니다.

제가 가장 인상 깊었던 것은 1975년 금마金馬 지구 전선에서 백여 분의 군軍 유공자가 불광산을 방문해 예불을 드리고 부처님의 가르침을 청한 일입니다. 이는 불교에게 새로운 국면을 가져다 주었습니다. 불광산을 단체 방문하는 이백여 분의 군 유공자를 위해 그때 국방부에서는 특별히 사전에 불광산에 통지해 우리의 동의를 구하기도 했습니다.

당시 저는 『화엄경』의 '초심을 잃지 말자(不忘初心)', 『유마힐경』의 '청하지 않아도 먼저 나서서 도와주는 친구(不請之友)', 『팔대인각경』의 '지난 악연을 생각하지 말라(不念舊惡)', 그리고 『대승기신론』의 '인연 따라 변하지 말자(不變隨緣)'라는 이 네 구절로 그들에게 힘을 북돋아 준 걸로 기억합니다. 국가를 위하여 초심을 잃지 않고, 국가가 부르면 언제든 달려가는 친구가 될 수 있어야 하고, 동포에게는 지나간 미움을 생각하지 않아야 하고, 사람으로서 상황 따라 변하지 않는 성격을 가져야 한다는 뜻입니다. 저는 불교 경전에 나온 명구를 가지고 그들의 의지를 격려하였으며, 더불어 처세에서 자신을 관리하는 방법에 대해서도 이야기해 주었습니다.

자율적인 자제-자각 관리

군대에서는 개인의 내무생활을 매우 중시합니다. 침상·수건·칫솔·치약·세숫대야 모두 가지런히 정렬해야 하고, 모든 것이 제자리에 있어야 합니다. 우리 승단의 생활 관리와도 매우 유사합니다. 이른바 군대의 관리는 바로 층층의 규칙과 검열입니다. 특히 분대장이 병사들을 훈련시키러 오고, 잠시 후에는 상급자가 시찰하러 오고, 소대장이 감독하러 오고, 이렇게 층층이 검열하는 것이 바로 그들의 관리입니다.

저는 한 개인에게는 스승과 사형의 관리가 필요하고 대중에는 단체의 관리가 필요하다고 생각합니다. 관리를 잘 받아들이는 사람이 단체를 더 훌륭하게 만듭니다. "법칙에 의지하지 않고는 표준을 이룰 수 없다"고 하였습니다. 관리를 받아들이지 않으면 단체는 있을 수 없습니다. 예를 들어 자신의 침실을 어지럽게 해놓고 사는 사람이 있다고 합시다. "방 하나도 다스리지 못하는 사람이 어찌 천하와 나라를 다스리겠는가?"라는 말이 있습니다. 그러므로 관리는 제일 먼저 생활에서부터 시작해야 합니다.

1986년, 국방부 참모총장 학백촌 장군은 특별히 불광산을 방문해 제게 군대 홍법을 요청하기도 했고, 이것이 인연이 되어 나중에 저는 국방부의 요청을 받아 군 교도소에 가서 '인간 평화의 중요성'에 대해 강설하였습니다. 1987년 7월, 저는 다시 국방부의 요청으로 각각 신뎬(新店)·옌완(岩灣)·타이위엔(泰源)·뤼다오(綠島)·펑산 명덕(鳳山 明德)·타이난 육갑(台南 六甲) 등 군 교도소에서 일련의 강의를 했습니다.

뤼다오 교도소의 포교가 제게는 가장 중대한 설법이었습니다. 이어 저는 다시 란위(蘭嶼)로 가서 려덕(勵德) 훈련반에서 수업을 했습니다. 저는 그들에게 사람은 자신의 행위에 대해 책임지고, 하늘이나 타인을 원망할 필요가 없으며, 기왕에 잘못을 저질렀다면 용감하게 잘못을 인정해야 한다고 이야기했습니다. 훈련 기간 동안에는 자신의 인내력을 배양할 수 있습니다. 배움은 힘들고 괴롭기도 하지만, 자세를 낮추고 자신을 변화시켜야 인품과 덕성이 나아질 수 있고, 타인을 위해 봉사해야 널리 선연을 맺을 수 있습니다.

저는 또한 이처럼 오염되지 않은 청정한 곳에서 수양할 수 있는 것 또한 인생의 또 다른 세계라 그들을 격려했습니다. 군대에는 또한 규율을 위반한 사병이 갇혀 있는 유치장이 있는데, 저는 그들에게 세간의 모든 것은 스스로에게 의지해야 하며 행복을 얻고자 한다면 그만한 노력을 들여야 하며, 매사 자신의 이익만을 생각하지 말고 어디서나 타인을 염두에 둔다면 세상이 달라질 것이라 이야기했습니다. 또한 그들에게 다시 자유를 얻어 불광산으로 저를 찾아오면 기쁜 마음으로 그들의 새로운 시작을 돕겠다고 격려했습니다.

군영에는 비록 군기로 인한 구속과 군법에 의한 징계가 있지만, 자신의 마음에서 일어나는 '자제력'에는 미치지 못합니다. 군 교도소 '명덕반明德班'과 '려덕반勵德班'에서의 저의 교화 경험으로 볼 때, 불법 사상의 가르침을 빌릴 수 있다면 수형자의 감화에도 커다란 효과를 볼 수 있습니다.

군대에서는 이미 도움이 될 줄 알고서 불법의 교화기능을 활용해 군대의 풍토와 인심을 개선해 나가니 저는 기쁘면서도 위안이 됩니다. 사실 불법이 필요한 곳이 어디 군대뿐이겠습니까? 국가는 국민을 교화하는 데 불법의 도움이 더욱 필요하고, 불교 역시도 널리 퍼뜨리는 데 국가의 보호와 지지가 필요합니다.

병역의 의무를 지고 훈련을 받는 군인을 생각하면, 모두 인생의 가장 찬란한 황금 시기입니다. 만일 군대에서 불법에 대한 신앙을 가질 수 있다면 스산하고 경직되며 전쟁을 준비하는 곳에서 부처님의 밝은 법수法水 속 자비와 온유함으로 흘러 들어갈 수 있습니다. 불법의 자비와 활력이 있다면 무정하고 매서운 딱딱한 규율 속에 녹아들 수 있고, 마음에 위안과 의지처를 얻을 수 있으며, 자신감과 애국정서를 고취시켜 진정한 국가수호의 중책을 책임질 수 있게 됩니다.

그리고 잘못을 저질러 구금된 학도들에게도 저는 하루나 이틀 이렇게 홀로 머물면서 반성하고 자신을 되돌아볼 수 있으니, 여기도 아주 좋은 학습공간이라 말했습니다. 출가자는 특별한 곳을 찾아 폐관수련을 해야 이런 혼자만의 수행공간을 가질 수 있습니다. 저는 이러한 설법이 그들에게 신심을 줄 수 있기를 희망합니다.

저는 또 "여러분들은 명덕훈련반에서 매일 힘든 노동을 하지만, 힘들거나 괴롭다고 여기지 마십시오. 불문에서는 출가인이 고된 수행을 하듯 많은 사람이 발심하여 봉사를 하고 있지만, 그들은 모두 즐겁게 일합니다. 여러분들이 여기에 와 있지만, 또 다른 환경 속에서 성장하고 다른 방식으로 자신의 인생을 다채롭게 한다고 생각해야 합니다"라고 했습니다. 저는 '생각의 전환'이란 방식으로 그들에게 희망을 주었습니다.

그 밖에 뤼다오에 도착해서 저는 "여러분들이 있는 뤼다오는 경치가 수려하고, 누군가는 오고 싶어도 오지 못하는 곳입니다. 그리고 동사군도東沙群島는 『노인과 바다』에 나오는 것같이 대자연을 만끽할 수 있습니다. 천지가 나와 벗하고 해수海水는 나의 자원이니 '대자연이 내게 문장을 짓게 빌려주네'라는 말처럼 여러분들은 이곳에 안주하고 마음을 편하게 하는 법을 배워야 합니다"라고 설법했습니다.

저는 군대에서 참고할 수 있도록 수많은 방법을 제공했으며, 그 대학생들을 안심시키고 자유스러워질 수 있게 했습니다. 군인이 신심을 편안하게 하도록 제가 공헌한 방법은 모두 '자신에 의지해 자신을 관리하고, 스스로 각성하라'는 것이었습니다. 방법을 제시해 그들이 기쁘게 군 생활을 하게 해주는 것이 제가 할 수 있는 전부였습니다.

역지사지-불법의 관리

군부대의 순회강연 외에, 나중에 저는 또 정기적으로 군영에서 수업을 진행했습니다. 군대 측에서는 특별히 저를 타이중의 청궁링(成功嶺: 타이완 국군의 교육부대) 교수진의 한 사람으로 특별 초빙했습니다. 모든 대학생이 입대해 훈련을 받았는데 매년 두 차례, 심지어 세 차례의 대학생 단체 훈련반에서 저는 관례대로 훈련받는 젊은 학생들에게 수업을 하였습니다.

그때 청궁링에서 훈련을 받은 수많은 대학생은 자신이 능력 없고, 방법도 없어 군사훈련을 받을 수밖에 없다 생각하며 대부분이 그 훈련을 원하지 않았습니다. 그래서 저는 사람들 사이에서 살아가자면 반드시 여러 방면에서 학습해야 하고, 군사 역시 하나의 학문이며, 단체생활 역시 학습의 일부분이니 타인과 어울리면서 우의를 키워나가야 함과 동시에, 이러한 것 모두 헛되이 시간을 낭비하는 것이 아니고 생활에 위배되는 것도 아니라는 것을 그들에게 이해시켰습니다. 군사軍事 안에서의 생활 관리에서 충효와 절의의 정서를 기르고, 단정한 행동을 위한 훈련을 여러분들이 받아들일 수 있다면 앞으로 여러분들의 인생이 반드시 더 나아질 것이라고도 했습니다.

저는 이렇게 그들의 심정을 위로하며, 그들이 평정을 되찾고 더 이상 성냄·불만·반항·원망을 갖지 않게 그 마음을 항복시키도록 했습니다. 이런 부정적인 정서는 모두 일종의 대립적인 심정이기 때문에 그들이 스펀지처럼 수많은 긍정적인 사상을 흡수할 수 있다면, 자신의 인생의 내면을 풍부하게 할 수도 있습니다.

신앙은 내적인 것이지만, 한 개인의 외적 역량을 불러일으킬 수도 있습니다. 신앙이 있다면 역량이 있을 수 있습니다. 그래서 저는 청궁링에 갈 때마다 늘 수많은 젊은 대학생을 위해 불법을 강설함과 동시에 다음 6가지로 그들을 기대하게 한 적이 있습니다. "손해 보는 법을 배우고, 타인과 서로 맞춰가며, 끊임없이 마음을 개선하다 보면, 결국 어느 날 뒤돌아 고개를 돌려보았을 때 기꺼운 마음으로 받아들이게 된다." 그들 하나하나 초롱초롱한 눈빛으로 집중해서 경청하던 그 태도는 현재의 학생들이 본받아도 될 것 같다는 생각이 듭니다.

청궁링에서의 수업에서 저는 그들의 마음을 편안하게 해주었다 생각합니다. 그리고 청궁링의 교사와 군관들 역시 제가 설한 내용이 그들의 교육에 어느 정도 도움이 되었다고 생각합니다. 특히 그 수많은 젊은 학생들의 처신과 처세, 단체정신 등에 도움을 주었다고 생각했습니다. 군대 내에서 무력을 중시하는 것 외에도 평소 개개인의 지혜 수련 또한 못지않게 중요합니다.

그래서 매년 저를 찾아와 그들에게 수업해 줄 것을 요청했습니다. 그 후로 저는 이미 청궁링의 전임강사나 다를 바 없었습니다.

양안 관계에 있어, 저는 늘 평화를 주장하고 전쟁을 주장하진 않았습니다. 하지만 당시에는 그것을 공개적으로 제창할 수 없었습니다. 저는 많은 지휘관들과 사사로이 이야기를 나눴습니다. 대륙의 군대이든 타이완의 군대이든 중화문화를 위해 양안은 마땅히 평등해야 하고, 양안의 동포는 하나로 통일되어야 하며, 서로 적대시하지 말고 화목해야 한다고 했는데, 그들도 깊이 공감했습니다.

중국과 수십 년을 떨어져 있다 하더라도 타이완은 하루빨리 조국으로 돌아가 친지와 상봉하기를 희망하는 저 수많은 노병 동포들의 마음을 그들은 이해하지 못합니다. 국민당 정부는 계속해서 중국으로 반격할 것임을 제창하고 있지만, 중국으로 반격하는 것은 희망 없는 일이라는 것을 모두가 알고 있습니다. 다른 채널을 통해 평화롭게 중국으로 돌아가는 것이 가장 좋습니다. 만일 양안이 더 이상 총칼을 겨누지 않고 함께 손잡고 평화를 건설해 나간다면 이것이야말로 국민의 복일 것입니다.

후에 저는 강산(岡山) 소재의 공군사관학교, 쥐잉(左營) 소재의 해군사관학교와 해병대, 펑산(鳳山) 소재의 육군사관학교 등 삼군사관학교를 방문해 강연한 적이 있습니다.

저는 처음 강산에 있는 공군사관학교에서의 강연에서 말했습니다. "제가 여러분께 6대의 비행기를 선물하겠습니다. 6대의 비행기란 '육바라밀'을 이야기합니다. 이 여섯 대의 비행기는 여러분들을 안전한 지역으로 모셔다 줄 수 있습니다. 각각 보시布施·지계持戒·인욕忍辱·정진精進·선정禪定·지혜智慧라고 합니다."

쥐잉에 있는 해군사관학교 강연에서는 "제가 여러분께 군함 한 척을 선물하겠습니다. '관세음보살님이 자항慈航으로 건너다 주네'라는 것처럼 관세음보살께서는 자비롭게 길을 잃고 헤매는 중생을 구하여 주십니다. 관세음보살께서는 고통의 비명을 듣고 중생의 두려움과 공포를 없애주고 신심이 안정되도록 도와주십니다. 여러분들이 국가를 위해 복무하고 바다의 국경을 방어하며 국가 안전과 국민이 안심할 수 있게 해주는 힘, 이것은 사람들이 의지할 수 있고 두려움을 떨치게 해주는 보시입니다"라고 말했습니다.

펑산에 있는 육군사관학교에서는 '팔정도'에 대해 설명했습니다. 군인을 '치우빠즈(丘八子)'라 부르기도 하기 때문에 저는 그들에게 "여러분, 치우빠즈는 팔정도를 실천해야 합니다. 팔정도가 바로 8가지의 올바른 인생관입니다. 올바른 견해(正見)·올바른 사상(正思惟)·올바른 언어(正語)·올바른 행동(正業)·올바른 경제(正命)·올바른 정진(正勤)·올바른 생각(正念)·올바른 선정(正定)입니다"라고 강연했습니다.

육군은 대우가 낮은 편이고, 그들의 생활여건도 비교적 어려웠습니다. 저는 그들을 충분히 이해한다는 의미에서 국가의 전쟁은 집이 있어도 돌아가지 못하게 만들고, 친지를 만나고 싶어도 힘들게 한다는 등 국가와 국민을 망치는 길이라고 공공연히 말한 적도 있습니다. 장경국 선생 앞에서도 수많은 말을 한 적이 있으니, 군대에서 한 이야기가 언론죄言論罪를 범한 셈은 아닐 것입니다.

나중에 삼군사관학교, 그리고 많은 군사학교·작전부대·군수물자부대·특수전략학교 등에서 계속 강연을 요청해 왔습니다. 장위국 선생이 특별히 전략학회에서 강연해 줄 것을 요청했지만, 제가 전략전술에 대해 무엇을 알겠습니까? 계속해서 고사하였지만 그의 성의를 더 이상 뿌리칠 수가 없어 인심·우의·평화·전쟁에 대한 불교의 관점 정도만 그들에게 강연했습니다.

과거에는 전쟁 중 창과 몽둥이에 의지해 정치권력이 나왔습니다. 그러나 우리는 자비심을, 성현의 인격을 길러내야 하며 이것이 정치권력보다 더 중요합니다. 총과 포탄을 사용하지 않고 적군을 굴복시키는 것이야말로 가장 훌륭한 전쟁입니다. 후방에서 책략을 세워 천리 밖에서 승부를 결정짓는 것이 가장 상책입니다.

존중과 포용-자비 관리

저는 당초 공산당의 군대가 중국 본토에서 인민들에게는 조금도 해를 끼치지 않았다는 것을 들은 적이 있습니다. 어린 시절 본 역사소설 속에 등장하는 '의군(의로운 군대)'·'왕사(제왕의 군대)' 등의 군대를 찬미하는 말들이 생각났습니다. 고대 역사에서 주나라 무왕은 어떻게 걸왕을 물리쳤을까요? 한나라 고조는 어떻게 포악했던 진나라를 섬멸하고 서초의 패왕이 되었을까요? 또한 당나라 태종은 정벌전쟁을 통해 후세에 어떻게 '정관지치貞觀之治'라 불리는 현군이 되었을까요? 그들의 군대규율이 뛰어나고 백성의 고통을 없애주는 '제왕의 군대'로 비춰졌다는데, 그 이유가 있습니다. 그래서 고대에는 늘 "소쿠리에 밥 담고 항아리에 담긴 술로 제왕의 군대를 환영한다(簞食壺漿﹐以迎王師)"라는 말을 언급함으로써 백성이 사랑하는 자신의 군대를 어떻게 열렬히 고대하고 환영했는지를 형용하였습니다.

전쟁은 아마도 피할 수 없을지 모릅니다. 그러나 진정한 전쟁은 문화를 말살하는 것이 아니라 문화를 보호하는 것입니다. 사람의 생명을 죽이는 것이 아니라 인간의 생명을 보존해야 하는 것입니다. 공격해서 땅을 빼앗는 것이 아니라 자비의 영향력을 더 넓혀야 하는 것입니다.

우리는 늘 "군은 국민을 사랑하고, 국민은 군을 존경한다"고 말합니다. 군인은 전쟁만 하는 것이 아닙니다. 그들은 또 국민을 위해 봉사하고 위험과 어려움을 해결해 주는 국민의 보모 역할도 하기 때문에 국민의 존경과 사랑을 받습니다.

진정한 전쟁은 사실 인자할 수도 있습니다. 저는 미국 군인들이 고아원 안에 있는 아기를 구하기 위해 빗발치는 총탄을 뚫고 달려가다 모두 장렬히 희생된 것을 본 적이 있습니다. 이유가 무엇일까요? 바로 한 아기를 구하겠다는 일념 때문이었습니다. 진정한 전쟁은 또

군대 순회강연에 대한 감사의 의미로 국방부를 대표해 언백겸言百謙 장군이
성운대사에게 감사패 전달하고 있다(1990.3.16).

한 '사랑'의 한 가지 표현이며, 완전히 살육만은 아니라 생각합니다.

진정한 군인은 앞장서 돌격하여 적을 섬멸하는 것이 아니며, 혈기
만 내세우는 것을 말하는 것도 아닙니다. 진정한 군인은 더욱 인자
하고 덕이 있어야 하며, 사랑을 지니고 국민을 보호하는 자여야 합
니다. 대지가 곧 우리의 집이며, 적은 또한 우리의 친구라는 것을 이
해해야 합니다.

전쟁은 반드시 타인을 무찔러야만 하는 것은 아닙니다. 인간의 가
장 큰 적은 바로 자신이기 때문에 자신의 마음을 항복시키는 것이
가장 중요합니다. 자신을 항복시킬 수 있다면 승리를 얻을 수 있습
니다. 우리 마음의 이기심·오만·폭력·부족한 소양 등과 같은 것들
을 하나하나 항복시켜야 합니다. 그래서 저는 군대의 교육, 그리고
전쟁 역시 인간을 성장시킬 수 있고 인간의 문화를 발전시킬 수 있
다고 생각합니다. 보아하니 군사는 파괴도 있지만, '공즉시색'과 같

이 파괴한 뒤에 다시 더 훌륭하게 건설할 수도 있습니다.

제가 마조에서 포교할 때 "네가 크고 나는 작다"라는 말을 한 적이 있습니다. 당시의 마조방위사령관 엽경영 장군은 저의 이 한마디가 오랫동안 자신에게 도움이 되었다며, 평소에도 항상 "네가 크고 나는 작다"라는 말로 군대의 형제들을 격려해 왔고, 자기 인생의 좌우명으로 삼았다고 말했습니다.

사실 "네가 크고 나는 작다"는 말은 그들에게 타인을 존중할 줄 알아야 함을 이야기하려 했던 것입니다. 군대는 분명한 계급사회지만, 상대를 존중하면서 관리할 수 있다면 자연히 타인의 존중을 얻을 수도 있습니다. 그러면 내가 당신을 존중하고 당신이 나를 존중하게 되니 모두가 화기애애하게 될 것입니다.

관리는 예술의 일종이며 탄력적이고 기발한 점이 있습니다. 전장에서 장군 한 사람의 한마디 구령, 한 가지 명령은 수많은 군사가 죽음도 두려워하지 않고 적진을 돌파해 나갈 수 있게 만듭니다. 그러나 전장을 관리하던 대장군도 집에 돌아오면 부인 하나도 어쩌지 못하고 쩔쩔맬 수도 있습니다.

저는 관리는 명령이 아니고, 지시가 아니며, 권위가 아니라 생각합니다. 관리하려면 존중과 포용을 이해해야 합니다. 평등을 배우고자 하면 서로 입장을 바꿔보면 되고, 그리 하면 모두 원만한 결과를 얻을 수 있습니다. 타인이 자발적으로 나서도록 믿음을 주고, 타인이 기꺼운 마음으로 따르게 하는 것이야말로 가장 뛰어난 인사관리입니다.

사실 타이완의 불교가 융성해지는 데 있어 장위국 선생과 총통부

성운대사와 전 행정원장 학백촌郝柏村, 전 내정부장 구창환邱創煥, 전 경제부
장 왕지강王志剛, 전 재정부장 육윤강陸潤康, 입법위원 오돈의吳敦義, 국제불광
회 중화총회 회장 오백웅吳伯雄 등과의 회견(2002.3.11).

정치고문을 역임한 적이 있는 학백촌 선생 등의 인사들께 감사를 드
려야 합니다. 당초 그들이 불교의 교화기능을 긍정적으로 보아 주셨
기에 불교가 군영에 들어갈 수 있었고, 불법의 홍보가 비약적인 발
전을 이루었습니다. 또한 군복을 입은 군인들이 불문에 예불하러 오
고, 삼보에 귀의하고, 육군·해군·공군·헌병 등의 수많은 군인들이
불법을 배우려는 인연을 성취시킬 수 있었습니다.

이란 뇌음사의 아미타불 성상

불교는 캠퍼스로 들어가야 한다

교육이 발전하려면 정책이 있어야 하고, 교육에 장기적인 비전을 세우려면 계획이 있어야 합니다. 그래서 저는 대학 설립 초기에 건학 교육은 불광산을 '빈곤'하게 만들어야 한다고 제기했습니다. '빈곤'은 불광산 제자들이 수행하는 데 어느 정도는 도움이 될 것입니다. 빈곤하기에 모두 향상하고자 분발하고, 근면하게 노력하고, 나태하지 않고 정진하며, 높은 목표를 위해 힘쓰고, 발심하여 사찰을 더욱 빛낼 것입니다.

들어가는 말

청소년 시절에 저는 난징(南京)의 서하사에 있었는데, 당시 사찰은 너무나 폐쇄적이라 신도나 외부인과의 접촉이 드물었습니다. 20세 전까지의 저는 생활이 불안정했고, 어릴 때부터 사찰 생활을 시작해서 학교를 본 적도 없고, 학교가 어떤 모습인지 알지도 못했습니다. 그때 저의 마음에는 장차 스스로의 힘으로 대학을 세우겠다는 의지가 생겼습니다.

  당시 우리는 일상에서 볼 신문도 없었고, 사실상 우리에게 신문을 보지 못하게 했습니다. 우연찮게 길가에서 오래전 신문지 하나를 주웠을 때, 신문의 전파력이 미치지 않는 곳이 없다는 것을 알고 저는 신문사를 하나 세워야겠다는 생각을 했습니다. 외부인과 접촉하기도 힘든 폐쇄적인 총림사원 안에서 대학과 신문사를 설립할 생각을 어떻게 했는지, 이러한 인연을 보면 인생을 가둬놓은 것은 소용이 없는 것 같다는 생각이 듭니다. 인연은 정신과 마음과 허공 속에서 돌아다니며 자연과 깊이 연결되어 있는 관계입니다.

건학建學

21세 되던 해에 저는 제 인생의 첫 소임을 맡았습니다. 저의 조정祖

庭이 있는 강소의 이싱(宜興) 대각사大覺寺 부근에 '백탑白塔'이라는 초등학교가 있었는데, 이싱 교육국에 있던 임任씨 성을 가진 국장께서 난징에서 온 저를 보시고 이 초등학교의 교장을 맡겼습니다. 저는 당연히 학교를 어떻게 꾸려 나가는지도 몰랐지만 기회는 왔을 때 잡으라고, 저는 일하면서 배우고 배우면서 일할 수도 있을 것 같아 일단 맡기로 했는데, 그러고서 2년 가까이 해왔습니다.

그 뒤 승려구호대를 따라 타이완에 왔습니다. 타이완에서는 교육이 한창 발전해 나가는 시기임을 알고 마음속으로는 이 젊은 학생들이 초등학교, 중학교, 그리고 대학과 대학원까지 완전한 교육체제의 혜택을 받을 수 있다는 것이 한없이 부러웠습니다. 정규교육을 받은 적이 없고 산중 사찰에서 독경·예불·참선·사유만 하던 우리 젊은 승려들은 전쟁의 불길을 근심하던 시대에 교육에 대해 알지 못했던 그 많은 장로들이 들려주는 이런저런 인물 이야기나 총림의 기담奇譚만을 듣고 있었습니다. 이러한 교육 성장 배경 하에서 저는 사회의 정규 학교교육에 대해 매우 부러워하며 동경을 했습니다.

18세 때 중일전쟁이 끝나고 국민당 정부는 난징으로 복귀하였고, 많은 교수가 중경에서 정부를 따라 난징으로 왔는데, 대부분 서하산에 머물면서 파견 명령을 기다렸습니다. 그 중에 저와 대화를 나누던 교수가 한 분 계셨는데, 제게 "교육대학에 와서 공부해도 된다"고 진지하게 이야기했습니다.

저는 학력도 없고 졸업장도 없으며 초중고에 다녀본 적도 없고, 학교를 본 적도 접해본 적도 없는 사람이며, 이 서하산 속에서의 생활이 저의 전부인데 어떻게 교육대학에 가느냐고 솔직하게 교수에게 설명했습니다.

　교수님은 교수 몇 분을 모아 공동추천하면 정식으로 대학에서 공부할 수 있다고 말했습니다. 그래서 저는 이 교수님의 의견을 은사 스님이신 지개 상인志開上人에게 보고했습니다. 저의 설명을 다 듣고 난 은사스님께서는 "무슨, 대학으로 가서 공부할 생각을 하느냐!"며 그 자리에서 호되게 질책하셨습니다. 저도 은사스님의 말씀을 따라 대학에서 공부하겠다는 생각을 접었습니다.

　타이완에 도착한 뒤로는 이란에서 젊은이들·교사들과 왕래하고 공부했습니다. 심지어 사찰에서도 문예반과 문리보습반을 만들기까지 했습니다. 이러한 생활은 제게 다시 건학의 의지가 생겨나게 했습니다. 불법을 널리 알리려면 불교에도 반드시 교육인재가 필요하다는 것을 알고 있었습니다. 그때 저는 이미 『인생잡지』의 주편과 『각세순간』의 총편집을 맡는 등 문화 영역에 다소 참여하고 있었습니다. 그러나 문화에 그럴 역량이 있고 문화가 포교의 수단이 될 수 있다는 것은 알지만, 문화 방면의 교육인재를 배출해야 역량을 발휘할 수 있습니다. 특히 계엄이 존재하던 그 시기에 문화교육 홍법은 쉽지 않은 일이었습니다. 저는 사회의 학교와 왕래하는 관계가 되길 희망했습니다.

난관 돌파

당시 이란 출신의 젊은 학생 정수웅 군은 타이베이 사범전문대학(현재의 국립타이베이교육대학)에 다니고 있었는데, 모임을 결성하고 제

　　　　　　　　　　　　　　　　　　　　　　　　　　　교육

게 학교로 강연을 요청했습니다. 강연 주제도 정하고, 포스터까지 붙여 공지를 했습니다. 저는 속으로 '내 평생의 희망인 대학교 안에서 불법을 강연하게 되는구나!' 하며 매우 기쁜 마음으로 요청을 받아들였습니다. 강연 당일 이란에서 기차를 타고 타이베이에 도착해 강연할 학교로 가려는데, 타이베이 기차역에 마중 나온 정수웅 학생이 "스님! 학교에서 출가자의 교내 강연을 허락하지 않습니다"라고 전했습니다.

그 소식을 듣는 순간, 갑자기 찬물을 뒤집어 쓴 것 같았고 기운이 쭉 빠져버렸습니다. 저는 불쾌한 듯 "출가자는 학교에 들어가서 강연을 하면 왜 안 되는 것입니까?" 하고 물었습니다. 물론 당시 이 질문에는 답이 없었습니다. 그러나 불교의 인사 중 누군가 국민당의 당위원회에 가서 '성운 스님이 강연하러 캠퍼스에 들어가는 것을 막아 달라'고 청했다는 것을 저는 후일에야 알았습니다.

이 사건 후 저는 대학교 내에서의 강연은 매정하게끔 인연이 더 이상 없었습니다. 그러나 저는 포기하지 않고 이 어려움을 헤쳐 나갈 방법을 열심히 생각했습니다. 얼마 지나지 않아 저는 일본 도쿄대학의 저명한 미즈노 고겐(水野弘元) 교수를 타이완으로 초청해 강학을 부탁했습니다. 그는 일본 출가자의 한 사람이자 국제사회에서도 유명한 불교 학자였습니다. 저는 타이완대학에 연락하여 "미즈노 고겐이라는 일본 교수가 계신데, 그쪽 대학에서 초빙해 강연을 해도 될까요?"라고 물었습니다. 타이완대학에서는 듣자마자 국제적으로 저명한 학자를 초빙하겠다니 매우 환영한다는 의사를 표시했습니다. 그래서 저는 미즈노 고겐 교수를 모시고 타이완대학에서 강

타이완대학 총장 이사잠李嗣涔 선생의 초
청을 받아 타이완대학 교양교육포럼에서
'나의 학사과정'이란 주제로 강연하는 성운
대사(2010.12.7).

연을 한 차례 가졌습니다. 그는 일본에서 스님이지만 복장은 늘 현
재 재가자들과 비슷하게 입고 있습니다. 그러나 스님을 데려와 타이
완대학에서 연설하게 한 저는 속으로 '드디어 내가 어려움을 뚫었구
나' 하고 생각했습니다. 이 중요한 사건 덕분에 제 마음은 환희심으
로 가득 찼습니다.

  물론 타이완대학에서 강연하겠다는 소망을 줄곧 잊지 않고 있었
던 저는 2004년이 되어 타이완대학 정치학과 장아중張亞中 교수의
초청으로 타이완대학 법학원에서 '선문의 자각교육'이란 제목으로
강연을 했습니다. 2010년에는 당시 타이완대학의 총장이신 이사잠
李嗣涔 박사의 직접적인 요청으로 대학의 교수와 학생들에게 '나의
학사學思 과정'에 대해 강연하였는데, 처음부터 끝까지 자리를 뜨지
않고 제 강의를 들었습니다.

  당시 "저의 70여 년 인생에서 타이완대학의 교수와 학생들을 보
고 앞에서 이야기할 수 있다니 마음 깊이 커다란 영광이라 생각합

니다"라고 말했던 기억이 납니다. 제 일생의 학사學思 과정은 사찰에서 이뤄졌던 전통적인 교육이 전부였지만, 마음은 더 넓고 크다고 말할 수 있습니다. 그러나 팔십에 가까운 인생을 몇 마디 말로 이야기하기는 어렵기에 저는 10년을 한 시기로 잡아 다음과 같이 정리하였습니다.

첫 번째 10년은 1세에서 10세까지로 '성장 시기'라 이름 붙였습니다. 두 번째 10년은 10세에서 20세까지로 '학습 시기'라 이름 붙였습니다. 세 번째 10년은 20세에서 30세까지로 '참학 시기'라 이름 붙였습니다. 네 번째 10년은 30세에서 40세까지로 '문학 시기'라 이름 붙였습니다. 다섯 번째 10년은 40세에서 50세까지로 '역사 시기'라 이름 붙였습니다. 여섯 번째 10년은 50세에서 60세까지로 '철학 시기'라 이름 붙였습니다. 일곱 번째 10년은 60세에서 70세까지로 '윤리 시기'라 이름 붙였습니다. 여덟 번째 10년은 70세에서 80세까지로 '불학 시기'라 이름 붙였습니다. 이렇게 여덟 단계로 나눴으며 모든 시기가 제게 깨달음을 주고 얻은 바도 많았지만, 저의 학사 과정은 분명히 이런 상태로 천천히 발전했습니다.

타이완대학에서 가진 이 강연을 전후하여 다른 대학에서도 강연을 해 달라고 요청이 들어왔습니다. 문화대학에서도 저를 초빙하여 인도문화연구소 소장을 맡기도 했고, 타이중의 동해대학에서는 저를 인문학과의 객원교수로 초빙도 하였습니다. 저는 불법이 곧 캠퍼스로 들어갈 날이 멀지 않았음을 느꼈습니다. 그러나 당시 불교계의 분위기는 교육계를 향한 '불교 관리'의 일정한 계획과 방침이 서 있지 않았으며, 사찰에서의 행사만 중시하고 '교육계'라는 카테고리에 전혀 주목하지 않았습니다.

과거에는 사찰이 곧 총림이었습니다. 총림은 본래 학교입니다. 고대로부터 사찰에서 공부한 문인학자들이 매우 많았습니다. 유협劉勰·소명태자昭明太子·유우석劉禹錫·범중엄范仲淹·여몽정呂蒙正·증공曾鞏·왕안석王安石·왕양명王陽明 등과 같은 이가 바로 그들입니다. 근대에 들어와서는 양수명(梁漱溟, 1893~1988)·조박초(趙樸初, 1907~2000) 등 걸출한 인사들이 사찰의 장경루를 빌려 공부하였지만, 출가승에게 의탁하여 스승으로 삼지는 않았습니다. 사찰에서 공부하고 공명을 얻은 뒤에 관직에 나가 승승장구하였지만, 불교와 왕래하면서 출가자를 방외지교方外之交로 삼았습니다. 많은 교수들께서 저와 방외지교를 맺은 인연으로 저는 다시 대학을 설립하겠다는 생각이 고개를 들기 시작했고, 건학의 초보적인 관리 형태에 대해서 제 마음에는 이미 계획이 서 있었습니다.

저는 정부에 학교를 설립하겠으니 허락해 달라는 신청서를 제출한 적이 있었습니다. 심지어 저는 장경국 총통 앞에서도 불교를 위한 대학을 하나 설립하고 싶다고 요청했습니다. 보인輔仁대학, 동해東海대학, 중원中原대학, 동오東吳대학, 정의靜宜대학 등 기독교나 천주교 모두 대학을 설립하였는데, 불교신앙 인구가 가장 많은 타이완에 불교에서 세운 대학 하나 없다는 것은 전 세계 화인華人의 마음을 하나로 이끄는 데 아픈 손가락이나 마찬가지였습니다. 만일 불교에서 대학을 설립하면 화인의 자녀가 해외에서 돌아와 수학할 수 있으니, 이것은 국가로 볼 때 커다란 이익이자 플러스 요인이 됩니다.

그러나 장경국 선생은 제 의견을 듣고도 어떠한 회신도 없었으니, 불교에서 교육기관 설립은 여전히 어렵다 생각했습니다. 그때 정부 교육청은 자주 불광산에서 각종 교육 활동을 개최하거나 또는 교장 초청회의 등을 열었지만, 저는 늘 기꺼운 마음으로 불광산의 전각이나 적합한 장소를 그들이 사용하게 내어주었습니다. 또한 조산회관에서 그들이 숙식할 수 있도록 제공해 주니, 그들은 여기를 항상 학술회의 하는 장소라고 생각하는 듯했습니다. 이러한 관계 덕분에 저는 진탁민陳倬民 교육청장과 알게 되었고, 불교를 위해 대학을 설립하고 싶다는 우리의 생각을 그에게 꺼냈지만, 그는 듣고 난 뒤 아무 말 없이 돌아갔습니다. 몇 년이 지나고 그가 또다시 불광산을 방문했을 때 저는 다시 대학 설립 추진을 꺼냈습니다.

"제가 이미 대학 설립 인가를 내주지 않았습니까?"

"아니요. 저는 대학 설립 허가 동의서를 전혀 받은 적이 없습니다."

"화범대학이라고 있지 않습니까? 제가 비준했어요!"

"아! 그것은 소운曉雲 스님입니다."

"아이고! 제가 소운 스님을 스님으로 착각했군요. 정말 죄송합니다."

이 역시 하나의 에피소드가 되었습니다.

학교 부지 개간

교육부에서 사립대학 설립을 제한하던 시기가 있었습니다. 대학설립의 꿈은 또다시 멈춰야 했습니다. 개산한 뒤 9년 째, 그러니까 1977년에 불광산은 보문고등학교를 세웠지만 저는 여기에 만족할수 없었고, 불교를 위해 반드시 대학을 세우겠다고 서원했습니다. 그 뒤에 민간에서 대학을 설립할 수 있도록 정부가 다시 규제를 풀자, 저는 이번이 기회라 생각했습니다.

교육부에서도 먼저 학교 이름을 정하는 것에 동의했기에 저는 '불광대학'이라 이름 지었습니다. 원래 저는 가오슝에 대학을 설립하려했습니다. 당시 가오슝현의 전 현장이신 여진월영余陳月瑛 여사께서우리를 위해 적극적으로 부지를 찾아다녔습니다. 그녀는 설날에도쉬지 않고 시간이 날 때마다 우리와 함께 가오슝 여기저기를 돌아다니며 적당한 부지를 물색할 정도였습니다. 심지어 가오슝현 의회 의장과 의원 모두를 불광산으로 초대해 가오슝에 대학을 설립하는 데동의와 협조를 이끌어내도록 도와주었습니다.

당시 의장이신 오주혜吳珠惠 씨는 제게 말했습니다.

"현재 학교 설립을 위한 부지를 찾는다 해도, 정부의 협조나 보조가 없으면 모두 직접 구입해야 합니다."

"구입은 문제가 안 되는데 제가 살 수 있는 부지가 어디 있을지 모르겠습니다."

"런우(仁武)에 있습니다. 지금의 노인 인애의 집 부근(현 국립가오슝 제1과학대학 부지 근처)에 있습니다."

그러나 그는 토지 한 평의 시세가 3만 원이나 간다고 했습니다. 저는 제가 잘못 들은 것이 아닌가 싶었습니다. 산비탈의 그 땅이 한 평에 3만 원이라니…. 대학을 설립하자면 적어도 30헥타르의 토지는 필요한데. 그러나 제 계산으로는 전 재산을 쏟아 붓고 불광산까지 팔아도 대학의 절반 토지도 살 수 없었습니다. 대학 설립의 희망이 또다시 사라지는 듯했습니다.

다시 얼마 지나지 않아 이란 자오시향(礁溪鄉)의 향장 진덕치陳德治 선생이 "자오시향에 부지가 있는데 대학 설립을 하시겠다면 언제든 환영합니다. 60헥타르 정도 되는데 2억 원만 있으면 가능할 것 같으니, 스님께서 부지를 매입해 학교를 설립하는 데 문제가 없을 것입니다"라고 연락이 왔습니다. 저는 이 소식을 듣자마자 북쪽에 불광대학이 있고, 남쪽에 불광산이 있으니 이것도 괜찮고, 좋은 기회라고 생각했습니다. 저는 예정대로 진 향장이 이야기했던 그 부지를 살펴보러 갔습니다. 그곳은 숲이 우거지고 잡초가 무성해 어디서부터 어디까지인지 구분할 수가 없는 산비탈이었습니다. 그러나 저는 좋고 나쁘고 상관하지 않고 일단은 매입하고, 나중에 다시 어떻게 해보자 생각했습니다. 그래서 2억을 들여 60헥타르의 산림을 받았으니 지금의 불광대학 소재지입니다.

당시 타이완은 산비탈 지역의 관리, 수토水土 보존 등의 조례가 매우 많고 엄격했습니다. 저는 자그마치 10년의 시간과 10억 원 넘게 지출하며 수토 보존 및 대지 공사를 진행하고, 배수로와 교량 건설 등을 했습니다. 정부는 줄곧 지상건물을 세우는 심사에서 통과시켜 주지 않아 지상에는 기와 하나 벽돌 하나 보이지 않았지만, 대학을 세운다는 소리가 전해지자 사람들은 끊임없이 "대학이 어디 있어요? 대학은요?" 하고 질문했습니다. 대꾸할 힘도 없고, 대답하기도 어려웠습니다. 다행히 과거 르웨광(日月光) 그룹의 설립자인 장요굉영張姚宏影 여사가 5천만 원을 대학 설립에 쓰라고 내준 적이 있었지만 저는 거절했습니다.

"안 됩니다. 제가 대학을 설립하면 그때 받겠습니다."

"안 될 말씀입니다. 그때 가서 제가 돈이 없으면 어떻게 드립니까?"

"그래도 안 됩니다. 돈은 기부해 주셨는데, 제가 대학을 여전히 설립하지 못하고, 그때 가서 대학이 어디 있냐고 물으면 제가 뭐라 말씀드리겠습니까? 그러니 당신의 성의는 제가 학교를 설립할 때 받을까 합니다."

물러나지 않다

1996년 마침 황중천黃中天 선생이 자이(嘉義)에 남화공학 단과대학을 세우겠다고 교육부에 신청서를 제출했고, 이미 건설허가 등기증명까지 받은 상태였습니다. 그는 제가 가서 학교만 건설하면 바로 수업을 할 수 있다며 제게 양도하겠다고 했습니다. 저는 흥분을 감추지 못했습니다. 북부의 불광대학은 환경보호를 위한 행정신청을 천천히 진행하고, 50헥타르 정도 되는데다 이미 허가증이 있는 남화의 이 부지를 인수하는 것도 괜찮을 것 같았습니다. 부지 옆에 일부 있었던 농지도 불광산 명의로 우선 매입했고, 장차 대학에서 필요하다면 다시 대학에 기부하기로 했습니다. 그래서 우리는 남화대학을 인수하는 데 서명했습니다.

인수한 시점이 마침 설 전후라, 우리는 곧바로 다시 교육부에 대학생 모집을 신청하였으며, 같은 해 가을에 개학(타이완의 새 학년은 9월에 시작된다)하여 수업을 시작할 수 있기를 희망했습니다. 이렇게 해서 저는 한꺼번에 대학 두 곳을 설립했습니다. 그때에는 정말 준비하는 데 매우 힘들었습니다. 당시 교육부에 가을 학기 학생모집 신청을 하자 곧바로 차장이 시찰을 나왔습니다.

"여기에 교실이라곤 하나도 찾아볼 수 없는데 9월에 학기를 시작한다니, 꿈도 참 야무지십니다."

"차장님! 우리 신청을 비준해 주시기만 하면, 학교건물의 건축 및 9월 학기 학생모집까지는 걱정하지 않으셔도 됩니다."

"그래도 저는 믿지 못하겠습니다."

학교부지가 있고 학교건물도 건축을 시작했지만, 당시 우리에게는 적합한 총장 인선이 시급했습니다. 공붕정龔鵬程 당시 중국위원회 문교처 처장을 소개받았는데 우수한 인재라고 했습니다. 저는 듣기는 했어도 그를 모르는지라, 고속도로를 달리면서 그에게 전화를 걸었습니다. 그리고 그에게 남화대학의 총장직을 맡아주시겠냐고 청했습니다. 이런 저의 청에 그도 흔쾌히 허락했습니다. 우리는 이렇게 전화로 총장인선을 결정지었습니다.

한편으로 제 마음에는 자격을 갖춘 교수를 구하기 어렵지만, 수많은 교수가 오더라도 학교설립에 관한 저의 이념을 모두가 다 이해하고 찬성하는 것은 아닐 것이라는 생각이 들었습니다. 그래서 공붕정 교수에게 먼저 소규모 대학원부터 설립하자고 이야기했습니다.

그해 9월 남화대학의 교사동·교실·도서관 등 대학에서 필요한 기초적인 규모를 모두 갖추었습니다. 저는 당시 부총통 연전連戰 선생의 부인이신 연방우連方瑀 여사께 개교 테이프 커팅을 부탁드렸습니다. 드디어 남화대학이 먼저 개학함으로써 오매불망 기다리며 대학 설립에 도움을 주신 신도와 공덕주, '백만인흥학위원회百萬人興學 委員會'에게 제가 약간이나마 보답을 한 셈이 되었습니다.

그때 저는 정말 한시도 지체할 수 없는 심정이었습니다. 특히 한마음으로 불교를 위해 대학을 설립하고 싶었지만, 불광대학의 건설이 요원하기만 하고 줄곧 수토 보존 문제로 행정상에 발이 묶여 있는 상태였던지라, 이런 기회가 생겼으니 먼저 남화대학을 설립한다면 사회와 신도, 교육에 뜻을 지니고 학교설립을 도와주신 여러 공덕주들께 약속드렸던 바를 조금이라도 돌려드릴 수 있을 것이라 생각했습니다. 저는 평생 신용을 강조하고 물러나지 않는 성격입니다. 그래서 저는 사회에서 함께 일하고 노력한 사람에게는 신뢰를 주고, 관리에 있어서는 '신용'이 중요하다 생각해 왔습니다.

대학 설립 후 운영을 시작하자 학생 모집·재무·관리 등 이른바 '7가지 대사大事'가 자연스럽게 따라왔습니다. 자이현 다린진(大林

불광대학 내에 위치한 불광산 백만인흥학기념관百萬人興學紀念館

鎭)에 자리한 남화대학은 멀고 외지고, 구불구불한 도로 때문에 외
부에서 들어오려면 교통이 불편했습니다. 당시 학생이 모집되기만
을 바라며, 저는 남화대학에 입학하는 학생이라면 누구나 4년간 학
비와 기타 잡비를 받지 않겠다고 선포했습니다. 이러한 혜택을 주는
방식으로 저의 학교가 문을 열고, 성장해 나갈 것이라 생각했습니
다. 그러나 저의 훌륭한 벗인 고희균 교수는 다른 생각을 가지고 있
었습니다. 대학은 구호 단체가 아니니, 학교의 질을 높이는 데 더 신
경 쓰고, 학비와 잡비는 그대로 받아야 한다고 말했습니다. 그렇지
만 이미 말을 뱉은 상태니, 저는 신용을 지켜야만 했습니다.

처음 제 의도는, 개교 첫해에 입학하는 학생에 한해 여기에서 4년
간 무료로 공부를 하게 해준다는 것이었습니다. 뜻밖에도 모두들 개
교하고 나서 4년 동안 남화대학에서 무료로 공부할 수 있다는 것으

로 해석했습니다. 그 말을 듣고는 제가 그럴 능력이 안 된다는 것은 알지만 마지못해 받아들이기로 했습니다. 그래서 초기 4년 동안 저는 학비를 받지 않았습니다. 나중에 학교에서는 다시 제게 "스님께서 4년간 학비를 받지 않겠다고 하셨습니다. 두 번째·세 번째·네 번째 해에 학생을 모집하면 매년 천 명 이상의 신입생이 들어올 것 같습니다. 4년이면 대략 6, 7천 명의 학비를 매년 면제해야 합니다"라고 이야기했습니다. 한순간 저는 비참해졌습니다. 사실대로 말하면 이 대학의 짐을 짊어지기도 버겁고, 계속해 나갈 힘도 제게는 없었습니다.

대학 설립 후 흡사 깊은 구덩이를 메우는 듯 끝이 없는 지출은 1인당 매월 백 원씩 도와주시는 '백만인홍학' 운동이 있기에 가능했지, 저 혼자서는 수십억에 달하는 재무를 감당하기 버거웠을 것입니다. 설령 불광산의 모든 재물을 이 구덩이에 다 가져다 메운다 해도, 심지어 불광산을 빈털터리로 만들어도 부족할 정도였습니다.

얼마 지나지 않아 불광대학도 개교했고 이렇게 두 대학의 강의실·기숙사·운동장 등의 건설에 이미 수억 원을 지출한 것을 제외하고도 매년 두 대학의 경상경비 예산으로 수억 원 이상 들어갔습니다. 20년 동안 저는 두 대학을 위해 계속 노력했고, 불광산 역시 따라서 말할 수 없는 고난을 겪었다고 할 수 있습니다. 그러나 제가 진정으로 불교를 위해 대학을 설립했다는 이 기쁨은 지난날의 고난을 말끔히 잊게 해주었다 말할 수 있습니다.

'뜻이 있으면 반드시 일을 이룬다'는 말처럼, 두려워하지 말고 어려움에 직면하면 해결책을 생각해 내는 것이 관리입니다. 교육이 발전하려면 정책이 있어야 하고, 교육에 장기적인 비전을 세우려면 계획이 있어야 합니다. 그래서 저는 대학 설립 초기 건학교육은 불광산을 '빈곤'하게 만들어야 한다고 제기했습니다. '빈곤'은 불광산 제자들이 수행하는 데 어느 정도는 도움이 될 것입니다. 빈곤하기에 모두가 향상하고자 분발하고, 근면하게 노력하고, 나태하지 않고 정진하며, 높은 목표를 위해 힘쓰고, 발심하여 사찰을 더욱 빛낼 것입니다. 빈곤하지 않으면 이러한 역량이 어디에서 생겨나겠습니까? 더구나 제가 제창한 '백만인홍학' 운동에 수십만의 신도가 응답하여 매월 백 원씩 기부하여 메워준 덕분에 이렇게 평안하게 곤경에서 벗어날 수 있었습니다. 저도 학교의 교수들께 백만인홍학의 어려움과 고생을 양해해 주시길 바란다고 전했고, 학생에게도 은혜에 감사하는 마음으로 열심히 공부하라 끊임없이 당부했습니다. 그리하여 남화대학은 '혜도중류慧道中流'의 건학이념을 수립하였고, 불광대학은 '의정도자義正道慈'의 건학이념을 수립하여 도덕군자·성현·사대부를 길러내고 있습니다.

이밖에도 모두가 이 일필자一筆字로 저를 도와 '공익신탁교육기금公益信託教育基金'을 설립해 주어 늙고 몸도 불편한 제가 여전히 '일필자'로 모두와 인연을 맺을 수 있습니다. 이 모두가 대학 발전에 매우 중요한 사건이며, 이런 것들은 또한 관리에서 영감을 받은 것입니다.

저는 어느 단체이든 사람이나 처세에 있어 관리상 모두 방침을 정해야 하고, 모두가 서로 공통된 인식을 가지고 이해해야 한다고 느낍니다. '공생공영共生共榮'이야말로 적은 노력으로 많은 효과를 얻을 수 있고, 어느 정도 성취될 수도 있습니다.

지금까지도 저는 총장 인선에 대해서는 매우 신경을 쓰고 있습니다. 과거에는 건학 경험이 풍부한 성공대학의 전 총장 옹정의翁政義 선생을 초청했고, 그가 퇴직한 뒤에는 다시 불광대학 총장을 맡겼습니다. 또한 사랑이 가득하고 낙관적이고 적극적이시며, 교육에 대한 이념도 있고 담력도 있으신 전 교육부장 양조상楊朝祥 선생에게 청해 불광대학 총장을 맡겼습니다. 그 후에도 교육부 차장을 지낸 임총명林聰明 선생을 적극 초빙하여 남화대학 총장을 맡겼습니다. 유망하고 사상적으로 뚜렷한 주장을 가지신 많은 총장들과 교수진의 협조 아래, 출생률이 점점 줄어드는 저출산 사회 속에서도 드디어 매 학기마다 저는 두 대학에 들려오는 "신입생 정원이 꽉 찼습니다"라는 희소식을 듣게 되었습니다.

비록 건학 과정은 힘들었지만, 정신적으로 심리적으로 저들의 진지한 건학 노력 덕분에 저는 무엇과도 비교할 수 없는 기쁨과 위로를 느꼈으며, 또한 불교를 대신해서 광영을 느꼈습니다.

해외 건학

타이완에서 불광대학과 남화대학을 세운 뒤, 처음으로 세운 분별원은 미국의 서래사西來寺입니다. 서래사 건설 초기, 우리는 많은 교실을 준비해 외국의 청년과 아동들이 중화문화를 이해할 수 있는 곳이 되길 희망하는 뜻에서 '중화학교'라고 지었습니다. 당시 캘리포니아 대학에서 박사과정까지 밟은 장유주張幼珠라고 하는 한 젊은 여성

불자가 있었는데, 제게 거듭 '서래대학'을 건립해도 좋지 않겠냐며 권선하였습니다.

저는 '불교를 위해 발심하여 발 벗고 나서는 이런 인재가 있구나!' 라는 생각이 들어, 자장 스님과 자혜 스님에게 서래대학 건설에 착수하게 했으며, 처음에는 미국의 서래사에 대학을 세웠습니다. 나중에 로스앤젤레스 로즈미드에서 저 멀리 샌가브리엘 산맥(San Gabriel Mountains)이 보이는 곳의 성경학교를 우리에게 양도한다는 천주교 교회의 동의를 얻어 우리는 서래대학을 정식 교육부지로 옮기고 1990년 '서래대학'이라 명명했습니다.

제가 해외에 대학을 설립하고자 했던 이유가 무엇일까요? 과거 천주교와 기독교는 동방에 와서 보인대학·성요한대학·금릉대학 등과 같은 많은 교회학교를 세웠습니다. 그런데 중국 사람이라고 미국에 대학을 설립하지 못하란 법이 없습니다. 받았는데 돌려주지 않는 것은 예의가 아닙니다. 저는 중국인을 위해 분발해야겠다는 뜻을 세웠습니다.

물론 미국에서 대학을 세우겠다는 마음을 가졌던 사람은 많습니다만 많은 사람이 성공하지 못했습니다. 그러나 저는 절대 중도에 포기하거나 무르지도 않습니다. 이것은 관리에 있어 저의 가장 기본 관념입니다. 그래서 나중에 서래대학은 수년이 걸려 드디어 미국 정부의 인가를 득하고 I-20 신청을 받아 국제적으로 학생을 모집할 수 있게 됐습니다. 그 후 또 WASC(미국서구지역 대학연맹)의 인증을 통과하여 그 일원이 되었습니다. 학생에게는 매우 커다란 보장이 생긴 것입니다. 이 20년 동안 정부와 오가며 대처하느라 시간을 소비하긴 했어도, 오늘날 서래대학은 중국인이 미국에 설립한 유일하고도 세계가 인정한 대학이 되었다고 말할 수 있습니다.

　서래대학은 시작 당시엔 제가 이사장을 하고 심지어 총장까지 겸임했지만, 현재는 미국 국적의 인사가 총장을 맡고 학교관리도 관장하고 있습니다. 게다가 건학과 관련된 미국의 많은 전문 인사들이 이사회에 참여하여 함께 노력하고 있습니다. 이제는 저도 늙었고 교육은 백년지대계라 하였으니, 현명하고 능력 있는 사람을 선출해야 합니다. 그래서 저는 고진보辜振甫 선생의 둘째 따님이신 고회잠辜懷箴 여사에게 이사장을 맡겼고 만장일치로 통과되었습니다. 고회잠 여사는 조정잠趙廷箴 선생의 며느리이자 조원수趙元修 선생의 부인입니다. 원래 교육 분야를 전문적으로 연구하셨는데, 현재 서래대학 이사장을 맡고 있으니 실질적으로 타당한 인선이라 봅니다. 저는 서래대학이 장차 국가를 더욱 빛내줄 것이라 생각합니다.

　서방의 교육 관리 이야기가 나왔으니 말인데, 서양은 자유를 숭상하고 개방적이며 다원화된 사회여서 많은 동양 학생이 서방사회를 동경합니다. 그래서 우리 서래대학에 입학하는 것도 디딤판 정도로 여기고 먼저 1, 2년 공부한 뒤 다른 유명 대학으로 전학을 합니다. 사정이 이렇다 해도 저는 기꺼워합니다. 그 이유는 무엇이겠습니까? 결론적으로 우리는 건학 초기의 학교이니, 쭉쭉 뻗어나가고 있는 대학이나 예일·하버드처럼 백년 역사를 지닌 미국의 다른 유명 대학과 비교할 수 없습니다. 그러나 저는 꾸준한 의지를 가지고, 정정당당하게 관리하고, 공정하고 공개적이고 공평하기만 하다면 미래에 중국인이 미국에 세운 쭉쭉 뻗어나가는 대학이 될 수도 있다고

서래대학 개교 15주년 경축행사에서 성운대사(오른쪽에서 세 번째)와 랭카스터
총장(오른쪽에서 네 번째) 등과 함께 개막식 테이프 커팅을 진행하고 있는 여러
인사.

믿습니다. 반드시 불가능한 것만은 아닐 것입니다.

　현재 우리 서래대학의 총장은 미국인 스티븐 모건(Stephen Morgan)
박사가 맡고 있습니다. 20여 개국의 국가에서 학생들이 오고 있으
며, 특히 현재는 현지 미국 젊은이들을 더 많이 모집하고 있습니다.
물론 서양국가에서 건학한다 해도 자본이 들어가고 경비를 지출해
야 하는 것은 마찬가지입니다. 돈이 없으면 대학은 세울 수 없습니
다. 관리에는 방법과 방향이 필요하지만 실질적인 힘은 돈이 있어야
하고, 담대함이 있어야 하고, 능력이 있어야 합니다. 이 모든 것에는
여러 인연이 모아져야만 합니다.

불광산의 교육

현재 사회적 교육에서 저는 남화대학·불광대학·서래대학·호주의 남천대학·필리핀의 광명대학 등 5곳의 대학을 설립했습니다. 우리 교단 안에서는 아직도 승가대중의 교육을 우선으로 합니다. 그러므로 불광산 내부에는 '총림학원'이라 부르는 교육기관이 있고 사부대중 제자가 모두 있으며, 수십 개 국가와 지역의 학생들이 참여하여 이곳에서 수행을 하고 있습니다.

학생에 대한 저의 관리 이야기가 나왔으니 말인데, 한번은 성적이 비교적 훌륭한 학생 한 명이 미국의 피겨스케이트 팀이 가오슝에서 공연한다는 소식을 듣고 "원장님, 피겨스케이트 공연단의 공연을 보러 가오슝에 가야 하니 하루 휴가를 내고 싶습니다. 못 보면 평생 후회할 것 같습니다"라고 말했습니다.

4, 50년 전의 불교대학에서 학생이 공연을 보러 외출하겠다고 말한다면 보통 사람은 황당하다 생각할 것입니다. 제가 거절하면 스케이트 공연을 보러 갈지언정 총림학원에 있지 않겠다며 공부를 안 하겠다고 할 수도 있을 것이라 생각되었습니다.

저는 그에게 "그렇게 말할 것 없다. 나 대신 가오슝에 가서 문구를 좀 사와야겠다. 선생님들한테도 나 대신 문구를 사러 가오슝에 간다고 이야기하려무나. 이것은 차비할 돈이고, 저녁 9시 전에는 꼭 돌아와야 한다"라고 말했던 것으로 기억합니다. 이렇게 학생의 외출과 학원 규율과의 문제로 학원이 떠들썩하지 않고 소리 소문 없이 해결하였으며, 그 학생도 원하는 바를 이루었습니다. 이른바 다른 사람에게 기쁨을 주고 만족을 주라 했지만, 관리학 측면에서 이 정도의 편리는 줘도 괜찮다 생각합니다.

때로 학생들은 시험을 준비하며 밤을 새우기도 합니다. 대부분 불감(佛龕: 불상을 모신 작은 방이나 집) 아래에 웅크리고 공부를 하는데, 관리하는 선생님은 봐주지 않고 학생들에게 어서 침대로 돌아가라 다그칩니다. 원래 밤새우는 일이 크게 책망할 일은 아니라 생각합니다. 우리도 어릴 때, 내일 시험이 있다면 오늘밤 밤새우고 싶지 않았던가요? 사람 마음은 다 한가지라 누구나 이럴 것입니다. 더구나 무슨 위법을 한 것도 아닌데 편리를 좀 봐주면 어떻습니까. 그래서 많은 학생들이 불감 아래서 공부하고 있을 때 저는 문 밖에 서 있다가 밤새우는 학생들에게 안심하고 책을 보도록, 아무런 스트레스를 주지 않도록 순찰하던 선생님들이 오면 그들을 돌려보냈습니다. 이러면 서로 편안하고 아무 일도 없지 않겠습니까?

문제가 없으려면 문제를 만들지 않아야 하고, 문제가 생겼으면 그것을 보이지 않게 만들어야 합니다. 저는 이것이야말로 관리라 생각합니다.

또 다른 일화입니다. 중학교를 막 졸업하고 우리 총림학원의 초급반과 고급반에 공부하러 온 여학생들이 있었습니다. 그 중에는 겨우 십여 세 정도인 여자아이도 있었습니다. 선배들이 발심하여 출가하라 권유했더니 많은 여학생들이 청바지도 못 입어봤고, 나일론 스타킹도 못 신어보고, 심지어 립스틱도 아직 발라보지 못했는데 출가하라니, 정말 내키지 않는다고 아우성이었습니다.

저는 이 말을 듣고 무척 감동을 받았습니다. 이처럼 솔직하고 직설적인 것도 그들 나이 때에는 당연한 것입니다. 후에 일본이나 미국에서 홍법을 하고 돌아오는 길마다 항상 나일론 스타킹과 화장품 등을 가져다 그 학생들에게 주어 그들의 소망을 만족시켜 주었습니다. 그러나 세관원들은 이해하지 못했습니다. 특히 그 시대의 세관 검사는 매우 엄격하여 그 많은 물건을 발견하면 놀리는 듯한 말투로 "스님, 립스틱은 어디다 쓰시려고 사셨어요?" 물었습니다. 그들이 저를 놀린다는 것을 알지만, 저들이 저의 자비로운 소망을 어찌 알까 싶었으며, 이것도 그들과 따지거나 변론할 가치가 없다 생각했습니다. 이해하지 못하는 사람 앞에서 변론할 필요가 없으니 하하, 웃어넘기며 지나갔습니다. 놀림을 받긴 했지만 저의 학생들이 스타킹도 신어보고, 청바지도 입어보고, 화장품도 써보면서 그들의 삶을 만족시켜 주었으니 그것으로 족합니다.

　저는 발심·출가·수행을 하더라도 마음으로부터 우러나고, 선열의 기쁨을 누리면서 불법을 수학해야 하고, 나아가 고행과 울력·선정과 공동수행·독송과 예불 등을 수학해야만 그의 신앙이 증장될수 있고, 마음이 점차 넓어져야 현실적인 인생을 초월할 수 있고 인격이 승화될 수 있다고 생각합니다. 이와 같은 방편과 융통성의 선행 없이 단칼에 거절하면 불교에 들어오는 인재가 없을 것입니다. 또 불교 안의 학생은 세계 각지 수십 개의 국가와 지역에서 온 학생이라 나이나 생활환경이 같지 않고 언어조건 역시 다릅니다. 심지어 고등학교 졸업부터 대학 졸업·석사·박사까지 모두 있으며, 자질 역시 각기 다릅니다. 불교학원 안에서 그들은 함께 공부하고 함께 생활합니다. 자질에 따라 가르침을 달리하는 것은 매우 중요합니다.

예를 들어 어린 사미승은 놀기를 좋아하고 수업 시간에 누가 말썽을 피웠는지 선생님에게 이르기도 잘합니다. 심지어 수업 시간 내내 조는 사미승도 있습니다. 저는 선생님들에게 "사미가 잠들었다 해도 마음은 적어도 불법의 꿈속에 잠겨 있고, 자다 깨다 하는 사이 듣는 한 글자, 한마디가 어쩌면 그들 일생에 무한한 쓰임이 있을 수도 있습니다. 그래도 밖에서 떠돌며 방랑하고 나쁜 길로 빠진 아이들보다는 낫지 않습니까?"라고 이야기합니다. 선생님들도 일리가 있다 생각하며 염화미소를 짓습니다.

우리는 자질이 뛰어난 학생을 '일'과 '학습'의 병행을 통해 더욱 일찍, 더욱 광범위하게 성취시키는 육성을 해왔습니다. 불타기념관 낙성 때에 관장 한 명 외에 부관장을 다섯 명 임명했는데 젊은 항렬을 함께 뽑았습니다. 그들도 사명을 저버리지 않고 훌륭하게 해냈습니다. 제7회 불광산 종무위원회 종무위원 선거 때는 널리 젊은 세대의 제자까지 받아들여 함께 불광산의 중대한 발전 방침을 결정하는 데 참여시켰습니다. 교체가 너무 빠른 것 아니냐는 걱정으로 동의하지 않는 의견도 있었습니다.

저는 어려서부터 외할머니께서 "깨진 구리와 녹슨 쇠도 강철이 될 수 있다"고 가르쳐 주신 그 한마디를 늘 마음에 간직하고 있었습니다. 모두 '구리'와 '쇠'와 같아도 의지와 결심만 있다면 교육과정을 통해 중임을 거뜬히 맡을 '강철' 같은 인재로 단련해 낼 수 있지 않겠습니까? 배우고 익혀 더욱 성장할 젊은이의 앞길을 막을 이유가 전혀 없습니다.

불광산의 각 분야 인재들이 발전해 나가는 것을 현재 많은 사람이 찬탄하고 있습니다. 사범대에서 공부했으면 교육기관에서 일하고, 회계를 공부했으면 장부 정리 및 재무를 담당하는 것처럼, 모두가 전문 영역에서 홍법 사업을 발전시키는 것 외에도 저는 제자들에게 발심하여 기꺼이 책임을 맡으라고 격려합니다. 과거 간호학을 배웠던 제자 각념 스님에게는 방송국을 맡으라 했고, 그는 지금 인간위시人間衛視의 사장을 맡아 불법을 더 빠르고 더 훌륭하게 전파하고 있습니다. 과거 체육을 배운 혜지慧知 스님에게는 공사를 맡게 했는데 사명을 저버리지 않고 '법보'를 대표하는 불타기념관과 '승보'를 대표하는 불광산과 나란히 '삼보산'을 이루어 삼보가 원만히 구족토록 하였습니다.

불법에서는 '자각'을 강조합니다. 당신이 '기꺼이' 하기만 하면, 당신도 '할 수 있기' 때문에 기꺼이 할 수 있다는 것이 교육의 실천을 확대하였습니다.

전 세계는 우리의 교실

사람들은 늘 제게 무슨 교육이념을 가지고 대학을 설립하는지 묻습니다. 저는 분명 있다고 말합니다. 작금의 교육 이상에 관해 반드시 다음을 중시해야 한다고 생각합니다.

① 생활교육

어떤 사람의 행주좌와行住坐臥·의식주행衣食住行에 규범이 없다면 이 사람은 규칙적이지 않을 것이며, 원만하지 못할 것이며, 군자가 되지 못할 것입니다. 선문에서는 땔감을 나르고 물 긷는 것마저 모두 불법이라 강조합니다. 그러므로 공부하는 것 외에 마당을 쓸고, 밥을 짓고, 물을 길어 오고, 차를 올리는 것 등을 어떻게 잘 생활해 나가야 하는지가 모두 학생들이 장차 마주칠 경계이기에 저는 생활 속 관리가 매우 중요하다 생각합니다.

이 중에 '생生' 외에도 '활活'을 할 수 있어야 합니다. 타인과 함께 호흡하고, 눈빛으로 교류하고, 상대에게 리액션을 해주는 '활'인이 되어야 합니다. 사람을 만나면 미소 짓고, 안부를 묻고 해서 사람 사이에 온정이 충만하게 하려면 먼저 입 주위의 근육을 활기차게 해야 합니다. 활기찬 눈과 활기찬 귀로 우주만물에 다가가고, 육근을 활용하고 배양해 내는 사람은 지혜로운 말과 영민한 마음을 운용할 줄 알고 하늘과 땅 사이에서 살아갈 수 있습니다.

② 지식교육

사람은 죽어라 공부할 수 없고, 교과서에 머리만 박고 있을 수도 없습니다. 속담에 "수재秀才는 문 밖에 안 나가도 천하의 일을 알 수 있다"고 했습니다. 우리는 이것이 무엇을 의미하는지 압니다. 과거에는 신문을 가리켰지만 현재의 젊은이들은 제게 또 다른 대답을 내놓을 것입니다. 바로 '인터넷'입니다. 현재의 교육은 더 이상 교과서에만 매달릴 수 없음을 알 수 있습니다. 불교에는 '선재동자와 53선지식'이 있습니다. 출가인은 사해에 내 집 아닌 곳이 없다 했습니다. 그래서 여러 곳을 찾아 참학하는 스님을 '운수승雲水僧'이라 칭합니다.

성운대사(가운데)와 불광산 계열 대학교 총장, 남천대학南天大學 교직원, 불광산 승가대중이 함께 남천대학교 앞에서 단체사진 촬영(2015.3).

"만 권의 책을 읽고 만 리를 걷는다"고 했습니다. 저는 항상 대학교 총장들에게 우리 학생들이 2, 3학년이 되면 슬슬 대학원 진학이나 유학, 장래희망의 선택이라는 기로에 놓이게 되는데, 성적이 좋은 학생은 무상으로 해외에 내보내 이 세상을 더 접촉해 보고 심지어 국제사회로 나가게 해도 좋겠다 말합니다. 불광산은 세계 각지에 도량이 있습니다. 감사하게도 많은 총장님들께서 이 많은 자원을 활용할 줄 아셔서 여름과 겨울 방학이 되면 학생들을 위해 어느 국제적 봉사·언어 학습 어느 것이든 안배를 해주시고, 일본 본서사·호주 남천사·뉴질랜드 불광산·아프리카 남화사·유럽 법화선사 등 수많은 젊은 학생들에게 국제무대로 나아가 흉금과 시야를 넓힐 기회를 제공하고 있습니다.

심지어 미국 서래대학은 WASC 인증을 취득하였기에 현재 남화대학 또는 불광대학에서 공부하면서 동시에 서래대학에 교환학생으로 가서 공부할 기회도 있습니다. 과거의 교육은 10년 동안 고생해서 공부해도 누가 알아주지도 않지만, 현재의 교육은 지식의 습득과 업그레이드의 방법이 매우 다양합니다. 개인이 조금 더 노력하면 넓고 탄탄한 통로가 생긴다 할 수 있습니다.

③ 사상의 자유교육

우리는 불교에서 세운 학교라고 반드시 불교만 연구하라는 법은 없다는 인식을 가지고 있습니다. 신앙은 다원적이기 때문에 만일 다른 종교의 내용을 연구하고 싶다면 그렇게 해도 괜찮습니다. 전 세계에 80억 인구가 있고, 사람마다 마음속에 가진 종교도 단계가 서로 다릅니다. 심지어 80억 종류의 종교가 있는 것이고, 한 사람이 한 가지 종교를 갖고 있다 해도 괜찮습니다. 신앙은 서로 다를지라도 언제나 선함을 향하고, 참됨을 향하고, 아름다움을 향하고, 길은 여러 가지나 한 곳으로 귀결됩니다. 그래서 저는 사상은 자유로울 수 있어야 한다고 생각합니다.

특히 현재의 학술계가 신설한 과목에 대해 우리는 일찍부터 중시하고 있습니다. 예를 들어 생명철학·생태자원·환경보호에 대한 중시, 그리고 경제발전에 대해, 고대의 전통적인 서원書院 문화와 정신에 대해 중시하는 것이 당연하다 생각합니다. 우리의 승가교육은 전통불교 커리큘럼 외에 문사철학·과학·사회경제학·사회시사 등에 모두 전문가를 초빙해 수업을 받게 함으로써 학생들의 학습 영역과 견해를 풍부하게 하고 있습니다.

'영어로 독서하기'는 더 이상 꿈이 아니라, 총림학원 국제학부의 다양하고 풍부한 커리큘럼의 구체적 실현이다.

　기이하게도 우리 대학들의 총장님들께서는 모두 교육 전문가들이면서도 저를 업신여기지 않으시고 "큰스님의 교육 이념은 상당히 선진적이십니다. 지금 모두들 학습과목이 다원적 영역과 결합할 수 있고, 실질적으로 사회에 나가서 바로 쓸 수도 있어야 한다고 강조합니다"라며 이구동성으로 얘기합니다. 그래서 우리 불광대학은 서원書院 정신의 건립을 강조하고, 전통학과 외에 로하스(LOHAS: Lifestyle Of Health And Sustainability)학과를 신설해 채식학과와 결합한 양생養生, 산업매체학과와 결합한 문화 창작 등 학생이 시대에 발맞추어 갈 수 있게 했습니다. 남화대학은 교육부로부터 생명교육센터의 설립 인가를 취득해 각 학교에서 생명교육을 전파시키고, 모든 학생들의 마음에 환경보호를 제고시키고 있습니다.

④ 인격교육

학생들은 극심한 경쟁사회 속에서 몹시 애쓰고 있습니다. 젊은 제자들이 늘 저에게 신문의 교육면과 사회면을 읽어주고 난 뒤, 종종 혼잣말로 탄식하곤 합니다.

"에휴! 졸업하면 곧 실업자가 되는구나."

"누가 봐도 학력이 너무 좋은데…."

그래서 저는 학교 졸업식에서 졸업생들의 격려사 요청을 받으면 늘 "타인이 나를 받아들이게끔 해야 한다"는 말을 해줍니다.

누구나 공부를 한 단계 마치고 나면 자신이 가진 재능을 펼쳐 보이고 싶고, 순조로운 인생과 꿈꿔왔던 직업을 갖길 기대합니다. 그러나 타인과 서로 어울리며 교류하는 정확한 통로를 찾지 못하기도 합니다. 사실 장차 사회에 나가 일하면서 타인에게 믿음을 주고, 기쁨을 주고, 희망을 주고, 편리함을 주는 '사급四給'을 실천해야 합니다. 타인에게 먼저 기꺼이 내어주어 타인에게 받아들여지고 인정받아야 더 발전할 기회도 자연스럽게 생깁니다.

우리 졸업생은 더 깊이 있는 연구를 하든, 사회에 진출하든 학습은 계속 이어가고 부단히 발전하려 노력하길 바랍니다. 이것이 바로 제가 대학을 세운 큰 소망입니다.

교도소

고난에 찬 사람에게 더욱 필요한 불법

교도소에 관한 관리학에 있어 저는 동정의 관리를 하고, 위로의 관리를 하고, 격려의 관리를 하며 미래에 대한 무한한 희망을 갖게 하였습니다. 욕하고 때리고 형구를 사용하는 관리가 아니라, 마음에서부터 그들과 연결고리를 만들려 했으며, 부득이 법외法外 인정人情의 관리를 연구해야만 했습니다.

들어가는 말

민국 42년(1953) 초에 타이완으로 온 뒤로 상주하는 곳이 정해지지도 않았지만, 우리의 참여가 꼭 필요한 곳이 하나 있었으니 바로 교도소의 불법 강연이었습니다. 당시 각지에 있던 교도소에는 수감자가 너무 많아 문제였습니다. 교도소에 있으면서 대다수의 몸과 마음은 허공에 붕 떠있듯 의지할 곳이 없었습니다. 교도소 측의 관리자도 종교가 교도소로 들어와 인심을 어루만져 주고 수형자를 관리하는 자신들에게도 도움이 될 수 있기를 희망했습니다.

당시 정부는 기독교가 교도소에서 선교 활동하는 것만을 허락하고 있었습니다만, 불교는 아직 아니었습니다. 나중에 정부가 생각을 바꿔 불교도 교도소에서 선강宣講할 수 있게 해주어 그때부터 출가자와 거사가 불법을 강연하며 수형자의 인생관을 인도하게 되었습니다. 그래서 배운 바에 한계는 있었고, 당시엔 출가자가 타이완에서 방부를 들이기가 쉽지 않았지만, 교도소에서는 우리를 매우 환영했기에 교도소 포교가 오히려 쉬웠습니다.

교도소 포교가 상황에 따른 설법을 연습하는 기회가 되어주기에 저는 절대 사절하지 않았습니다. 이란 교도소에서 시작하여 타이베이 교도소·신주 교도소·화롄 교도소·여자 교도소·군대 교도소, 그리고 타이완 전국 각지의 구치소·수용소까지 안 가본 곳이 없을

교도소

정도였고, 심지어 약물보호감호소-명덕계치반明德戒治班 등 감화시킬 수 있는 장소라면 어디라도 강연에 참여했습니다.

교도소에서 홍법 포교한 인연 덕분에, 저는 수형자에게 늘 특별히 믿음을 주고 좀 더 관심을 주었습니다. 단오절이 다가오면 저는 신도들을 움직여 쫑즈(대나무잎밥: 중국에서 단오절에 먹는 절기음식)를 구입해 교도소로 찾아가 그들과 인연을 맺었으며, 추석이 되면 저는 또 신도들과 월병을 구입해 교도소의 수형자들과 함께 명절을 보냈습니다. 당시 저는 교도소에서 매우 환영받는 강사 중의 한 사람이었습니다. 심지어 정부에서 저를 교도소 교회사教誨師로 임명하기까지 했습니다.

여러 차례 강연한 후에 저는 교도소의 수형자들에게 동정하는 것 말고, 직접 사형수 또는 중범죄자와 개별 접촉해 그들에게 인생에 대해, 삶과 죽음에 대해, 장래에 대해, 생명에 대해 좀 더 이해할 수 있게 해주고, 정확한 인생관을 갖게 해주며, 더 나아가 생명을 변화시켜 생명의 가치를 발휘하게 해줄 수 있기를 희망하였습니다.

저는 투청(土城) 구치소에 가서 사형수와 일정 시기 동안 접촉하였고, 홍콩에서도 사형수와 이야기를 나눠보라고 여러 차례 요청했던 적이 있습니다. 그들은 저를 헬리콥터에 태우고 사형수들만 수감된 츠주(赤柱) 교도소에 보내 불법을 설하게 했습니다. 안타깝게도 당시 저는 수감자들이 또 한 번의 상처를 받게 하고 싶지 않아서 그들이 서술한 범죄의 과정을 기록하여 책으로 남길 생각을 못했습니다. 그렇지 않았다면 오늘날 경찰이 젊은이들에게 쉽게 법률과 법치의 희생양이 되지 말라고 권고하는 참고서로 삼을 수도 있었을 것입니다.

타이베이 교도소의 사형수 소건화蘇建和 등 세 젊은이와 저는 여러 차례 접촉을 했습니다. 20여 년 후에 그들은 무죄 석방되어 불광산으로 저를 찾아와 주기도 했으니, 수감자들에게도 정과 의리가 있음을 알 수 있습니다.

한번은 화렌 교도소에서 홍법 강연을 하는데, 10년 이상 된 2천여 명의 중범죄자들 모두 젊고 팔팔한 청년들인 것을 보는 순간 울컥 감정이 격해지며, "당초 여러분들이 저를 따라 출가하여 승려가 되었다면 우리 불교는 여러분들로 인해 더욱 빛났을 것인데, 여러분들은 어찌하여 범죄를 저지르고 여기에서 이렇게 중형을 받고 있습니까?"라고 말했습니다. 저는 자신에게도 희망이 있음을 그들이 알게 해주고 싶었습니다.

수년 동안 강연을 이어오며, 수감자들의 정과 의리도 함께 자라는 것을 느낄 수 있었습니다. 설이 지나고 저는 우연히 수감자가 보내온 홍빠오(돈을 담는 붉은 봉투: 우리나라의 세뱃돈과 같은 중국의 풍습) 하나를 받았습니다. 수십 년 전이라 겨우 20~30원에 불과한 것이지만, 그 무엇보다 진귀한 것이라 말할 수 있습니다.

또 한번은 제가 기차를 탔는데 앉을 자리가 없었습니다. 그때 "스님, 여기 앉으십시오"라며 한 젊은이가 일어나 자리를 양보했습니다. 저는 '내게 왜 이렇게 과분한 친절을 베풀까?' 생각하고 있었는데, 그는 "제가 ○○교도소에서 스님께서 불법을 강연하시는 것을 들은 적이 있습니다"라고 말했습니다. 그래서 저는 교도소 포교에 더욱 열과 성의를 다하였습니다.

교도소

교도소에서 막 출소한 사람을 사회 일반인들은 잘 받아들이려 하지 않습니다. 이것은 그들의 마음에 커다란 상처를 남기는데, 심지어 범죄를 다시 저지르게 할 가능성도 있습니다. 그래서 저는 당시의 료정호廖正豪 법무부장에게 수형자들이 사회로 다시 나아가기 위한 '중간집' 역할을 하도록 사찰 두 곳을 내놓겠다고 밝혔습니다.

그들은 수감 기간 동안 이것은 안 되고 저것은 안 되고, 여러 가지 해서는 안 된다는 교도관의 명령식 교육과 관리를 받다보니 가슴에 원망만 쌓이게 됩니다. 만일 재소자가 석방 3, 4개월 전에 우리 불교에서 그들에게 조정할 시간을 갖게 하여, 그들이 사찰에 오면 사찰에서는 그들에게 이렇게 해도 되고 저렇게 해도 된다고 할 것입니다. 커피를 마셔도 되고, 노래를 불러도 되고, 심지어 집에 돌아가 가족을 만나 봐도 된다며 그에게 존중과 믿음을 주어 마음속 원망과 증오를 없애고 사회의 따스함을 느끼게 하면 그들이 사회로 돌아갔을 때 마음이 평온할 것이고, 사회와 고용주 역시 그들을 쉽게 받아들일 수 있을 것입니다. 저들이 석방 날짜도 얼마 남지 않았는데 또다시 도망치지는 않을 것이라 생각합니다. 물론 교육적으로도 매우 의미 있는 일일 것입니다.

그러나 료정호 선생은 법률적 문제가 너무 복잡하게 얽혀 있고, 법안이 통과되어야 하니 거쳐야 할 많은 단계가 있다 했습니다. 당연히 저의 건의는 햇빛을 보지도 못하고 유야무야 되었습니다.

그 뒤 마영구 선생이 법무부장으로 있던 시기, 마약사범의 치료소를 설치하였습니다. 수많은 재소자들의 고난에 열성적이었던 저였기에 타이난 산상향(山上鄉) 계치소戒治所에 불당을 하나 만들어 상주 스님을 파견해 마약 하는 친구들이 불교를 통해 치료되고 그들이 개선되는 데 도움을 주고 싶었습니다. 그 결과 두드러진 성과를 보였습니다.

교도소에 관한 관리학에 있어 저는 동정의 관리를 하고, 위로의 관리를 하고, 격려의 관리를 하며 미래에 대한 무한한 희망을 갖도록 하였습니다. 욕하고 때리고 형구를 사용하는 관리가 아니라 저는 마음에서부터 그들과 연결고리를 만들려고 하였고, 부득이 법외法外 인정人情의 관리를 연구해야만 했습니다. 교도소 포교에 대해 저는 이야기할 만한 인연이 있어 이제 아래 몇 가지를 서술하고자 합니다.

수감자와 고락을 함께하기

한번은 초산불학원焦山佛學院에서 공부할 적에 원장을 역임하신 동초 스님께서 제게 전국을 돌며 포교하며, 타이완의 현 불교 상태를 관찰해 보자고 제안하셨습니다. 저는 윗대 스님께서 이런 생각을 갖고 계시다니, "일이 있으면 젊은이가 그 수고로움을 대신 받는다(有事弟子服其勞)"라고 했듯이 기꺼이 스님과 동행하기를 원했습니다.

타이동에 도착했을 때 타이동 교도소에서 우리에게 강연을 한 차례 해달라고 했습니다. 저는 여러 교도소에서 포교했던 경험이 있었기 때문에 기꺼운 마음으로 요청을 받아들여 그들과 이야기를 나눴습니다. 통상 저는 그들을 '재소자'라 부르는 것을 좋아하지 않았고, '난우難友'라 부르는 것도 즐겨하지 않았습니다. 모두 '친구 여러분'

타이난 교도소 명덕 약물집중치료소 낙성식에서 당시 법무부장 마영구(왼쪽에
서 다섯째) 선생 등과 기념사진 촬영(1994.12.27).

이라 불렸습니다.

"친구 여러분, 모두 수고 많습니다. 사실 여러분 가운데는 억울한 사람도 많을 것입니다. 다만 법률에서 여러분을 찾아냈으니, 업력이 이러하면 방법이 없습니다. 밖에서 거리를 활보하는 사람 중에도 누군가는 범죄를 저질렀을 수도 있고, 심지어는 그 죄가 여러분보다 더 중할 수도 있습니다. 법률에 발견되지 않았고, 업장이 아직 눈앞에 나타나지 않았기에 여전히 법망 밖에서 노닐고 있을 뿐입니다. 그러나 그대들이 업보를 마치고 나면 그대들은 깨끗한 희망을 갖게 될 것입니다.

이 첫인사를 들은 수감자들은 늘 저를 환영해 주었습니다. 그들의 상황을 제가 어느 정도는 이해한다고 여겼을 것입니다.

이어서 저는 또 그들에게 말했습니다. "한때의 고난도 심신수양의 기회로 삼기 좋습니다. 이것은 출가자의 폐관 수련과 같습니다. 안에 있으면서 경망스럽지 않고, 원망을 분출하지 않고 마음을 고요히 닦으면 장차 인생에 커다란 도움이 될 것입니다. 이른바 '기왕 온 것, 마음을 편히 가져라' 했으니, 매일 하루빨리 날짜만 채워 조속히 석방되어 나가야겠다는 망상을 말라는 것입니다. 그저 좋은 일 하고, 규칙을 잘 지키고, 연분이 도래하면 자연히 앞당겨 그대들을 내보내 줄 것이고 다시 자유를 얻게 해줄 것입니다."

이어서 저는 구체적인 방법을 그들에게 제시하며 '참회'와 '발원'이라는 두 가지 해탈 법문을 설명했습니다.

다음 날 우리가 핑동(屛東)에 도착하자 핑동 교도소에서 우리에게 강연을 청해 왔습니다. 물론 저는 스승이신 동초 스님께 먼저 말

교도소

동초東初 스님(왼쪽에서 다섯째)을 따라 핑동 교도소에서 포교하는 성운대사

씀하시라고 했습니다. 그러자 스님은 "겁난을 겪고 계신 여러분, 제가 그대들에게 두 가지 해탈의 법문을 일러주겠습니다. 참회와 발원이…"

큰일이군! 제가 할 말을 동초 스님이 다 말해버렸습니다. 그때 우리는 지식에 한계가 있었고, 교재 준비를 하기도 쉽지 않을 무렵이었습니다. 내가 어떻게 이어가야 하지?

드디어 제 차례가 되었습니다. 동초 스님이 장로이시긴 하지만 장난삼아 저는 "친구 여러분, 제게 두 가지 해탈의 방법이 있는데 여러분께 말씀드리겠습니다." 저는 일부러 두 가지 법문이 무엇인지 먼저 꺼내질 않았습니다. 옆에 앉아 듣고 있던 동초 스님을 슬쩍 보니 무척 당황하는 것처럼 보였습니다. 속으로는 분명 '내가 이야기했는데 또 참회와 발원 두 가지 법문을 이야기하면 어떡하냐?'고 생각하시는 듯했습니다. 그 뒤에야 저는 "두 가지 방법 중에 하나는 나 먼저 규범을 지키는 것이고, 다른 하나는 타인을 용서하는 것입니다." 이때 저는 마음을 놓으며 한숨을 내쉬는 노스님을 보았습니다.

당시 동초 스님과 저는 타이완 전국을 돌며 많은 교도소에서 강연 초대를 받았는데, 지금 생각해 보면 이 일도 매우 재미있었습니다.

이런 교도소 홍법의 경험은 우리가 사람을 대함에 있어 먼저 대등한 위치에서 서로 호감을 쌓은 후에야 타인을 받아들이고, 공통된 인식을 쌓을 수 있고, 서로 받아들일 수 있고, 소통과 교류를 할 수 있다는 생각을 갖게 했습니다.

예를 들어 과거 죽련방竹聯幫·사해방四海幫의 방주(보스) 같은 적지 않은 '따거(大哥: 조직의 보스)'가 저의 신도가 되었고, 저도 그들을 친구로 여겼습니다. 그러나 그들은 늘 자신들은 제자이고 저는 스님이라고 생각했습니다. 심지어 우리 불광회 자이嘉義 금강분회金剛分會의 이사인 임굉현林宏弦은 불법의 훈도 덕분에 방탕한 생활에서 마음을 고쳐먹었고, 지금도 교도소 포교사가 되어 수감자들을 도와주고 있습니다. 그래서 저는 서로 존중하는 것이 매우 중요하다고 생각합니다.

교도소 포교의 열정

교도소 포교를 이야기하자니, 가장 열정적인 분으로 조무림趙茂林 거사를 따를 이가 없습니다. 그는 각 교도소에서 수십 년간 포교하며 설법으로 대중을 이끌었습니다. 비바람도 아랑곳 않고 매주 교도소를 찾았으니, 저는 그를 매우 존경합니다.

그는 매번 제가 머무는 사찰을 방문하였고, 때로는 우리는 아침부터 점심까지 이야기를 나누고 다시 점심부터 저녁까지 이야기를 나누기도 했으며, 심지어 하루 종일 이야기를 나눌 때도 있었습니다. 제자들은 그런 저에게 탄복하며 "손님에게 그렇게 정성을 다하시고 아침부터 저녁까지 오랫동안 이야기를 나누시다니, 스님께서는 수양이 높으십니다"라고 했습니다.

사실 모두들 조무림 거사가 불문에 대해 상당히 해박한 지식을 가지고 있는 줄을 모릅니다. 그는 독실한 신앙을 가지고 있고, 불교의 법회와 방염구(放焰口: 법회 후 아귀들에게 음식 보시하는 것), 배참拜懺 등에 대해서도 출가자보다 더 잘 압니다. 불교의 상식·노스님들과의 일처리·경험들이 일일이 열거할 수 없을 정도로 많습니다. 저는 그가 해주는 많은 사람들의 지난 일과 이야기를 들을 때마다 흥미진진하고 감동적이라 제게 적지 않은 이로움을 주었습니다. 상대의 선한 일은 내가 본받아야만 하고, 만일 옳지 않다면 마땅히 고쳐야지라는 생각을 해야 합니다.

사실 조무림 거사가 저와 이야기하면 마치 제 가정교사와 같았기에 저는 그를 매우 존경합니다. 누군가 그때 그를 수행하며 일생의 교도소 포교법을 기록하였다면 타이완 옥정獄政 연구사가 될 수도 있었을 겁니다.

조무림 거사는 강소의 타이저우(泰州) 사람으로 '타이저우에서 화상和尚이 나온다'라는 말처럼, 그는 스님들과의 관계가 가장 밀접했습니다. 강소성 보안대대의 대대장을 역임한 적이 있고, 타이완에 도착한 뒤에는 '우모羽毛노동조합'의 이사장을 맡았습니다. 저는 '우모노동조합'이 도대체 무슨 일을 하는 곳인지 그와 이야기해 본 적이 없습니다. 그와 제가 나눴던 이야기는 모두 불교에 관한 것과 그가 감옥에서 포교한 경험뿐이었습니다. 저는 그를 통해 많은 관념을 이해하기도 했습니다.

사람은 서로 어울리며 무언가 배우고자 하면 질문을 제기할 줄 알아야 한다고 했듯이, 우리도 이야기를 나눌 때 그 기회를 빌려 제가 몇 가지 문제를 물어보기도 했습니다.

그의 나이가 저보다 2, 30세가량 많았으니 저의 스승이 되기에도 부족함이 없어, 저도 진심으로 그를 친구이자 스승으로 여겼습니다. 그러나 그는 저를 출가인이고 스님으로만 여기며 매우 존중하는 태도로 대했습니다. 우리의 관계는 스승과 친구의 그 중간쯤 어디로, 서로 존중하고 포용하였으며 그 밖의 어떠한 이해관계도 없었습니다.

교도소 포교의 인연 덕분에 저는 불광산사를 세울 당시 중국불교회에 불교에 공이 있는 사람들을 표창해야 한다고 이야기하며, 불교에 공헌하신 분들이 노년을 편히 보내실 수 있도록 기꺼이 불광정사(양로원)의 10여 칸 방을 제공하겠다고 제의했습니다. 조무림·풍영정馮永楨·장검분張劍芬·손장청양孫張淸揚·왕정법련王鄭法蓮·맹요孟瑤·왕여장王如璋·과본첩戈本捷 거사 부부 등이 만년에 불광정사에서 머물며 우리의 보살핌을 받으셨습니다.

그 밖에도 저는 왕생한 뒤 공덕에 보답할 수 있고, 불국정토에 다시 태어날 수 있도록 만수원의 감위를 내놓았습니다. 평소 '호남湖南의 재자才子'라 불리었던 장검분 거사는 19살에 이미 현장縣長을 맡았고 타이완 은행의 부사장을 지냈으며, 저와도 좋은 벗으로 지냈습니다. 그는 불교의 대련을 많이 썼으며 사찰에 대한 공헌도 또한 상당히 높았습니다.

제가 가장 좋아하는 구절은 다음과 같습니다.

부모 은혜 영원히 새겨
오늘 인연으로 금일 중생제도
지옥이란 본디 없으매
이 마음이 만들기도 없애기도 한다네

永念親恩 今日有緣 今日度
本無地獄 此心能造此心消

후에 그가 신장투석을 받을 때에도 제가 돌봐드렸고, 매달 신장투석에 들어가는 5만 원도 제가 지원해 드렸습니다. 그가 세상을 떠난 후에는 유해를 만수원에 안치했지만 오늘까지도 그의 소식을 묻는 후손들이 없습니다. 조무림 거사도 마찬가지입니다. 그는 자식과 손자가 있지만 안부를 묻는 사람이 없어 후에 만수원에 안치해 드렸습니다. 저는 불교를 대신해 인연 있는 분들에게 그들의 효성스런 자손 노릇을 한 것과 마찬가지이며, 저도 기꺼운 마음으로 그렇게 하였습니다. 이 많은 인연 외에도 불교를 위해 공헌한 인사들 모두 원하는 바를 이루어 주길 원합니다.

교도소 포교 시작부터 해서 그 뒤로도 계속 저는 료정호廖正豪·마영구馬英九·왕청봉王淸峰 등 법무부장을 역임한 몇 분과 여러 차례 왕래가 있었습니다. 저는 고난에서 구해 주는 것도 정과 의리가 있는 친구를 얻을 수 있는 기회라 생각합니다. 이 역시 제가 많은 관리학에서 배운 좋은 경험이자 인연입니다.

사상범의 인권자유

사람들은 형을 마치고 석방되어 교도소를 나온 수감자들을 두려워합니다. 그러나 그들 중 일부는 억울하거나 부당하게 영어의 몸이 되었을 수도 있습니다. 하지만 범죄를 저질렀다 해서 이미 형기를 마치고 처벌도 받았으니, 더 이상의 사회적 차별대우를 받아서는 안 된다고 생각합니다. 그래서 저는 석방되어 출소한 사람들과 왕래하기를 좋아합니다. 과거 출소한 사람들 중에는 사상범도 있지만, 저는 전혀 두려워하지 않았습니다.

작가 백양柏楊 선생은 훗날 저와 좋은 벗으로 지냈습니다. 해마다 저는 경비 명목으로 얼마간 도움을 드렸고, 그도 불광산을 찾아왔었습니다. 더구나 부인이신 장향화張香華 여사와 함께 불광산을 찾아 함께 설을 보내며 불광산을 자신의 집처럼 여겼습니다.

그는 제게 '인권교육기금회(국제특별사면기구 중화민국총회이며, 훗날 국제특별사면기구 타이완분회라고 개칭)'를 하나 설립하고 싶고, 사형제 폐지를 주장한다고 말한 적이 있습니다. 저는 그를 매우 존중하지만 그래도 그에게는 이 분회에 참여할 수 없다고 말했습니다.

어떠한 이유에서였을까요? 저는 사형은 폐지해서는 안 된다고 생각합니다. 어떤 범죄를 저질렀든 모두 사형을 면해줄 수 있지만 살인죄만큼은 절대 안 됩니다. 당신이 사람을 죽여 죽음에 이르게 했는데 어떻게 자신은 죽임을 당하지 않을 수 있습니까?

이것은 불교의 인과입니다. 저는 인과를 위배할 수 없습니다. 만일 살인자가 죽임을 당하지 않아도 된다면 우리는 인과에 대해 신뢰를 할 수 없을 것입니다. 그래서 저는 경솔하게 동의를 표할 수 없었습니다. 그가 저의 관념을 꼭 이해해 주리라는 보장은 없지만, 제가 그 말을 한 뒤에도 우리는 여전히 우의를 나누고 있습니다. 그 후 그들은 자주 회의를 목적으로 타이베이 도량을 빌리겠다고 상담을 청해 왔고, 그럴 때마다 저도 그들의 뜻대로 편의를 봐주었습니다.

저는 청화대학교의 손한관孫漢觀 선생을 매우 존경합니다. 그는 '타이완 원자력의 아버지'라 불립니다. 어려움과 권세를 두려워하지 않고 백양 선생이 옥살이 하던 기간에 최고 당국을 향해 여러 차례 목소리를 내며 그가 어려움을 벗어날 방법을 찾아다녔습니다. 백양 선생은 '뽀빠이' 만화를 번역하면서 작은 섬에 낙오된 한 부자父子가 돌아갈 생각을 않고 섬에다가 나라를 세우고 총통 선거하는 내용 등을 묘사했습니다. 당국에서는 그가 빗대어 풍자하는 것으로 생각하고 십여 년의 징역형을 선고했습니다. 저는 정치범·사상범·언론범에 대해 그들의 의견이나 입장이 다르다 해서 이처럼 중형을 내리는 것은 지나치다 생각하고, 이리해서는 안 된다 생각합니다.

타이베이 과학기술대학(타이베이 공업전문대의 전신)의 이무충李武

忠 교수는 법명이 '월지月指'였습니다. 그들 부부는 딸의 교육에 대한 소신이 달랐지만, 뜻밖에도 아내가 "우리 남편이 공산당과 왕래가 있어요"라고 신고를 했고, 그는 이것 때문에 10년 형을 언도받아 뤼다오에 갇혔습니다. 이 기간 동안 저는 그와 계속 서신왕래를 하였지만, 그는 저를 걱정하며 "큰스님! 스님의 안전을 위해서라도 저와 계속 연락을 주고받으시면 안 됩니다"라고 말했습니다. 그러나 저는 이런 것은 전혀 두렵지 않았습니다. 그가 출소한 뒤에도 우리는 늘 그랬던 대로 연락하고 있습니다.

제가 대륙의 총림에서 공부할 당시, 사상범 문제에 관해 '사상과 의견이 다르다고 말하는 것뿐인데 포용하면 될 것을, 왜 죄를 묻고 목까지 베고 총살까지 해야 할까?'라고 생각했습니다. 이런 권력은 두렵기까지 합니다. 그러므로 사상의 자유는 반드시 필요합니다.

자유롭게 표현하고, 타인의 의견도 받아들이고, 선의로 남을 돕고, 남의 충고를 잘 받아들임으로써 서로의 인식이 다르다는 것을 인정해야 한다고 생각합니다. 이것 또한 제가 배운 관리학인 셈입니다.

뤼다오와의 인연

불광산 개산 20년 후쯤, 뤼다오(綠島)에 살던 침설봉沈雪峰 장군이 불광산으로 저를 찾아와 뤼다오에 모실 관세음보살상 한 분을 보시해 주길 청했습니다. 저는 듣는 순간 매우 기쁜 마음으로 20만 원 정도를 들여 관세음보살상 한 분을 제작해 그에게 기증했습니다. 심장군은 원래 뤼다오 구치소 소장이었으며, 나중에 뤼다오에 와서 설법해 줄 것을 제게 요청했습니다.

뤼다오에서 수많은 수감자가 쇠고랑을 찬 모습을 보고 저는 정말 마음이 편치 않았습니다. 망망대해에 떠있는 외로운 섬 하나뿐인데…. 그들을 풀어주고 나와서 걷기 운동이라도 하도록 해준다 해서 그들이 바다로 뛰어들어 도망치지도 못할 것 같은데, 굳이 손발에 형구를 끼워 사람에게 고통을 줘야 하는지….

'천도만과千刀萬剮'라는 말이 있습니다. 무엇을 천도만과라 합니까? 당신에게 사형판결을 내리지만, 단칼에 목을 쳐 간단하게 죽이는 것이 아니라 천 번이 넘는 칼질을 받을 동안 살아있도록 해서 고스란히 고통을 느끼게 하는 끔찍한 형벌입니다. 명나라 말기 대장군 원숭환袁崇煥이 바로 천도만과-천만 번 갈기갈기 찢기는 형벌을 받은 사람이었으니 너무나 억울한 일입니다. 충성스런 신하의 최후가 이러하니 불공평하다 생각되고, 선하고 훌륭한 사람을 억울하게 죽인 시비를 구분하지 못하던 수많은 제왕들이 의롭지 못하다고 생각됩니다.

죄를 지었으면 형벌을 받는 것은 당연합니다. 그러나 억울한 점은 없어야 마땅합니다. 과거 일본 무관 구스노키 마사시게(楠木正成) 장군은 억울하게 형벌을 받기 전 '비리법권천非理法權天'이라는 탄식을 남겼습니다. 의미는 이러합니다. '비(非, 옳지 않음)'는 '리(理, 도리)'를 이기지 못 하고, '리'는 '법法'을 이길 수 없으니, 그대가 아무리 도리가 있다 말해도 법에 부합되지 않으면 안 됩니다. '법'은 권력을 이길 수 없습니다. 그가 권력이 있으면 당신을 제압할 수 있기 때문입

1999년 녹도 인권기념비 제막식. 비석에는 '그 시대 수많은 어머니가 이 섬에 갇힌 자식을 위해 긴 밤 눈물로 지새우셨는가!'라고 새겨져 있다. 인권을 위해 평생 애쓴 백양柏楊 선생은 '인권은 사상의 독립이요, 인격의 존중'이란 말을 비석에 남겼다.

니다. 그러나 결국 '권력'은 하늘을 이길 수 없습니다. '하늘'은 무엇입니까? 인과입니다. 마지막으로 인과는 모두를 위해 공평하게 결정을 내려줍니다.

　그러므로 '비리법권천'은 제가 포교할 당시 자주 예로 들던 도리였고. 수형자들과 억울한 사람들을 위해 미약하게나마 항소를 제기하고 목소리를 내 그들을 위해 소리치게 해주었고, 불공평한 세상 속에서도 인덕을 갖춘 위인이 그들을 위해 나서주기를 희망하게도 만들어 주었습니다. 중화문화는 권력과 폭력으로 인권을 징벌하는 것이 아니라, 인의로써 천하를 다스려야 마땅합니다.

교도소

올해(2016)는 불광산 개산 50주년이 되는 해입니다. 침설봉 장군도 불광산을 찾아 '불광산 담론'에서 뤼다오 관세음보살상의 인연을 이야기했습니다. 저는 그와 당시 뤼다오 상황을 이야기하며, '손립인孫立人 사건'의 곽정량郭廷亮 소장과 이오李敖·백양·여등발余登發·진국陳菊·시명덕施明德 등의 인사처럼 수감된 수많은 사람 모두 국가사회의 걸출한 인재들인데 권력의 억압 아래 불공평한 대우를 받다니 참으로 가엾다는 이야기를 했습니다. 그들 인생의 가장 빛나는 세월을 뤼다오에서 보냈으니 개탄을 금하지 않을 수 없게 합니다. 우리가 그 결말을 판단할 방법은 없으니 그저 인과에 맡길 뿐입니다.

사람들에게 희망을 주다

민국 45, 46년(1956, 7) 즈음, 국민당 정부는 가오슝 시민의 요구에 따라 가오슝 요새사령부가 점유한 수산壽山 가운데 20헥타르를 떼어내 수산공원을 만들어 시민들의 활동공간으로 제공하겠다고 밝혔습니다. 공원 안에 '충렬사忠烈祠'라는 사당이 하나 있었으며, 가오슝 시의회는 수산공원을 건설하는 비용으로 70만 원의 예산을 책정했습니다. 당시 70만 원이면 대략 천 냥(兩: 1냥이 50g)의 황금과 맞먹습니다.

진무장陳武璋 시장이 우리 여러 신도들과도 관계가 있기 때문에 제게 수산공원과 충렬사의 관리를 모두 맡아 달라고 요구하면서 충렬사를 불교도량으로 바꿔도 된다고 이야기했습니다.

저는 진무장 시장에게 충렬사의 '사祠'를 '사寺'로 고쳐 충렬사忠烈寺로 해도 되는지 물었습니다. 그는 글자 한 자 차이지만, 그렇게 하면 의회에서 70만 원의 예산이 통과되기가 어려울 것이라 하였습니다.

비록 한 글자 차이지만 제게는 매우 중요했습니다. 누군가 제게 어디에 머무느냐 물었을 때 제가 가오슝 충렬사당에 머문다고 이야기할 수는 없지 않겠습니까? 충렬사忠烈寺로 바꾼다면 저는 받아들일 수 있다 하였습니다. 그러나 그는 가타부타 대답이 없었습니다.

이 한 글자 차이 때문에 가오슝의 신도 모두가 수산공원의 관리를 맡아 달라고 재삼 제게 부탁한다고 해도 저는 싫었습니다. 이유가 무엇일까요?

사람에게는 원칙이 있어야 합니다. 출가한 스님으로서 제가 어찌 충렬사당 안에 머물면서 절 일을 할 수 있겠습니까?

제가 충렬사의 관리를 맡지 않겠다고 하자, 진 시장은 다시 말했습니다.

"좋습니다. 수산 아래에 일제 강점기 유산인 서본원사西本願寺가 있습니다. 스님께 맡길 테니 관리해 주십시오. 대략 2천여 평 정도 토지에 꽤 값나가는 땅입니다."

"서본원사는 일제 유산이고, 지금은 부녀습예소婦女習藝所가 이를 사용하고 있습니다."

"부녀습예소를 옮기도록 하겠습니다."

저는 기쁜 마음으로 이렇게 하면 받아들이겠다고 했습니다.

그러나 그때 부녀습예소의 소장인 유보화劉保華 씨는 깐깐한 여성

교도소

으로 아무리 이야기해도 옮기기를 거부했습니다.

진무장 시장의 임기 만료 후 진계천陳啟川 시장이 이어받았습니다. 우리는 진계천 시장과도 인연이 있었습니다. 저는 그에게 "과거시에서는 서본원사의 터, 그러니까 지금의 부녀습예소 자리를 우리가 도량으로 다시 회복시키게 해준다고 약속했습니다"라고 말했습니다.

진계천 시장도 그 자리에서 약속했지만, 정부의 예산 교부를 기다려야 한다고 했습니다. 그는 올해와 내년에는 모든 예산이 체육관 건설에 들어가는지라, 정말 부녀습예소를 다른 곳으로 옮겨 재건할 여력이 없다고 말했습니다.

이렇게 4년을 또 기다렸습니다. 민사당民社黨의 양금호楊金虎가 시장에 당선되었지만, 그는 동의하지 않았고, 이 안건은 더 이상 진행하기 어렵게 되었습니다.

수산사는 바로 부녀습예소의 입구에 있었고, 당초 수산사가 점유한 땅은 겨우 백여 평 정도로 아주 적었지만, 제가 수산사를 받아들인 이유는 장차 부녀습예소(서본원사)와 연결해서 홍법에 더 커다란 쓰임이 있을 것이라 생각했기 때문입니다. 그러나 양금호 선생이 시장이 된 후 희망은 물거품이 되고 말았고, 이 안건은 흐지부지되어 버렸습니다. 더구나 우리도 깐깐한 유보화 소장을 상대로 적대적 관계가 되길 원치 않았습니다. 모두가 다툼이 없이 지내는 것이 좋은 것이니까….

그럼에도 불구하고 유 소장은 평소 우리와 왕래도 하고 우호적이었습니다. 때로는 그도 우리를 찾아와 부녀습예소에서 사회문제로 인해 그곳에 수용되어 있는 부녀들을 위해 수업해 달라고 부탁하기도 하였습니다. 그 안의 수많은 여성 대부분이 과거 이른바 '불량소녀'들이었습니다. 사회에서 마약을 하거나 술집·카바레 등에서의 생활이 몸에 밴 사람들이며, 현재 마지못해 부녀습예소에 있는 것뿐인데 그들에게 불교신앙을 가지라니요. 그들은 부처님이 어디 사는 누구의 이름인지, 무엇을 설파하는지 전혀 이해할 수 없는데 말입니다.

그러나 저는 많은 부녀자들에게 범죄자처럼, 수형자처럼 폐쇄적인 교육을 해서는 저들을 바꿀 수 없다고 생각했습니다. 적어도 그들에게 생활 속에서 재미있게 할 수 있는 일을 찾아 대신 하도록 해야 하고, 그들의 입장에 서서 자신들의 앞날에도 희망이 있음을 느끼게 해줘야 하며, 자신의 인생에 대해 이해할 수 있게 해줘야 한다고 생각했습니다. 대신할 만한 많은 것들이 없다면 그들은 당연히 그대로 호화롭고 사치스런 환락에 빠져 지낼 것입니다. 관리 이야기가 나왔으니 말이지만, 거절도 대체할 수단이 있어야 쉽게 성공할수 있습니다.

수산공원 관리든 충렬사 관리든 서본원사 관리든, 저는 모두 실패했습니다. 그러나 제가 손해 본 것은 없습니다. 원래 제 것이 아니고 모두 국가와 사회의 것이었으니까요. 저에게 준다면 저는 그 쓰임을 더 확대해 나갈 수는 있지만, 저에게 안 줘도 당연한 것이니 저는 조금도 신경 쓰지 않았습니다.

그러나 이것은 제게 한 가지 문제를 연상시켰습니다. 이때 저는 이미 불광산을 개산했고, 수산사를 '부녀자의 집'으로 고칠 생각을 가졌습니다. 그 이유는, 시골의 보통 부녀자들은 도시로 나가 일자리를 구하고자 신문에 난 작은 광고에 현혹되지만, 실제로 그들은 좋은 직업을 찾을 수 없고, 많은 사람이 속아서 유흥업소에서 일하게 되니 인생은 이때부터 나락으로 떨어지게 되기 때문에 저는 사회의 풍토를 만회하고자 수산사를 '부녀자의 집'으로 고치고 싶었습니다.

우리의 조건은 직업을 찾고자 가오슝에 온 시골의 부녀자는 서둘러 일용직 소개소를 찾지 말고, 신문의 광고란을 살펴보지도 말고, 먼저 '부녀자의 집'에 와서 천천히 직업을 찾으라는 것입니다. 우리가 2개월의 시간을 줄 테니, 그 정도면 가오슝에서 적당한 일자리를 찾기에 충분할 것이고, 더 안전할 것입니다. 2개월 동안의 먹고 자는 것은 우리가 다 제공할 것이고, 심지어 약간의 교통비까지도 우리가 도와줄 수 있습니다.

만일 당신이 2개월간 일한 뒤에 적성에 맞지 않는다 생각되면 6개월 내에 다시 돌아와서 한 달간 더 머물러도 됩니다. 이때가 되면 가오슝의 환경과 인사에 모두 익숙해졌을 테니, 적당한 두 번째 일자리를 찾을 수 있도록 우리는 다시 1개월의 시간을 줄 것입니다.

만일 두 번째의 일자리도 또 부적합하다 생각되면 6개월 내에 다시 돌아와도 되며, 이때 우리는 보름 정도 머물게 해줄 것입니다. 만일 당신이 보름 동안 여전히 적합한 일을 찾지 못한다면 사회에서 당신의 능력을 받아들일 수 없다는 뜻일 테니, 그러면 저도 당신에게 해줄 수 있는 것이 더 이상 없습니다.

이것이 '부녀자의 집' 설립의 이상이었고, 저는 이 이상대로 실천해 나가려 했습니다. 사회에서 겪는 수많은 고난에 대해 저는 마음을 다해 도와주고 싶었습니다. 그러나 모두들 이 일에 손대기 꺼려했고, 맡기를 두려워했습니다. 할 수 없이 저의 이 이상도 허사가 되었고 결국 실패로 마무리되었습니다.

그러나 이 사건 속에서 저는 부녀습예소의 고난에 시달리는 많은 여성들이 생각났습니다. 사실 사람의 천성은 모두 선량한데, 사회의 유혹·사회의 환경에 영향을 받아 그들이 고해로 떨어지게 되는 것일 뿐입니다. 만일 당시 수산사의 조건을 조금 더 확대해 그들에 대한 복리도 조금 넓혔다면 그들을 양지로 끌어내는 것도 어려운 것은 아니었을 것입니다. 그러나 오늘날 이 고난의 사회는 발심뿐만 아니라 반드시 실력도 있어야 이상을 실현할 수 있습니다.

'관리'는 입으로만 떠들어서는 안 되며, 당신이 어느 정도의 능력이 있고 얼마만큼의 일을 해낼 수 있는지를 염두에 두어야 합니다. 저는 일생 담대하게 무슨 일이든 원하는 대로 해 나갔지만, 제 자신의 능력이 얼마인지를 가늠해 보고서야 한 발짝 전진하곤 했었습니다. 이것이 바로 '관리'에 있어 저의 분별과 실행입니다.

다랴오(大寮) 가오슝 여자 교도소

불광산 근처 다랴오향에 있는 가오슝 여자 교도소에서 제게 강연을 요청한 적이 있어, 저도 기꺼이 찾아갔습니다.

도착하자마자 안에 6백 명 가량의 젊은 여성들이 있는 것을 보고 적잖이 놀랐습니다. 이 많은 여성들은 어쩌다 죄를 짓고 교도소 안에 있게 된 것일까요? 일반적으로 여성은 대부분 온유하고 선량하다 하는데, 대체 무슨 죄를 저질렀기에 이러한 형벌과 제재를 받아야 하는 것일까요?

저는 차츰 알게 되었습니다. 가엾은 이 여인들 대부분은 남편이 어음법을 위반한 죄를 지었는데, 아내의 명의를 도용해 어음을 발행하였기 때문에 그들 대신 감옥살이를 하고 있는 것입니다. 또 남편이 마약 흡입과 판매, 도둑질을 하고 아내에게 미루었기에 할 수 없이 아내가 남편 대신 감옥에 들어온 경우도 있습니다. 하지만 법률은 이런 점을 모르고, 기술할 때 그가 무슨 죄를 지었다고만 지적하니 선량하게 태어난 여성들은 범죄를 인정해 버리고 맙니다. 그래서 범죄를 저지르지 않은 사람이 교도소에 들어오고 정작 범죄를 저지른 사람은 법 밖에서 유유히 지내니, 법률이 정말 문제를 해결할 수 있는가 하는 생각이 듭니다.

저는 『옥림국사玉琳國師』를 쓸 당시, 옥림국사의 어조를 빌려 "법률은 인간의 문제를 해결할 수 없다. 불법이 있어야만 방법이 있다"라고 한 적이 있습니다. 국부 손문 선생이 "불법은 법률의 부족한 부분을 메워 줄 수 있다"고 말했듯, 불법은 근본적인 방법이고, 마음에서부터 변화해야만 문제를 해결할 수 있습니다.

그때 교도소에서 6백 명의 여성한테 설법한 이후, 우리가 교도소 안에서 고난에 빠진 저들을 교화하는 것이 정말 저들에게 행복을 주고 삶이 더욱 성장하는 데 도움이 될까라는 걸 스스로에게 자문해 보았습니다.

교도소에서 다년간 포교하였기에 일찍이 사법부에서 제게 명칭을

성운대사가 집전한 가오슝 여교도소의 삼보 귀의행사에서 450명이 귀의하
였다(1998.4.23).

하나 주었습니다. 처음에는 '명예교회사名譽教誨師'라 했고, 나중에
는 구체적으로 '교화사敎化師' 또는 '교회사'를 하라고 했습니다. 그
러나 저는 화상이니 스님으로 하는 게 좋겠습니다.

　저는 『금강경』에 나오는, 중생을 제도하는 대상인 알에서 깨어난
것이나, 어미 배를 빌어 태어난 것이나, 습한 데서 생긴 것이나, 스스
로 생긴 것이나, 형상이 있는 것이나 형상이 없는 것이나, 생각이 있
는 것이나 생각이 없는 것이나, 생각이 있는 것도 아니고 생각이 없
는 것도 아닌 온갖 부류의 중생을 무여열반無餘涅槃에 들게 해 멸도
滅度에 이르게 하겠다고 한 것을 모방한 것입니다. 저는 지장보살의
"지옥이 텅 비기 전에는 성불하지 않겠노라", "중생을 모두 건진 다
음에야 보리를 증득하겠노라"는 정신을 존경합니다. 그러나 아직도

지장보살의 전문인 지옥에서 중생을 제도하는 것을 배우지 못했습니다. 저의 염원이 비교적 폭넓다고 해도 실질적으로는 한 가지도 이룬 것이 없다 말할 수 있습니다.

그래서 인생은 원력에만 의지하는 것은 그저 이상일 뿐이고, 원력 외에 당신은 실력을 갖춰야 하고, 행동력을 갖춰야 합니다. 심지어 각 방면에서 도움 주는 인연과 도움 주는 힘도 있어야만 진정 고난에서 구할 수 있습니다.

관세음보살처럼 '삼독을 뽑고', '7가지 재난에서 구해 주시고', '33가지 모습으로 변화하시는' 등 이른바 '신통력이 광대하고, 법력이 무변하다' 할 수 있으려면 아마도 관리학에서는 지혜를 훌륭히 쓸 줄 알아야 효과를 얻을 수 있습니다.

종교 관리

수십 년 전 천수변 선생이 타이난현 현장縣長 경선 당시, 압력을 받고 당선되지 못하였습니다. 더구나 그의 부인이 자동차 사고로 장애까지 얻게 되니 제 마음도 편치 않았고, 정치가 참혹하고 인정도 도의도 없다 여겨졌습니다. 그러나 천수변 선생이 입법원 입법위원으로 있을 때 예리한 말로 공무원들에게 질타하는 모습을 보며, 정치는 화합을 중요하게 생각해야지 조소와 경멸로 일을 해나가면 안 될 것 같았습니다.

후에 천수변 선생이 타이베이 시장에 부임하게 되었어도, 저는 역시 그와 왕래한 적이 없었습니다. 그러나 그가 총통에 당선되자마자 불광산을 방문하고 싶다는 뜻을 밝혔습니다. 더구나 불광산에서 하룻밤 묵는 데 백 명에 가까운 기자와 백 명의 수행인원이 함께 왔습니다. 다행히 운거루가 막 완공되었을 때라 그들이 머물 수 있게 내어 주고 접대해 주었습니다.

당시 천수변 선생은 "기회가 되면 불광산에 와서 마당 쓰는 봉사라도 해서 다른 사람에게 시범을 보여주고 싶다"는 뜻을 내비쳤습니다. 저는 감히 그런 호의를 받아들일 수 없었습니다. 그래서 "그러실 필요 없습니다. 이러면 남들이 보여주기 위한 행보라고 생각할수 있으니, 그러지 마시고 총통 일이나 하십시오"라고 말했습니다.

마찬가지로 이등휘 선생도 총통에 당선되고 나서 도로에 서서 경찰을 대신해 교통지도를 했습니다. 저는 그것 역시 총통으로서의 행동이 아니라 봅니다. 총통은 총통으로서의 준칙과 정책이 있습니다. 경찰은 한 달에 고작해야 2, 3만 원 받고, 당신은 총통으로서 몇백만 원을 받는데 몇백만 원의 대우를 받으면서 고작 2, 3만 원의 경찰의 교통지도 업무를 하다니, 이것은 옳지 않은 일입니다.

그 후 저도 천수변 선생에게 민진당만의 총통이 되지 말고, 전 국민의 총통이 되어 달라 권고했습니다. 그도 "민진당의 기본 교의파가 자유롭게 놔두질 않을 겁니다"라며 솔직하게 털어놓았습니다. 이미 총통이 된 이상 또 무슨 기본 교의파인지, 저는 잘 이해가 가지 않았습니다. 아마도 민진당의 그 많은 당원들이 그의 정책 결정에 영향을 주는 건 아닐까 생각되었습니다.

이 관계로 인해 훗날 천 선생은 8년간의 총통을 지내고는 횡령사건으로 영광된 총통에서 죄인의 신분이 되었으니, 역사상 정말 보기

교도소

드문 사건이었습니다. 저는 기왕에 이미 그 높은 지위에 오른 사람이고, 또 평생을 일구어 총통에 오르는 것도 쉽지 않은 일이니, 죄를 지었더라도 국가에서 관용을 조금 베풀어 일반 수감자처럼 말고 관용적인 대우를 해주어도 좋을 것 같다고 생각했습니다.

총통부 앞 카이다거란(凱達格蘭) 대로에서 열린 부처님오신날 봉축행사에서 저는 당시 총통을 맡고 있는 마영구 선생에게 천 선생의 가벼운 처벌을 부탁했지만, 그는 역시 아무런 대답도 하지 않았습니다. 나중에 저는 천수변을 수감시킬 필요 없이 가족과도 함께 지낼 수 있게, 장학량張學良처럼 집에 거주제한을 하는 것도 좋겠다는 글을 '연합보聯合報'에 하나 게재했습니다. 어쨌든 한 나라의 총통을 지낸 사람 아닙니까?

그 김에 저는 또 세계은행 부행장을 지낸 북경대 경제학자 임의부林毅夫 선생도 타이완으로 돌아올 수 있게 해서 가족과 만날 수 있게 해야 한다고 제의했습니다. 현재 양안도 이미 평화롭게 왕래하고 있으니 모든 은원을 해소할 수 있다고 했습니다. 그러나 정부의 관련 기관에서는 결국 고국으로 돌아와 분상(奔喪: 먼 곳에서 부모가 돌아가신 소식을 듣고 급히 집으로 돌아감)하고 가족을 만나는 것을 허락하지 않았습니다. 저는 국민당의 처사가 옳지 않다고 여겼습니다.

30년 전에 저는 국민당 정부에 여러 차례 건의했습니다. 2.28 사건(1947년 2월 28일~5월 16일, 중국 본토에서 건너온 국민당 정부 관료의 폭압에 대항하여 일어난 타이완 본토인들의 민중봉기. 국민당 정권은 이를 무력 진압하였음. 1987년 타이완 계엄령이 해제되기 전까진 금기사항이었음)의 가족에게 사죄를 드려야 한다고…. 이 사건으로 그들의 가족이 제재를 받아 자손이 고개를 들고 다닐 수 없게 했으니, 그들에게 공정함을 돌려주어 그들이 죄가 없고 깨끗하다는 것을 표시해 주어야 한다고 말입니다. 심지어 우리도 타이베이 검담청년활동센터(劍潭靑年活動中心)에서 '2.28 공정회복법회'를 열기도 했습니다. 그러나 국민당은 끝까지 실천하지 않았으며, 그래서 오늘날까지도 수많은 재난과 인과가 계속해서 중복되고 있으니 탄식하지 않을 수 없습니다.

천수변 선생 이야기가 나왔으니, 현재 법무부는 그가 집에서 요양하도록 하면서 자유롭게 출입할 수 있게 해줬습니다. 제 자신이 어느 정도 공헌했다고 감히 말할 수는 없지만, 저는 늘 종교로 사회를 다스리고 사회를 관리해야만 인심을 얻을 수 있다고 생각합니다. 이것은 분명한 사실임에 틀림없습니다.

관리는 헌신이다

제가 이란에 머무는 기간 동안 이란 구치소는 제가 늘 가는 곳이었습니다. 후에 불교를 믿지 않는 사람이 교도소 교화과를 맡으며, 점차 불교를 배척하고 유교를 교화에 사용했습니다. 아마도 그들 가운데 기독교 신자가 많이 있지는 않았을까 생각합니다. 타이완 교도소의 교화업무와 그 내용 역시 점차 변화되었습니다. 그러나 이것도 별 문제가 안 됩니다. 우리는 전문직업인이 아니라 모두 봉사하는 것이었고, 인연 따라 교화하였을 따름입니다.

이란 교도소 안에는 과거 일제 강점기부터 내려오는 불당이 하나 있었는데, 아미타불 불상이 한 분 모셔져 있었습니다. 실제로도 무척 장엄했습니다. 저는 이 교도소에 갈 때마다 불당에 들어가 아미타불께 합장하고 정례를 올렸습니다.

나중에 교도소의 총무과 도屠 과장이 제가 이 아미타불을 좋아함을 알고 찾아와 지금 이 아미타불을 교도소에 모시기 불편하니 원하신다면 팔겠다고 했습니다. 제가 얼마냐고 묻자 그는 2만 원이라 답했습니다.

당시 2만 원의 가치는 황금 열 냥은 넘었습니다. 그때 저는 차라리 2만 원을 지불할지언정 저들이 함부로 이 불상을 치워버리게 두지 않겠다고 생각했습니다. 그래서 이 아미타불을 모시고 뇌음사로 돌아왔고 나중에 여러 존으로 복제했습니다. 지금 타이완 곳곳에는 이 아미타불을 모시고 아미타불의 분신과 마찬가지로 법을 널리 알려 중생을 이롭게 하고 있습니다.

저는 일본의 국력이 비교적 강하니 사회 각 방면의 요구와 보살핌이 그래도 비교적 완전하다고 생각합니다. 국민당 정부의 지도자는 마음이 편협했습니다. 특히 장개석 총통의 부인 송미령 여사는 사람들에게 불교를 믿지 못하도록 하고 불교의 발전도 저지하게 하여 사실상 국민정서와 위배되었으니, 점차 민심을 잃어간 것도 이유가 없지는 않습니다. 국민당이 타이완에서 발생한 '2.28 사건'에 대해 사과도 인정도 하려 하지 않으니, 이는 정말이지 정치의 오만이자 권력의 교만입니다.

저는 소년시절 한 스승님이 국민당 당원이 되라 하였고, 나중에 타이완에 도착해서는 국민당 당국 원로이신 이자관李子寬 거사께서 역시 우리를 격려하며 반드시 국민당의 당원이 되어야 홍법하는 데 편리할 것이라 하여, 홍법을 위해 국민당에 가입했습니다. 이건 마치 한 여인이 시집가면 그 집 귀신이 되어야 하는 것처럼 저는 그저 "그 집에 머물면 그 집을 지키고, 그 나라에 머물면 그 나라를 지킨다"를 할 수밖에 없었습니다. 저는 이 한평생 국민당에 충성했고 국민당을 사랑하고 아꼈지만, 솔직하게 말하면 국민당의 이 갖가지 상황 때문에 결코 국민당이 만족스럽지는 않습니다.

사실 타이완의 정치 분쟁에 대해 저는 흥미가 없습니다. 저는 정치에 간여하지 않고, 정부로 뛰어다니지도 않았습니다. 도와달라거나 무엇을 해 달라며 정치에 손 내민 것도 없습니다. 심지어 평생 사찰을 그렇게 많이 건립하였지만, 우리는 정부에 가로등 하나 세워 달라, 화장실 하나 만들어 달라고 요구한 적도, 보조금을 달라고 한 적도 전혀 없습니다.

관리는 헌신해야 하는 것이지, 달라고 요구하는 것이 아닙니다. 저는 요구를 한 적도 없지만, 그렇다고 해서 그것을 할 재원이 없었던 것은 아닙니다. 저는 불교에서 말하는 '인연'이 비교적 중요하다 생각합니다. 연이 닿으면 인연은 당신을 찾아올 것이고, 당신이 만일 인연이 없고, 인연을 맺지 않고, 인연을 맺으려고 하지 않는다면 인연을 찾으려 해도 찾을 수 없을 것입니다.

교도소

불광산의 원만한 대중생활

제 일생에는 너무도 많은 대중이 있었습니다. 출가한 도반이건, 동문이건, 제자이건, 신도이건, 직원이건, 봉사자건 저는 항상 대중 가운데 있었으며, 대중 가운데 제가 있었습니다. 이러한 성격 덕분에 저는 사람들을 버리지 않았습니다. 사람들도 저를 필요로 했으며, 사람들이 저를 필요로 하면 저는 반드시 그들과 인연을 맺었습니다.

나는 대중 가운데 있다

저는 올해 이미 90세가 되었습니다. 제 일생을 되돌아보니 한 살부터 90세까지 대중을 떠나본 적이 없는 것 같고, 혼자서 생활해 본 적도 없는 것 같습니다. 어린 시절에는 형제자매가 많아 매일 곁에 누군가 있었고, 저에 대한 부모님의 특별한 사랑을 느꼈습니다. 그러나 저는 감히 형제자매 앞에서 뽐내지 않았고, 늘 제 자신을 자식 중 하나라 여길 뿐 어떤 특권도 원치 않았습니다.

출가 이후에는 줄곧 대중 안에서 생활하며 백여 명의 스님들과 함께 있었습니다. 매일 많은 눈이 우리를 지켜보았고, 잘못한 일 하나만 발견되어도 우리 같은 어린 참학자에게 돌아오는 것은 훈계였습니다. 말이라도 잘못했다가 그 많은 귀에 들어가는 날에는 언제든지 우리에게 이것은 옳지 않고 저것은 안 좋다는 등을 지적하고 바로잡게 했습니다. 대중 가운데 있으면서 힘들고 괴롭기는 했지만, 이로움을 많이 얻었고 대중 속에서 갖춰야 할 성격도 길렀으며 홀로 지낼 기회가 없었습니다.

저는 일대일의 왕래를 가장 반대합니다. 일대일의 왕래는 더 많은 대중을 잃어버릴 수 있기 때문입니다. 만일 대중을 초점으로 한다면 더 많은 것을 소유할 수 있고, 더 큰 것을 소유할 수 있습니다. 그러므로 저는 최근 일필자一筆字를 연습할 때 "나는 대중 안에 있다(我

在眾中)"라는 글귀를 쓰기 좋아합니다.

기억해 보면, 제가 출가하여 수행을 한 이후로 어디에 있든 항상 단체행동을 했습니다. 밥을 먹을 때에도 항상 수십 명이 같이 있었지 절대 혼자 먹은 적이 없습니다. 심지어 과거에는 늘 수백 명이 함께 식사를 했습니다.

물러난 뒤에는 원래 저 한 사람만 주어진 특별한 대우였던 저의 식탁은 식사 때면 어김없이 어디서 알고 오는지 수십 명이 늘 함께 둘러앉아 식사를 했습니다. 저는 오는 사람 막지 않고 가는 사람 붙잡지 않는다는 식으로 무척 자유로웠습니다. 식사도 이러했지만, 회의까지도 이러했으니 네가 안 오면 그만이고, 네가 왔으면 나도 거절하거나 참가하지 말라 이야기 않고 환영한다고, 앉으시라고 했습니다. 매사를 모두에게 알게 하는 것 역시 일종의 학습입니다.

저는 차 한 대가 있었습니다. 그러나 차 안에 저 혼자 탄 적 없고 운전기사와 저 둘만 어디를 간 적도 없습니다. 도리어 '정원 초과는 화를 부른다'라는 식으로 차는 늘 만원이었는데, 그래도 또 옆에서 물어보는 사람도 있었습니다.

"스님, 저도 타도 될까요?", "스님, 저 좀 얻어 탈 수 있을까요?"

저는 반대하지는 않았지만 "자리가 있는지 살펴보십시오"라며 한 마디만 했습니다. 이리저리 차 안을 살펴봐도 공간이라곤 없으니 직접 상황을 보고 판단하라는 것입니다.

심지어 제가 자는 소파 옆에서 항상 누군가 이야기를 나누고, 누군가 그곳에서 논의를 해도 저는 상관 않고 자던 잠이나 잤습니다. 길을 걸을 때는 누군가와 산책하며 마음을 터놓고 이야기한 적도 전혀 없었으니, 저는 산책할 시간이 없었습니다. 제가 거기 앉아 있으면 늘 제 주위에는 사람들이 몰려들었습니다. 나이 지긋한 어른이시면 제게 이야기를 해주었고, 젊은이라면 제가 그들에게 일화를 들려주었습니다.

그러므로 사람들은 오기도 하고 떠나가기도 하지만, 거기에 상관없이 저는 대중 안에 있으며 '세 사람이 걸어가면 반드시 스승 될 만한 자가 있다'는 것을 느꼈습니다. 제 일생에는 너무도 많은 대중이 있었습니다. 출가한 도반·동문, 또는 제자·신도·직원·봉사자 등 모두 저는 대중 가운데 있고, 대중 가운데 제가 있었습니다. 이러한 성격 덕분에 저는 사람들을 버리지 않았습니다. 사람들도 저를 필요로 했으며, 사람들이 저를 필요로 하면 저는 반드시 그들과 인연을 맺었습니다.

불광산은 백만인홍학百萬人興學·천가사원千家寺院·백만공덕주百萬功德主와 같은 많은 사업이 있지만, 무슨 사업이든 모였다 하면 수천수만이 운집했습니다. 저는 이 한평생 3명 또는 5명의 단체 안에 있었던 것이 아니라 항상 수백만 가운데 하나였으니, 제가 대중 가운데 있다는 말이 참으로 기묘하기 짝이 없습니다.

아침 식사를 꼭 해야 한다

불광산에는 성문화되지 않은 규정이 하나 있습니다. 아침밥을 먹어야 한다는 것입니다. 그 의미를 잘 모르실 것 같아 여기에서 이야기하려 합니다.

불광산에서 수도하다 보면 가끔 몸이 안 좋거나 또 가끔 수면부족으로 아침에 부처님께 아침 예불을 드리지 못할 때가 있습니다. 이것은 용서할 수 있습니다. 그러나 준수하지 않으면 안 되는 규정이 있는데, 바로 아침을 먹어야 한다는 것입니다. 일반인들은 이해가 안 될 수도 있습니다. 아침밥 먹는 것이 그렇게 중요한가요? 아침 예불이 더 중요하지 않은가요?

예불은 개인적인 수행이자 개인의 신앙이니, 환희심만 있다면 조그마한 공간이라도 자신의 신앙대로 직접 예불 드리면 되는 것이기에 지나치게 완고한 규정은 아니라 생각합니다. 수행은 스스로 원해서 하는 것이지 강압적인 것이 아니기 때문입니다. 원해서 입도까지 하였는데 수행하는 것을 원하지 않을 이유가 있습니까? 그러나 '반드시 아침 식사를 하라!'는 것은 반드시 있어야 하는 규정입니다.

만일 당신이 아침을 먹지 않는다면 언제 일어날 것이고, 심지어 일어난 뒤 오늘 하루 무엇을 할지 시공時空을 계산하지 못하니 막막하게 느껴질 것이고, 시공의 규칙이 없어집니다. 그래서 아침 먹는 것은 하나의 규칙입니다. 아침을 먹은 뒤에 일을 하러 어디로 가고, 가르치러 어디로 가야 하고, 친구를 만나러 어디로 가야 하는 등 오늘 하루의 업무가 시작됩니다.

그러니까 오직 아침밥을 먹은 후의 업무가 조리 있게 순서대로 이루어질 수 있습니다. 게다가 당신이 아침을 먹은 후에는 다른 사람도 똑같이 아침을 먹었을 것이고, 모두가 아침을 먹었을 것이니 당신이 이런저런 일로 연락을 하기에도 매우 편리할 것입니다. 그래서 불광산에서는 대중과 함께 염불은 안 해도 되지만, 아침만큼은 제

시간에 먹지 않으면 안 됩니다.

저는 『인간복보』의 첫 페이지 칼럼 「미오지간」에서 생활 관리에 있어 아침을 먹어야 하는 것은 매우 중요한 생활습관이라 언급한 적이 있습니다. 아침을 먹지 않는 사람은 생활이 규칙적이지 않고 생활이 관리되지 않습니다. 그러므로 '아침식사를 꼭 해야 한다'는 것은 누구에게나 가장 중요한 생활 관리라 할 수 있습니다.

오찬처誤餐處와 적수방滴水坊

불광산에 건설한 많은 전각·교실·홀·회의실 등은 모두 홍법을 위해서였고, 이 모든 것은 사회 대중의 것입니다. 예를 들어 사찰에 들어와 예불을 하고 싶다는 대중은 불전에 들어가고, 손님이시라면 손님 접견실로 들어갑니다. 회의·방문·교육·식사 등 어느 하나 불광산에 와서 빠진 게 없다는 느낌을 받을 수 있습니다.

그러나 이 많은 건축 외에 불광산에는 시설이 한 가지 더 있습니다. 예를 들면 인과복리사因果福利社입니다. 그곳에는 모두가 공용으로 사용하는 것이 아니라 누군가의 습관상 필요에 따라 설계한 일상용품들이 있습니다. 예를 들어 사찰에서 매월 주는 세제 외에 로션이 필요하다거나 사찰에서 스웨터 같은 다른 물건을 제공해 주길 바란다거나 하면 어찌해야 할까요? 전체에 다 공급하자면 사찰에서도 많은 지출을 해야 하고, 누군가는 담백한 생활을 해서 별도의 물건이 필요치 않을 수도 있습니다.

그래서 제자들의 어떤 요구에 부응하기 위해 우리는 인과복리사를 설치했습니다. 그러나 이 많은 일상용품·생활용품들은 가져간 뒤에 비용을 지불해야 합니다. 모두가 누리는 물품은 모두 평등하게 고루 사용하는 것이지만 특별히 요구한 것은 당연히 스스로 비용을 지불해야 합니다. 인과복리사에는 관리하는 사람은 없지만, 상품 위에 가격 표시가 되어 있으니 직접 가서 가져가시면 됩니다. 돈을 안 내도 아무도 모르겠지만, 인과는 알 것이니 그래서 인과복리사라 부릅니다.

이외에 불광산에는 제자들을 위해 설계한 생활 속 작은 성의가 있습니다. 예를 들어 식사 시간을 놓쳤을 때, 굶을까 걱정하지 않아도 됩니다. 식사는 반드시 대중이 함께 해야 하지만 업무상으로나 또는 손님 접대의 공무로 식사 시간에 맞출 수 없어도 괜찮습니다. 오찬처에 가면 됩니다. 거기에는 전기밥솥과 보온냄비 등이 있고, 냉장고에는 차가운 음료수도 있어, 언제나 당신에게 제공해 줄 식사거리가 모두 구비되어 있습니다.

가족이나 친구가 방문했을 때, 사찰에 폐를 끼치기 싫고 개인적으로 접대하고 싶다면 친구 서너 명 또는 가족이나 친속을 적수방滴水坊으로 데리고 가도 됩니다. 안에는 간단한 음식도 있고, 면과 밥도 있고, 간식거리도 있으며 각종 반찬들도 있습니다. 잘 먹고 난 뒤 비용을 내고 싶다면 등과 향 값을 보태고, 만일 내고 싶지 않다면 먹고 그냥 가도 괜찮습니다.

제가 처음 적수방을 설계한 의미는, 세상을 살아가며 물 한 방울과 같은 은혜라도 샘물로 보답하라고 모두에게 권면하는 것이 주목적이었습니다. 사찰을 위해 발심한 수많은 수도자들에게 사찰의 감

불타기념관 예경대청의 적수방

사하는 마음을 전하는 데 있어. 적수방의 직원은 곧 사찰을 대표하여 보답해 주는 것과 같습니다. 모든 대중은 마땅히 우리에 대한 사찰의 보살핌에 감사하며 '물 한 방울의 은혜도 샘물처럼 보답한다'를 실천해야 합니다.

현재 불광산의 출가제자들이 이 많은 대우를 누리는 것은 물론, 일부 신도도 이런 수많은 제도가 있다는 것을 알고 기쁜 마음으로 가족이나 친구들과 적수방에 와서 식사하거나 간식을 먹으며 즐거운 시간을 가집니다. 한마디로 불광산에서는 비록 부유하지는 않고 호텔처럼 배불리 먹고 마시지는 못해도, 담백한 성격을 닮은 기호에 맞는 간단한 식사와 우리가 먹는 납팔죽(臘八粥: 중국에서 부처님 성도재일인 음력 12월 8일에 부처님께 공양 올리고 대중공양하는 죽)과 같이 일체를 품고 있습니다. 저는 이것이 바로 불광산 인성화人性化의 품격이라 생각합니다.

불광산의 관리법

타인의 거처를 드나들지 말라

사찰의 단체생활 가운데는 '타인의 요채를 넘지 말라(不准竄寮)'는 규칙이 하나 있습니다. 이것은 제가 과거 대총림에서 참학할 때 배워온 규칙입니다. '요채를 넘는다'는 것은 바로 타인의 방에 함부로 드나드는 것이며, 그리 하면 수많은 시비와 험담을 불러일으킬 수 있습니다. 그래서 총림에서는 타인이 머무는 방에 드나드는 것을 허락하지 않으니, 타인의 요채에 들어가서는 안 됩니다.

만일 대화하려면 대화할 공간을 설계하면 됩니다. 만일 신문을 보려면 읽을 수 있는 설비가 많이 있습니다. 심지어 도서관·오락실도 있습니다. 요채는 집회 장소가 아니기 때문에 출입을 금지시킨 것이고, 이렇게 해서 사적인 왕래, 사적인 비밀, 사적인 관계가 감소되었습니다. 승단 내에서는 일체를 공적으로 왕래하여 모든 대중이 나의 그림자를 볼 수 있게 하고, 나의 목소리를 들을 수 있게 하고, 내가 어디에 있는지 알 수 있게 해야 합니다. 저 역시 이렇게 해왔습니다. 저는 단 5분이라도 사람들이 제가 어디에 있는지 모르게 한 기록이 없습니다.

저는 불광산의 제자들에게 과거 대총림에서 시행했던 '요채 출입 금지'의 이 규칙을 반드시 준수하라고 요구합니다. 일이 있으면 공공장소에서 대화를 나누고, 어느 부서에서 회의를 연다면 어디를 회의장소로 약속할 것인지 관리부서에 보고 올리고, 일이 있어 상부에 보고를 올리려면 언제 어디서 상부에 보고를 올리겠다고 통보하면 됩니다. 어쨌든 모든 것을 공적으로 공정하게 처리하고 공개적으로 왕래합니다.

　요채에 들지 않는 것 역시 사적이고 은밀한 행동에서 밝은 빛 아래로 나오는 것이니 즐겁지 않겠습니까?

내무 점검

불광산에서는 의관 정제, 즉 "바람처럼 걷고, 종처럼 앉고, 소나무처럼 서 있고, 활처럼 눕는다"는 이른바 네 가지 위의威儀처럼 수도자 개인의 위의를 매우 중시합니다. 자신도 위의가 갖추어지지 않았으면서 어떻게 사회를 계도하고 중생을 가르치겠습니까? 특히 외부적으로는 대중 속에 들어가면 위의를 중시해야 한다고 강조할 뿐만 아니라, 개인적 내무 공간 역시 사찰에서는 가끔 점검을 합니다.

　이런 내무 점검 제도에 있어 침구·탁상용 전등·찻잔·책걸상·선풍기 등 모든 사람의 침실 안 일체 용품이 사찰에서 제공된 것이기는 하지만, 물건을 아무렇게나 놓아두지 않고 청결하고 가지런히 유지해야 합니다. 만일 부서를 옮겨 외지로 간다고 해서 이쪽 물건을 가져갈 필요는 없습니다. 새로운 곳으로 옮겨도 똑같은 물건이 그곳에 있을 테니 다음 사람을 위해 남겨 둡니다. 그 지역의 사찰에서 당신이 사용할 모든 물건들을 마련해 줄 것입니다.

　사찰에서 파견한 사람이 내무를 점검한 후, 특별히 우수한 사람에게는 문에 붉은색 천의 작은 깃발을 걸어두는데, 뛰어나 모범이 될 만하다는 의미입니다. 만일 매우 가지런하지 못한 사람에게는 검은 깃발을 걸어두는데, 개선할 필요가 있다는 의미입니다. 이러한 것은 그저 모두를 격려하는 뜻일 뿐입니다. 그래서 이 붉은 깃발과 검은 깃발이 바로 모든 사람의 관리원이니 관리와 교육할 사람이 필요하지 않습니다.

그래서 우리는 내무 관리도 매우 중시합니다. "방 하나도 다스리지 못하는데 어찌 국가와 천하를 논하겠는가?"라고 했듯, 당신이 방 하나도 제대로 정리를 못하는데 어떻게 장차 사회에 봉사하고, 사회를 개선할 수 있겠습니까? 아미타불께서는 48대원으로 극락정토를 장엄하게 만드셨는데, 당신은 자신의 방 하나조차도 장엄하고 청정하며 아름답게 만들지 못한단 말입니까?

사유재산을 축적하지 말라

불광산에서는 출가 수도한 자의 개인 사유재산을 허락하지 않지만, 일체의 것 모두 반드시 공유하라고는 절대 요구하지 않습니다. 불광산에는 공덕금고가 있습니다. 모든 개인은 가족이 돈을 보내거나 그 자신이 매월의 단은(單銀: 용돈)을 사용하지 않고 저축하고 싶다면 공덕금고에 보존하면 됩니다. 저축 기간이 오래되면 사찰에서는 약간의 이윤을 보태주기도 합니다.

누구도 개인의 예금이 얼마인지 혹은 개인의 재산 상태가 얼마나 되는지 물어봐서는 안 되고, 개인의 사적인 생활인만큼 간섭해서는 안 됩니다. 이 공덕금고는 불광산 전체를 통틀어 취급하는 직원 외에는 저를 포함해 누가 얼마나 예금했는지 모르며, 저도 누가 얼마의 돈이 있는지 알고 싶지도 않습니다.

자혜 스님을 예로 들어보겠습니다. 개산부터 지금까지 50년이 되었음에도 단은을 가져간 적이 없습니다. 그의 모든 단은은 공덕금고에 예금되어 있습니다. 한번은 제가 농담처럼 "스님의 단은이 50년이 넘었으니, 백만 원 이상 되었겠습니다. 왜 사용하지 않습니까?"하고 물었습니다. 그러자 자혜 스님은 "저는 필요치 않습니다. 이 돈이 있는 것도 까맣게 잊고 있었습니다. 본래 사찰에서 온 돈이니 다시 사찰에 귀속시켜야겠습니다"라고 대답했습니다.

불광산 누구나 사유하지 않는 이러한 수도자의 성격 덕분에 일체가 모두 "영광은 부처님께 돌리고, 원만성취는 대중에게 돌리고, 이익은 사찰에 돌리고, 공덕은 사회에 돌린다"고 하였습니다.

무소유는 계율이라 볼 수는 없습니다. 수도자가 성격상 약간 소유하고 싶어도 괜찮고, 소유하고 싶지 않다 해도 괜찮습니다. 지나치게 탐욕하고 집착하지 않는다면 소소한 사유는 성격대로, 원하는 대로 해도 괜찮습니다.

매사의 세 단계

불교는 군중과 개인과의 관계를 매우 중시하고, 인간 사이의 조화와 상하 절차의 통일을 중시합니다. 부처님께서 육화승단과 출가계율을 제정하시고, 중국에서 '백장청규'와 공동거주의 규약이 시행된 이래로 이러한 제도의 설립이 승가가 단체적인 규정을 분명하게 이해하는 데 도움을 주고, 행동에 있어 대중의 조화를 촉진시키고, 내부 윤리질서와 맡은 바 소임을 다하는 질서를 성공적으로 유지시켜

왔습니다. 이처럼 우수한 지혜 관리는 2,500년 동안 불교가 역량을 응집시키고 불법을 널리 시행토록 하였으며, 현대적 관리 개념에서도 공통된 인식에 도달했습니다.

인식의 일치는 성공적 관리의 첫걸음입니다. 제 손으로 불광산을 창건하였지만 승단이 공통된 인식을 응집하고 상하 한마음을 이루게 하기 위해 저는 명령하는 방식으로 단호한 결정을 내리지 않고, 차라리 시간을 허비하더라도 오가며 협상하고 회의를 열어 모두와 토의하고 연구하여 대중이 참여하고 결정하도록 하였습니다. 회의 개최의 관리 측면에서 저는 '모든 일에는 세 단계가 있어야 한다'를 제시합니다. 첫 번째 단계는 어떻게 할 것이고, 두 번째 단계는 어떻게 할 것이며, 세 번째 단계는 어떻게 할 것인지 대중이 회의에서 공통된 인식을 달성하게 하고 단계적 목표를 결정하게 합니다.

이 외에 회의를 열어 의안을 토론하고 단계적인 목표를 세우는 것 외에도, 서너 가지의 방안을 더 제시합니다. 예를 들어 첫 번째 방안은 어떻게 처리할지, 두 번째 방안은 어떻게 기획할지, 세 번째 방안은 어떤 의견이 있는지, 마지막으로 대중이 공동으로 토론하고 어느 방안을 사용할지 표결합니다. 이것은 관리 방면에서 중요한 관념입니다. 건학에서도 법규조례와 사회시국의 변화에 대처하기 위해 첫 번째 방안과 두 번째 방안을 제시해야 건학의 성공이 유력한 것과 같은 이치입니다.

전쟁도 이와 마찬가지입니다. 첫 선제공격을 어디로 할까요? 모두 어떻게 협력할까요? 기후조건도 안 좋고 교량으로 건널 수도 없다면 어떻게 할까요? 이 방안이 곤란할 때에는, 예를 들어 뒤쪽으로 포위하는 방법의 두 번째 방안으로 교체해야 합니다. 두 번째 방안도 안 된다면 공중에서 폭격하는 등의 세 번째 방안도 있습니다. "무릇 사전에 예측하여 준비하면 성공하고, 준비가 없으면 실패한다"고 하였습니다. 돌발 상황에 대비해 다른 방법을 마련하여야 하며, 이러한 관리가 문제를 해결하는 데 효과가 있고, 부대의 효율을 촉진시킬 것입니다.

불광산의 관리는 단체 창작을 추구하고, 대중이 공동으로 연구·상의·결정하는 것 외에 회의 때 장점은 취하고 단점은 보완하는 방식을 취하고 있습니다.

1안과 2안을 연구해 내면 토론을 거쳐 서로 우수한 점만을 취합해 하나로 합쳐 진행합니다. 이러한 회의의 경험을 관리학 방면에서도 운용하면 관리법 제1안과 관리법 제2안을 연구·도출할 수 있고, 단체의 관리를 도울 서로 다른 방법이 나올 것입니다. 단체에는 공통된 인식이 있어야 하고, 모두가 받아들일 수 있는 해결방법도 있어야 합니다. 실행 가능성만 있다면 목표를 이루지 못할까 두려워할 필요가 없습니다.

승급 방법

불광산의 승단은 비록 사부대중이 평등하지만, 평등 안에서 차별이 있습니다. 아버지·아들·손자 등 윤리적 순서와 마찬가지로 분별이 존재하는 것입니다. 누구든 처음 불광산에 오면 그 개인의 학업·도업·사업의 성과를 보고 계급이 주어집니다. 처음 들어왔을 때 대체로 청정사淸淨士 1급만 할 수 있고 기간은 6년입니다. 청정사 6급 이후에는 '학사學士'로 올라갑니다. 2년에 한 등급씩 6급이 있으니 12년이 걸립니다.

순조롭다면 특별히 진급할 수는 있지만, 인연이 구족되지 않으면 승급의 기회가 없을 수도 있습니다. 정상적으로라면 18년 뒤 '수사修士'에 들 수 있습니다. '수사'는 4년이 한 등급으로 12년이 걸립니다. 이때는 이미 18년이 지났으며, 다시 12년이 지났으니 총 30년이고 이미 4, 50세가 되었을 것입니다. 이때는 '장로長老'에 들어가야 하는데, 즉 '개사開士'입니다. '개사'는 5년이 한 등급입니다. 이 단계는 이미 분별원의 주지를 맡을 수 있고, 심지어 종무위원이 되거나 불광산의 일급관리자가 될 수 있습니다.

과거 중국의 총림에는 48단單의 직무職務가 있고, 서직序職이 있고, 열직列職이 있었습니다. 이것은 마치 군대에 복무하는 계급별로 장군이 있고, 장교가 있고, 부사관이 있는 것처럼 대령 등의 서직 외에 그의 또 다른 업무인 사단장·연대장·대대장이듯 열직의 직무가 있는 것입니다. 불광산 역시 마찬가지입니다. 개사開士의 서직은 40년이 걸립니다. 만일 20세에 입도했다면 40년이 지나야 비로소 개사에 들어갈 수 있고, 개사 후에 다시 대사大師가 될 수 있습니다.

불광산 안의 모든 사람은 서직 외에도 또 다른 열직인 일의 직무가 있습니다. 주지이거나 감원이거나 주임이거나 팀장이거나, 또는 어느 관리자거나 조원일 수 있습니다. 자신의 능력에 따라 소임을 받고 인사이동을 합니다. 어쨌든 대중 안에서 이 모두가 공평한 것입니다.

사찰에 있는 대중은 일반적으로 명예와 지위를 따지지 않지만, 사람이란 결국 발전하고 상승하고 나아가야 합니다. 그래서 불광산에서는 직위 계급을 만들어 대중을 고취시키고 있습니다. 종무위원회의 심사 아래 전등회가 맡아 대중의 진급을 처리하며, 이 수많은 진급에는 저마다의 상급자·동료가 자료를 제공합니다. 만일 대중을 잘 따르고, 책임감이 있고, 신도를 아끼고, 대중과 화목하다면 쉽게 승급합니다. 만일 성정이 괴팍하거나 타인에게 경솔하다면 처세에서 승급의 기준에 부합되지 않습니다.

불광산에서 누군가는 단계를 넘어 승급하는 사람도 있고, 수년 동안 승급하지 못하는 사람도 있습니다. 보기에는 불공평한 것 같지만 사실 모두 학업·도업·사업, 그리고 개인의 발심 빛 업무 성과를 평가하여 승급의 기준이 되는지 안 되는지를 결정합니다. 불광산의 승급제도는 인재를 매몰시키지도 인재를 저버리지도 않으며, 유망한 사람이기만 하면 중시 받지 않는 사람이 없습니다.

승급 방법은 불광산에는 공평·공정·공개적이며, 일체를 공적으로 공정하게 처리하니 마음으로부터 복종하지 않는 사람이 하나도 없습니다.

인사이동

과거의 사찰은 머무는 대중이 몇 사람밖에 없었기에 서로 말만 하면 되었습니다. '당신은 이것을 하고, 저 사람은 저것을 하고', 업무도 돌아가며 하면 되었습니다. 불광산에서는 이렇게 아무렇게나 돌아

불광산의 관리법

가면서 할 수 없습니다. 불광산은 단순한 사찰이 아니고 하나의 교단입니다. 거기에는 공간·시간이 있고, 입도한 시간도 저마다 모두 다릅니다. 10년·20년·30년·50년, 심지어 60년 된 사람도 있습니다. 이 가운데 교대 인사이동의 제도가 있습니다.

예를 들어 당신이 유럽으로 옮겨서 일을 하고 싶다면 당신은 독일어·스페인어·프랑스어 등 모든 유럽국가의 언어에 대한 개념이 있어야 하고, 언어에 대한 조건이 갖춰져 있어야 합니다. 혹은 당신이 미국·캐나다·호주 등으로 옮기고 싶다면 영어에 대한 조건이 충족되어야 합니다. 당신이 한국·일본 등에 파견되길 원하면 당신은 사전에 한국어·일본어가 어느 정도 준비되어 있어야 하며, 그곳에 가서 뛰어나지는 않더라도 언어에 있어 생소한 것까지는 아니고 외교적으로 교류 정도는 할 수 있다고 사찰에서 생각하게끔 해야 합니다. 이것이 해외로 인사이동을 하는 기본조건 중의 하나입니다.

이외에 종풍에 대한 당신의 인정, 사찰에 대한 이해, 그리고 일에 대한 책임감 등이 모두 긍정적 평가를 받는다면 당신의 이동과 승급 역시 비교적 쉬울 것입니다.

불광산에서 사상·문화·글쓰기에 뛰어난 사람은 대부분 문화부서로 옮겨 갑니다. 신문사·잡지·도서관·장경루 등과 같은 곳은 문화교류와 문화직무가 있는 부서입니다. 언변과 교리에 뛰어나면 대개 교육부서에 있고, 심지어 박사·석사인 사람은 대학교에서 교직을 맡거나 불광산에서 건학한 각 중등학교에서 교편을 맡고 있습니다.

그 많은 직무의 임기는 모두 그리 길지 않습니다. 기본 3년이고 근무 기간이 만료되면 다른 곳으로 이직을 청할 수 있습니다. 만일 사찰에서 필요하다면 상의해서 임기 연장을 할 수도 있습니다. 불광산의 이직은 융통성이 없는 규범은 아니며, 모두가 기뻐하며 인연 따라 이루어집니다. 원칙이 이러하니 모든 사람이 기꺼이 원해 부서에 남습니다.

심지어 환경보호를 하겠다고 자원하고, 재활용품을 회수하겠다고 자원하고, 창고에서 밥하고 불 때는 소임을 자원하는 이들도 많습니다. 어떤 사람들은 이러한 고된 학습으로 자신의 성장을 증가시키는데, 이것 역시 매우 괜찮습니다.

불광산의 제자들이 1, 2천여 명 되지만 인사상 공평하고 공정한 순환 아래 각자 맡은 자리에서 맡은 바 소임을 다하고 있으며, 이제껏 인사상의 많은 불평이 야기된 적이 없습니다. 불교와 종풍에 대해 직접 느끼고 인정하지 못하는 사람은 우리 역시 도를 버리고 환속하도록 격려하고 권계합니다. 특히 현대의 우울증, 또는 몸이 불편하여 대중 안에서 생활하기 적당치 않으면 우리는 또한 그가 사회에서 또 다른 길을 찾을 수 있도록 도와줄 것입니다. 그를 가족의 한 일원처럼 인연 따라 돌봐줄 것입니다.

완전한 승단을 위해서는 일정한 규범이 있어야 합니다. 만일 단체 안에서 대중을 따르지 않고, 소임이 맞지 않는다면 사찰에서는 또 다르게 해결책을 제시해 줄 것입니다. 그러나 모두가 공평하고 정의로운 것을 얻게 해줄 것이니, 분명 모두 복종하고 존중할 것입니다.

퇴직제도

불광산에서는 근무한 후 퇴직하는 퇴직제도가 있습니다. 또한 근무 연령이 일정 나이가 되면 퇴직하는 제한이 있습니다.

제가 타이완에 온 후, 불광산에서 저와 함께 불교를 공부한 60년 이상 된 분들이 있는데, 지금은 모두 8, 90세가 되었습니다. 마땅히 퇴직하셔야 할 그분들을 위해 불광산에서는 장로원을 하나 만들어 그들을 장로라 존중하고 있습니다. 비록 퇴직은 했지만 여전히 장로의 신분으로 계속해서 사찰을 보호하고, 후학 교육을 하며 이끌고 도움을 줍니다. 그래서 장로원에는 물러났으되 쉬지 않는 장로가 아주 많습니다.

과거 불광산에서 40년을 근무하거나 65세가 되면 퇴직할 수 있었습니다. 그러나 현재 불광산 사람은 65세가 되어도 여전히 젊고 매우 건강합니다. 만일 65세가 되어 퇴직해 갑자기 할 일이 없어진다면 상실감이 들 것입니다. 그래서 저는 종위회宗委會에 75세가 되면 퇴직시키도록 하자는 건의를 하고 싶습니다. 그 정도면 괜찮을 것 같습니다.

퇴직제도는 퇴직하고 난 뒤 재임이나 재직 시기보다 관련 생활 일체의 더 세심한 보살핌이 있어야 합니다. 만일 전문인의 보살핌이 필요하다면 누군가 삼시세끼와 일상생활을 챙겨드릴 것입니다. 만일 병환이 생기면 병원에 입원해 치료해 줄 것이고, 간병인이 24시간 돌봐주게 할 것입니다. 그러나 불광산에서 근무한 시간이 무척 오래 되었기에 후배들이 많아 수많은 장로가 퇴직했고, 일단 병환으로 입원하면 문병하러 오는 제자·학생·후배가 줄을 설 정도입니다.

저는 불광산 부근의 룽종(榮總)·이따(義大)·창껑(長庚) 등 병원의 원장들께 항상 사과를 드립니다. 불광산의 누군가 병원에 입원했다 하면 곧바로 많은 사람이 문병을 가서 병실은 사람으로 가득 차고 병원 측 질서를 어지럽히게 되기 때문입니다. 그래도 병원 측에서는 괜찮다며 언제든 우리를 환영한다고 말합니다. 가만 보면 불광산 부근의 많은 병원이 불광산의 제자들에게 기쁜 마음으로 치료해 주고 있고, 심지어 병실이나 간호 면에서 더 좋은 대우를 해주는 등 혜택을 주고 있습니다.

불광산은 평소에 항상 사람들과 인연을 맺고 있으니 사람들도 우리와 인연을 맺습니다. 불광인의 한 사람으로 늙건 병들건 죽건 태어나건, 또는 국내에 있든 해외에 있든 특별한 인연이 있어 사회가 우리에게 특별한 혜택을 주고 있고, 우리도 이러한 좋은 인연에 매우 감사하고 있습니다.

이화동균利和同均 홍빠오

불교의 이익균등利益平均은 한 단체 안에서 결코 쉽지 않은 것입니다. 예를 들어 당신이 지객知客 임무를 맡고 최일선에 서서 신도와 접촉한다고 할 때, 신도는 당신의 접대가 고마워 즐거운 마음으로 명절에 홍빠오(紅包)를 당신에게 보냅니다. 당신이 거절하였다면 꼭 그럴 필요는 없습니다. 당신이 받아서 개인 사유재산으로 삼았다면 그것은 안 될 일입니다. 이유가 무엇일까요?

당신이 받은 이 홍빠오는 그가 당신의 호의에 감사해서 온 것입니다. 차나 밥이 그의 입맛에 맞았을 수도 있고, 당신의 접대가 그에게 기쁨을 주었을 수도 있습니다. 그러나 이 모두가 전부 당신 개인의 것은 아닙니다. 주방에서 일하는 사람도 있습니다. 그는 그 자리에 나오지 않아 얻지 못했을 뿐입니다. 만일 당신이 이렇게 개인적으로 홍빠오를 사유한다면 그것은 이화동균(利和同均: 이익을 공평하게 함)과 경제 형평에 결함이 생기게 할 수 있습니다.

과거 중국에서는 신도가 사찰에 가서 보시할 때 일종의 '견상결연見相結緣'의 풍조가 있었습니다. 신도가 와서 불사를 하며 현장에 있는 모든 사람에게 홍빠오를 하나씩 나눠주거나, 선물 또는 기념품을 나눠주는 것인데 이것을 일러 견상결연을 한다고 합니다. 사찰 안에서는 앞에 나서는 형체 있는 사람 말고, 뒤에 숨어 일하며 나타나지 않는 사람도 매우 많습니다. 그런데 이렇게 하면 그 사람들을 생각하지 않고 진짜 고생한 공덕주인 그들을 홀대시하는 것이 되니, 이러한 견상결연이라면 사실 공평한 것이 아닙니다.

불광산에는 한 가지 제도가 있습니다. 모든 홍빠오(수입)를 전부 모아 전등회로 귀속시켜 전등회에서 각종 상황을 고려하여 여러 사람에게 다시 분배합니다. 예를 들어 밖으로 참학하러 간다면 얼마를 주어야 할까요? 병이 나 병원에 치료받으러 간다면 얼마가 필요할까요? 부모님을 찾아뵈러 간다면 얼마간의 도움을 주어야 할까요? 이 수많은 사례처럼 필요한 사람에게 그것을 나눠줍니다. 필요하지 않은 사람도 타인이 가진 것을 보고 불공평하다 말하지 않습니다.

이외에 불광산에는 홍빠오에 대한 규정도 있습니다. 모든 신도는

대자大慈유치원의 소임을 맡은 분들 및 원생들과 기념 촬영하는 성운대사

본산에 들어오면 모든 사람에게 홍빠오를 줄 필요는 없습니다. 천여 명이 넘는 사람이 불광산에 있는데, 그 많은 홍빠오를 무슨 수로 나눠줄 수 있겠습니까? 사찰에 약간만 내도 모두가 다시 분배할 것입니다. 10원이고 20원이고 괜찮으니 당신은 "이것은 제가 대중에게 공양하는 것입니다"라고 말하면 됩니다. 돈은 금고로 들어가고 전등회로 들어가 필요한 사람에게 쓰일 것입니다. 저는 이것이 바로 홍빠오를 공유하는 인연이라 생각합니다.

그런데 불광산의 이와 같은 프로세스를 잘 이해하지 못하는 신도가 일부 있습니다. 때로 신도들이 조산회관에서 식사를 하고 등과 향 값을 좀 내려 하면, 일하는 사람은 자주 보는 신도들이라 공손하게 말합니다. "이러지 않으셔도 됩니다." 그러면 상대는 바로 "그럼 우리가 육유원(유치원)에 보시하는 걸로 하겠습니다"라고 말합니다. 그래서 육유원은 본의 아니게 아동의 자선기구가 되어버렸습니다.

어느 해인가 어떤 신도가 육유원에 와 그들에게 자동차를 보시하고, 그들에게 컴퓨터를 보시했습니다. 육유원에는 차도 몇 대 있고, 컴퓨터도 이미 여러 대 있어 그들이 다 사용하지도 못합니다. 그래서 사찰에서 등과 기름 값을 냈는데, 신도는 오히려 육유원에 가서 밝히니 이것 역시 불공평한 것입니다. 다행히 아동복지에 대해 불광산은 그들이 좀 더 누릴 수 있게 더 주기를 원하고 있습니다.

개산 이래 이미 800명의 육유원 원아가 우리에게 수십 년간의 보살핌을 받고 사회에서 가정을 이루고 사업을 일으켰습니다. 이 아동들은 어른이 된 뒤, 은혜에 감사하고 보답하고자 명절만 되면 불광산을 찾아 봉사하고 도와주고 일을 해줍니다. 불광산 또한 인재를 배양하는 아동의 집이라 할 수 있을 것입니다.

승가법정

불광산 개산 후로 사람은 끊임없이 증가했습니다. 사람이 많아지면 사상 면에서, 불학의 공동의식 면에서, 수행의 방법에서 논쟁이나 집착도 생겨나는 것을 피할 수 없습니다. 그래서 이를 방지하고 모두가 함께 흘러가며, 공통된 인식 아래 단결할 수 있게 반드시 해결방법을 마련해야 합니다. 모두가 하나의 불광 사찰 아래에서, 하나의 부처님의 마음 아래에서, 설령 다른 지견이 있다 하더라도 삿되지 않다면 사찰에서는 다른 종파의 사상도 모두 허용할 수 있습니다.

그러나 인사상 분쟁이 있을까 염려하여 승가의 일을 승가가 결정하는 승가법정을 특별히 설립하였습니다. 승려 사이에서 논쟁이 생겼다면 승가법정을 조직하여 모두에게 중재시켜 줄 수 있습니다. 승가법정을 설립은 했지만 40년 동안 사용한 적은 전혀 없습니다. 승가법정의 건립과 관련하여 쌍방 당사자는 각자 자신을 변호할 다섯 명을 찾아야 하며, 쌍방이 합해 10명입니다. 이외에 사찰의 종위회 역시 공증인 5명을 파견합니다. 이렇게 15명이 조직되면 개정하여 누가 옳고 그른지 심의할 수 있습니다.

제 기억으로는 몇 년 전 박사학위를 받은 제자들이 있었는데, 단체 안에서 사람들과 지내는 데 인연을 따르지 못했고 그 자신도 억울한 면이 많다고 생각하는 듯했습니다. 저는 그래서 당신을 도와 변론해 줄 5명을 찾아오면 내가 전등회 또는 도감원에 승가법정을 한 차례 열게 도와주겠다고 말했습니다. 그러나 그는 다섯 명은커녕, 그를 변론해 주고자 나서는 사람이 없어 결국에는 흐지부지되었습니다.

승가법정에 대하여 저는 승가의 일은 승가가 결정한다는 이상은 있었지만 지금까지도 아직 사용해본 적이 없습니다. 불광산 과거 50년 동안은 제가 이치와 근기에 맞게 지도하는 것을 채택해 왔습니다. 앞으로 50년 동안 어찌 될지는 승가법정이 대중에게 반드시 공도公道를 줄 것이기에 저는 마음이 놓입니다.

과거 중국에 있을 때의 기억으로, 사찰 내에서 만일 해결 못 할 일이 발생하면 사찰 안의 장로에게 도움을 청했습니다. 그러나 모든 장로가 표준을 만들기가 어려웠습니다.

　불광산에는 일찍부터 승가제도가 있어 왔지만, 앞으로 점차 수정해야 될 것이라 생각합니다. 제가 지금 관찰해 보건대 미래에 평화롭고, 조화롭고, 화목하게 어울리는 것은 문제없다고 봅니다.

떳떳하게 드러내놓다

'재산공개법안'이라고 있습니다. 정부의 고위직 공무원이라면 누구나 공직에 앉기 전에 반드시 개인재산을 사전에 신고해야 합니다. 공직에 앉은 뒤 그가 횡령·부정을 저지를까봐 공직에 오르기 전 얼마의 재산이 있었는지 알려는 것입니다. 공직에 오른 뒤 얼마나 모았는지 보면 그가 횡령했는지 알 수 있고 관직을 이용해 얼마나 부당한 이익을 취했는지 알 수 있기 때문입니다.

　물론 '재산공개법안'이 완전무결한 것이라 볼 수는 없습니다. 위에 정책이 있으면 아래에 대책이 있어야 하는데, 고위직에 앉은 사람이 재산을 처자식의 명의로 옮겨 놓으면 '재산공개법안'으로도 그를 어찌할 수가 없습니다. 그러나 사람은 늘 인격이 있고, 사람에게는 항상 도덕이 있고, 사람에게는 늘 여론도 있는 법이라, '재산공개법안'이 일부 인사에게는 그래도 경계의 작용을 하기도 합니다.

　불광산에서 저는 평생을 대중의 앞에 서 있었고 개인적인 생활이 없었기 때문에, 제 자신을 '햇볕 인물'이라 믿고 있습니다. 저는 어떤 말도 사람들과 솔직하게 이야기하기를 좋아하는 성격이고, 어떤 일이든 비밀이라 생각하지 않고 타인에게 말해 주길 좋아했습니다.

수십 년 동안 불광산에서 회의를 열고 강연을 할 때마다 불광산의 많은 직사職事들 가운데 누군가 제게 와서 묻습니다. "이번에는 출가자만 참가시키고 재가대중은 참가시키지 말까요?" 그러면 저는 "왜 그래야 합니까? 재가대중도 우리와 똑같은데…"라고 말합니다. 어느 때는 집회에 직사는 참여해도 되고 학생은 참가하면 안 된다고 그러면, 저는 상관없으니 학생들도 와서 공부할 수 있게 하라고 말합니다.

저의 인생은 늘 햇빛 아래 다 드러내 보이듯 무슨 일이건 비밀이 없고 공개적이었다고 생각합니다. 햇빛 아래 만물이 성장하고 만물이 영급니다. 만물은 햇볕 덕분에 생기 넘치고 밝아지며 성취됩니다. 그러므로 제 개인은 무슨 정보공개니 아니니 하는 법안은 생각해 본 적이 없습니다. 저는 '타인에게 말하지 않는 일이 없다'는 성격을 가졌다고 자부합니다. 인간 세상에는 비밀이란 없습니다. 이것도 비밀을 지켜야 하고 저것도 타인에게 말하면 안 된다는 식으로 비밀이 너무 많다면, 저는 그 자신에게 분명 문제가 있다고 생각합니다.

좋은 것이든 안 좋은 것이든 불광산의 내용이라면 저는 모두 솔직하게 말합니다. 심지어 저의 결점도 말하고, 강연할 때 제 자신의 망신거리까지도 들려주길 좋아합니다. 저의 집이 가난하여 어린 시절에는 쓰레기를 줍고 개똥·소똥도 주웠다는 이야기, 출가한 후에는 때때로 욕먹고 매 맞고 한 일, 제가 음치이고, 학교에 다닌 적도 없으며 졸업장을 받지도 못했다는 것 등을 말입니다. 이것이 저의 본래면목이니 다른 사람이 비웃을까 걱정하지 않습니다.

제가 결점을 많이 이야기하긴 했지만, 사실 이것도 결점은 아니라 생각합니다. 다른 관점에서 보면 사람은 가난해도 뜻은 가난하지 않다고, 가난한 것이 무슨 상관이겠습니까?

당신이 소똥·개똥을 줍는다 하지만 밝은 면에서 생각하면 환경을 중시한 것이고, 폐자원 활용인 것이니 이게 무엇이 안 좋습니까? 제가 음치라서 다른 길을 찾아 작문을 공부했고, 발심하여 고행을 공부해 부족한 결점을 메우려 했습니다. 결점은 인생에서 매우 중요한 일은 아니라고 생각합니다. 자신의 결점 또한 남이 알아서는 안 되는 비밀은 더구나 아닙니다.

출가인은 "발우 하나에 천 집의 밥을 담고, 승려 홀로 만 리를 주유한다(一缽千家飯 , 孤僧萬里遊)"고 했습니다. "나에게 가사와 내의 한 벌만 있으면, 불문은 넓으니 어디든 갈 수 있다"고 했습니다. 저는 "한 집에 있으면 그 집을 보호하고, 한 나라에 있으면 그 나라를 보호한다"는 성격입니다. 어디를 가든 제 자신의 소유인 것처럼 여깁니다. 심지어 저는 또한 불교만이 나의 것이라 여기지 않고 세상의 모든 종교는 보호해야 한다고 생각하며, 더 나아가 이 세계 모두를 저는 사랑하고 보호할 것입니다.

누군가는 왕영경(王永慶: 타이완 최대 기업 포모사 그룹 창업자)의 재물이 매우 많다고 말합니다. 만일 제가 출가하지 않았다면 왕영경처럼 되었을지도 모릅니다. 사실 재물을 논하면 저는 왕영경과 비교가 되지 않습니다. 흉금과 도량을 논한다면 저는 그보다 더 부유합니다. 저는 삼천대천세계를 제 마음에 담고 있고 제 마음에는 햇빛이 있기 때문입니다. 이른바 "천년 동안 빛이 들지 않던 어두운 방에 등 하나 켜자 금방 밝아졌다”고 하듯이 삼천대천세계의 일월日月이, 햇빛 아래 광명의 따스함과 광명의 눈부심을 누리기에 부족할까요? 저는 불광산의 대중도 햇빛의 성격을 배우기를 희망합니다.

불광친족회

저를 따라 출가한 제자들이 천여 명에 이르는데 그들 모두는 저의 아이이며, 출가 입도한 그 순간부터 저는 그들의 일생을 돌봐주고 가르쳐 길러내야 할 책임을 짊어지게 되었습니다. 제자들이 비록 부모와의 정을 끊어내고 불문에 들어 봉헌하고 있다지만, 속세의 부모·권속과의 혈연의 정은 자신의 생명과 떨어질 수 없고, 출가했다고 해서 가족과의 왕래도 못한다는 것은 아닙니다.

젊은이가 출가 입도하는 것은 그리 쉬운 일은 아닙니다. 어떤 젊은이는 부모님의 허락 없이 출가하였지만, 부모님이 알고 난 뒤에 불광산으로 찾아와 자녀를 집으로 데려가겠다고 소란을 피웠습니다. 물론 이런 청년들은 신앙의 이유로 돌아가기를 거절하였기에, 우리는 그저 옆에서 부모님에게 자녀의 소망을 이루어 주시라 권고할 뿐이었습니다.

회상해 보면, 은사스님이신 지개 화상께서 저의 어머니에게 쓰신 서신 하나를 본 적이 있습니다. 서신 첫머리에는 ‘사돈어른’이라 쓰여 있었는데 제게는 이것이 너무 인상적이었습니다. 원래 스승과 제자의 속세 부모는 사돈과 같습니다. 그래서 후에 사찰을 세우고 제자를 들이면서 저도 제자들의 부모를 제 자신의 친족으로 여겼습니

성운대사와 불광산 친족들이 함께 여래전 앞에서 기념사진 촬영(2008.1.2).

다. 불광산에는 천 명이 넘는 제자가 있으니, 우리에게는 천 명이 넘는 사돈이 있는 것입니다.

1993년, 저는 처음으로 '불광친족회'를 개최해 제자들의 부모님·가족들을 불광산으로 초대했습니다. 2년에 한 번 갖는 친족회는 부모에게 자신의 자녀를 만나보게 하는 것 외에, 저는 반드시 사돈들에게 불광산이 추진해 나가고 있는 사업들을 설명합니다. 누구는 교수를 하고, 누구는 어느 곳의 주지를 하고, 누구는 학교와 라디오, 신문사를 이끌어가는 등 자녀가 불문에서 어떠한 성과를 이루었는지도 설명하여 제자의 부모님께서 안심하시고, 자녀가 불문에서도 전도유망하다는 것을 알게 하려는 것입니다.

인연이란 참으로 불가사의합니다. 불문의 수많은 사돈은 친족회에 여러 차례 참석하다 보니 불광산의 홍법 이념도 더 많이 이해하고, 불광산이 그들의 자녀를 어떻게 돌보는지도 알게 되며, 심지어 자녀들이 불문에서 발전해 나가는 모습까지도 보게 됩니다. 사회에서 사업을 벌이고, 결혼해 자녀를 가지는 것보다 더 넓고 탄탄한 길임을 알고, 자녀의 출가를 반발하던 부모가 점차 출가의 길을 잘 나아가라 축복을 해주니, 이것은 참으로 커다란 변화입니다.

"출가한 자식 하나로 구족이 하늘에 난다"라는 말은 자녀가 출가하여 사회에 복을 짓고 중생을 널리 제도하니, 그 닦은 복과 공덕이 자연히 가족에게 미쳐 함께 이로움을 얻는다는 것입니다. 그래서 불광산은 제자들의 복리제도 역시 고려하였습니다. 만일 제자들이 실제로 부모를 봉양해야 할 필요가 있으면 마땅히 사돈들을 평안하게 모실 곳을 제공해야만 합니다.

그래서 불광정사佛光精舍는 퇴직 후 노년을 보낼 제자들에게 제공되는 것 외에도, 사돈들이 입주하여 많은 부모님들이 서로 이야기도 나누고 보살피도록 허락하였습니다. 공통된 화제와 다 같은 신앙을 가졌는데 어떻게 자녀의 출가가 그들의 복이라 하지 않을 수 있겠습니까? 이렇게 우의를 나누고 관심이 필요한 곳에 관심을 베푸는 방법이 바로 인성의 관리 모델입니다.

부모님 뵙는 특혜

불광산에는 수천 명의 제자가 있습니다. 그들 가정에는 항상 그의 도움과 해결을 필요로 하는 권속의 문제가 있습니다. 부모님이 아프셔서 병원에 입원했다고 합시다. 그의 집에 또 다른 형제자매가 없다면 우리는 사정을 감안해 도와줄 수 있고, 심지어 사람을 함께 보내 그의 부모를 보살필 수도 있습니다. 그러나 형제자매가 있고 출가한 자녀가 그 하나라면 마땅히 집에 있는 형제자매에게 부모님을 챙겨드리게 하고, 출가자는 다른 쪽에서 부모님을 위해 효도를 다하게 합니다. 반드시 속세의 집으로 돌아가 다른 형제자매와 동등하게 해야 하는 것은 아닙니다. 아무리 그래도 입도한 것과 속세에 있는 것은 어느 정도 분별이 있어야 합니다.

만일 부모가 연로하셔서 스스로 영위하기 힘들다면, 그를 대신해 그의 부모님을 사회에서 운영하는 양로원에 모시고 매달 어느 정도 보조하는 것도 불광산에서는 기꺼이 도와드릴 수 있습니다. 부모님의 큰 생신에는 선물도 준비해 제자를 집으로 보내주어 부모님께 효도하고 자녀의 도리를 다하게 할 것입니다. 만일 부모님이 돌아가시면 모든 제자는 집에 돌아가 상을 치르는데, 사찰에서는 불광산에서의 공적에 따라 수만 원까지 차등 지급하여 조금이라도 조상을 빛낼 수 있게 합니다.

제자와 권속의 관계에 있어 불광산은 다른 지역의 도량과 다른 점이 좀 있습니다. 불광산은 제자 하나하나의 부모님을 모두 불광산 전체 제자의 부모님이라 여기고, 우리는 이 수많은 부모님이 전 불광산의 자제를 자신의 자녀로 봐주시길 희망합니다. 이로 인하여 모두가 불문 안에 있으므로 법으로 맺어진 정이 생기고 의리가 생깁니다.

불광산은 제자들의 복리를 중히 여기는 도량입니다. 모든 제자가 평소 모두 돈이 필요하지 않을 수도 있습니다. 그들이 생활하며 필요한 모든 것들을 사찰이 이미 부담하기 때문에 그들은 돈이 있어도 쓸 곳이 없습니다. 사찰에서는 그래도 그들에게 약간의 돈을 지불합니다. 이른바 '단은單銀'이 그것이니, 가끔 도반과 적수방에서 국수라도 한 그릇 먹거나, 가끔은 문구를 사는 등 이 정도 능력은 된다는 생각이 들게 할 것입니다.

인성을 관리하는 것은 모든 사람이 정의情義를 이해하게 하는 것입니다. 불광산의 제자에 대해 저는 그들 모두 정과 의리를 가진 인연 있는 사람이라고 생각합니다.

형제자매의 관혼상제 참여 불가

입산수도하는 사부대중 제자에게 불광산은 인정도 있고 인간의 본성이 어떻다는 것을 알고 있지만, 수도자라면 발심할 줄 알고 신성함도 갖춰야 합니다. 입세간과 출세간 사이에서, 입도와 속세의 사이에서 우리는 분별해야 합니다.

예를 들어 입산수도하는 제자의 부모라면 출가한 우리 제자는 부모님을 보살피고 시봉할 책임이 있습니다. 부모이기에 효도하는 것은 당연합니다. 그러나 출가자로서 세속의 세간에 지나치게 깊이 개입해서는 안 됩니다. 부모님 외에 또한 백부·숙부가 계시고 조부모도 계시는데, 이러다간 '몸은 산림에 있어도, 마음은 세속에 가 있다'고 할 수 있으니, 무슨 수행입도를 이야기할 수 있겠습니까? 게다가 사람이 이처럼 많은데 거기 딸린 가족들까지 일일이 신경을 쓰다보면 이것은 승단 같지 않은 승단이 될 것입니다.

불광산에는 한 가지 규정이 있습니다. 출가한 자녀가 부모에게 효도를 다해야 하는 것은 당연하지만, 형제자매 등 기타 권속의 상례와 제사·질병 등은 귀가의 이유가 될 수 없습니다. 기왕에 입도하였다면 그렇게 많은 데에 간섭할 필요가 없습니다. 형제자매가 결혼한다 해도 집에 가지 못하며, 먼 친척의 장례 역시 참견하지 말아야 합니다. 이유가 무엇일까요? 승단의 대중 안에 매일 사람이 쉽게 자주 드나들어 사회와 교단이 불분명해지면 안 되기 때문입니다.

그래서 불광산은 친족회를 개최해 부모님과 가족들이 2년에 한 번 불광산에 와 자녀를 이해하고, 자녀에게 부모를 찾아뵙고 효도를 다하게끔 하고 있습니다. 이외에 만일 부모가 60세 이하이면 생신이란 이유로 부모님을 뵈러 귀가할 수는 없습니다. 만일 70세 이상의 큰 생신이라면 당연히 세속적으로 생략할 수 없습니다.

사실 제 개인적인 생각은 70세도 좋고 80세도 좋고, 모두 모난일母難日이니 생신을 축하드린다는 말은 하지 말아야 합니다. 생일 하루는 어머니를 생각하고 어머니를 축복하여야 합니다. 그러나 세속의 사람은 다 이해하지 못하고 자신의 입장만 내세우는데, 자녀는 방법을 터득하지 못하고 그런 세속을 따르며 돌아가 부모에게 축수를 드립니다. 그러나 만일 큰 생신이 아니면 쉽게 휴가를 내고 함부로 가보지 말아야 합니다.

속가의 부모·형제·자매 등에 대해 불광산은 일정한 규정이 있습니다. 그러나 우리에게는 인성이 있지만, 동시에 불성도 가지고 있어야 합니다.

남녀유별

세간에는 인사상의 분쟁이 매우 많습니다. 누구는 명리를 위해, 누구는 사상을 위해, 누구는 지위를 위해, 누구는 재물을 위해…, 각자 자기의 입장이 모두 있습니다. 그 중에서 가장 많은 분쟁은 바로 남녀문제입니다. 무릇 한 장소 안에 남녀가 함께 어울리다 보면 서로 다른 성별 때문에 감정의 갈등과 시시비비가 생겨나는데, 참으로 끝이 없습니다.

당초 제가 '이란'에 있을 때 수많은 젊은이, 수많은 청춘남녀들이 모두 막 이성에 눈뜨기 시작한 앳된 소년 소녀였는데 어찌 감정이 동하지 않을 수 있었겠습니까? 그러나 기묘하게도 제가 이란에 있던 10년 동안 이 남녀들은 감정의 분쟁이 일어난 적이 거의 없었습니다. 남성은 모두 자신을 소중히 여겼고, 그들은 그들만의 단체가 있었습니다. 그들은 홍법이생에만 흥미가 있었기 때문에 여성으로 보이는 것이 아니라 모두 불법으로 보였으니, 감정적인 문제는 일어나지 않았습니다.

마찬가지로 여성도 여성끼리의 단체가 있었고, 불법을 위해 노력하고 일할 뿐 남자들을 보러 가지 않았습니다. 그래서 제가 이란에 있을 때 이끌었던 수백 명의 남녀가 남녀문제를 발생시키지 않은 가장 중요한 요인은 그들에게 불법이 있었기 때문이라 생각합니다. 제가 계율로 규범 짓지는 않았지만 그들은 자연스럽게 법애法愛·선수禪修로서 우리 홍법단체에 참여하는 걸 자신의 재미로 삼았기에 남녀의 애정으로까지 발전하지 않았습니다.

제가 이란에 있던 10년 동안 이 청춘남녀 중에 단 한 쌍만이 결혼했습니다. 한 사람은 대학에서 공부하고, 다른 한 사람은 초등학교 선생님입니다. 나중에 저는 그들의 독실함과 불법에 대한 헌신을 느끼고, 그들이 불교식 가정을 이루어도 좋겠다 싶어 신도들에게 그들을 도와주고 축하해 주게 했습니다. 이 한 쌍의 청춘남녀는 임청지林清志와 임수미林秀美입니다. 결혼한 지 40여 년이 지났으니 선남선녀였다고 할 수 있으며, 자녀들 모두를 박사·석사로 길러냈습니다.

그들은 내내 이란에 살고 있습니다. 임청지 거사는 가르치는 것 외에 교도소 홍법까지도 40년 동안 멈춘 적이 한 번도 없었습니다. 그의 도반인 임수미는 아동반에서 가르치고 있는데 역시 40년 동안 멈춘 적이 전혀 없습니다. 그들은 제게 자녀가 부모에게 효도하는

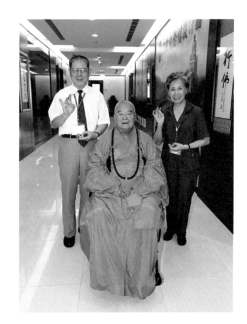

성운대사와 임청지,
임수미 부부

것보다 더 잘해 주었습니다. 수년간 그들은 매월 제게 2, 3천 원씩 보내왔습니다. 제가 필요 없다고 그렇게 말렸어도 그들은 생활비에서 고정적으로 예산을 잡아놓은 것이라며 고집했습니다.

저에게 설령 자녀가 있다 해도 그들만큼 하지는 못할 것 같습니다. 단순히 신도인 그들처럼 불법의 은혜에 감사하고 스승을 존중하는 모습은 참으로 보기 드뭅니다.

남녀의 애정문제에 대해 저는 먼저 그들에게 불법을 갖게 하고, 그 불법이 어떻게 자신의 성격과 심성을 변화할 수 있는지 알게 한다면, 남녀 간에 어울린다고 해도 많은 문제가 발생하지는 않을 것이라 생각합니다. 특히 불광산 개산 이래, 지역적 구분에서 참으로 큰 도움을 받았습니다. 불광산은 하나하나의 손가락과 같아 오지산五指山이라고도 부릅니다. 남성은 엄지손가락에 해당하는 산에 머무는데 바로 접인대불接引大佛이 계신 이 산머리입니다. 길 하나·도랑 하나 사이를 두고 바로 조산회관朝山會舘·대웅보전이 있습니다. 우리는 이것을 신도의 산이라 정했습니다. 신도가 참배하고, 머물고, 쉬고, 활동하고, 집회하고, 강학할 수 있습니다. 다시 다리를 하나 건너면 세 번째 산머리에 도착하는데 그곳에는 여중女衆의 총림학원이 있습니다.

그래서 남중에서부터 여중의 산머리까지 하나의 경계가 있어 갈 수가 없습니다. 여대중이 남대중의 산머리까지 가려 해도 경계가 하나 있으니 역시 갈 수가 없습니다. 남녀 대중은 각자 불법을 위해서가 아니고는 서로 개인적으로 왕래가 없고, 남녀의 분쟁도 없습니다. 나머지 두 산머리는 양로원과 고아원입니다. 여기는 더욱 아무

불광산의 관리법

런 일도 없습니다. 불광산의 직무에서 남중은 남중의 업무 단체가 있고, 여중은 여중의 업무 단체가 있어 각자의 소임을 다하기에 어떠한 접촉도 어떠한 왕래도 없습니다.

만일 남중과 여중 간에 중재가 필요하다면 우리는 연장자이면서 공명정대한 사람을 선출하여 맡깁니다. 우리 종무위원회 같은 경우 불광산에서 모두 2, 30년 이상, 또 4, 50세가 되어서야 종무위원이 될 수 있습니다. 종무위원 안에는 남녀 대중이 절반씩입니다. 그러나 남녀의 문제가 발생한 적은 전혀 없습니다. 모두 불법 이외에 기타 세속의 감정문제는 전혀 없습니다.

불광산의 화합은 모두의 신심을 안주시켜 주고, 선열과 법희를 느끼게 해주어 가장 훌륭하고 가장 아름다운 교단이 되었습니다. 불광산에서는 재산이 얼마냐를 따지지 않고, 지위고하의 논쟁이 없고, 속세 가정의 간섭이 없고, 인아의 시비가 없습니다. 일체를 승가에서 결정하기에 모두가 즐겁습니다. 불광산에서는 매일 매일이 명절 같습니다. 저는 이것 역시 승단 특유의 교화와 관리라 생각합니다.

물론 제도와 계율도 매우 중요합니다. 총림의 규칙과 불법의 계율을 준수하는 것 역시 정상적인 관리입니다. 모두 분별할 줄 알고, 자신이 가진 기풍과 습성을 가져다 또한 불광산이라는 단체를 자연스럽게 형성하면 좋겠지만, 남녀가 그래도 유별하다는 것 또한 매우 분명한 사실입니다. 우리의 이러한 남녀유별의 기풍이 익숙하지 않은 극소수의 사람만이 환속하여 집으로 돌아가는데, 이것 역시 본인의 자유의사에 맡깁니다. 이래야 승단의 청정함을 유지할 수 있습니다.

교사教士와 사고師姑 제도

불광산에서 출가한 남자 스님을 비구라 하고, 출가한 여자 스님은 비구니라 합니다. 불광산은 일찍부터 비구·비구니 모두 있었습니다. 그러나 남자 스님인 비구는 동산東山에 거처하고, 여자 스님인 비구니는 서산西山에 거처하는 등 두 산의 간격이 많이 떨어져 있어, 나중에 10년, 20년이 지나니 서로 상대의 이름조차도 알지 못했습니다. 남녀가 유별하기 때문입니다.

비구·비구니 외에 불광산에는 남성 신도와 여성 신도가 있습니다. 남성은 우바새, 여성은 우바이입니다. 저는 사찰은 비구와 비구니만의 전유물이어서는 안 된다고 생각합니다. 이곳은 집도 아니고 가옥도 아닌 시방의 신도가 함께 이루어낸 하나의 도량입니다. 비구·비구니는 사찰을 집이라 여겨서는 안 됩니다. 이곳은 수도하는 곳이니 사찰도량을 확대하여 사부대중의 소유로 삼아야 합니다. 비구·비구니 외에 우바새·우바이의 신도에게도 들어올 수 있게 해야 합니다.

그들이 가입한 이후 출가자의 승단과 재가의 교단이 생겨나며, 서로 각자의 소임을 갖고, 각자의 명호를 가지며 각자 단계를 밟아 성장합니다. 조직적인 내용이 반드시 있어야 모두가 서로 편안하고 아무 일이 없을 것입니다. 그래서 저는 비구와 비구니 제자들을 위해 그들 승급의 방법, 인사이동의 방법, 참학 휴가 요청의 방법, 의료간호의 방법 등을 명백히 제정했습니다.

이외에 수많은 재가의 인사가 승단에 들어온 뒤, 저는 또한 그들에게 명위名位를 주고자 정사淨士와 사고師姑 제도를 정립했습니다. 그들은 불광산에서 반드시 삭발해야 하는 것은 아닙니다. 재가자 남성은 정사(현재는 교사敎士라 함)라 하고 재가자 여성은 사고라 부르는데, 관세음보살께서 제도하고자 하는 자에 응답하여 그 사람 앞에 나타나 설법하시는 것과 같습니다.

불광산에서의 정사 가운데 인도에 계시는 황진보黃進寶 선생은 혜현慧顯 스님을 따라 인도의 사미를 가르치고 있는데, 현재 이미 백여 명이 넘었다 합니다. 장차 인도의 불교부흥에 이 교사들의 공로가 지대하다 말할 수 있습니다. 도감원에서 일하는 임리국林利國 역시 수십 년 되었고, 서래사에서 일하는 명덕明德 또한 서래사가 생길 때부터 있었습니다. 이 많은 정사들이 사찰에 기여한 공로를 이야기하자면 출가한 승려에 뒤지지 않습니다.

입도한 여성인 사고로 말하면 더욱 많습니다. 사찰은 사고의 선택에도 매우 엄격합니다. 반드시 처녀이고 독신이며, 가정문제의 부담이 없고, 대외적으로 어떤 분쟁도 없어야 합니다. 또한 출리심出離心이 있어야 하고, 허영을 좋아하지 않고, 기꺼이 승단의 발전에 도움이 될 수 있어야 합니다. 승단의 승가대중이 홍법할 수 있게 교사와 사고의 교단은 승단의 호법이 되는 것이 중요합니다.

현재 불광산의 사고는 대략 백 명을 상회하고 있으며, 세계 각지에 흩어져 승단 운영에 협조하고 있습니다. 사고들은 불법에 통달했을 뿐만 아니라, 마찬가지로 경전 설명과 설법도 할 수 있습니다. 심지어 불당에서 독송하고, 법기를 치고, 조석예불에 참가할 수도 있습니다. 그들이 법회를 집전하는 것 역시 승려에 뒤떨어지지 않지만 그리 하지 않을 뿐입니다. 사고와 교사는 절의 업무에 뛰어나며 사찰에 머물면서 대부분 재정 관리·접대 관리·음식 관리를 주로 합니다.

출가대중은 수행을 중시하고 염불·참선·경전 강설·설법 등을 위주로 합니다. 모두가 이렇게 일을 나눠 각자 맡은 바를 다하며 서로를 존중하고 서로를 돕습니다. 불광산의 모든 도량에서는 해외의 신도까지도 사찰을 집이라 여기며, 불광산의 회원이나 공덕주功德主라면 불광산을 방문하였을 때 응분의 대우와 응분의 존중을 받을 수 있습니다.

불광산이 이러한 상황 하에서 발전하고, 승려와 신도 사부대중이 어떠한 원망도 없고, 어떠한 불평도 없이 화목하고 즐거운 가운데 성장할 수 있었던 것은 아마도 입도한 정사와 사고의 덕분이 아니었을까 합니다.

금전과 권력의 분리

저는 어려서부터 집안이 가난했으니 용돈이 없었던 것은 당연했습니다. 출가 이후 총림의 학습이란 나무 해오고, 물 긷고, 불 때고 밥 짓는 등 모두 힘든 노동이었고 고행이었습니다. 돈도 없었고 권력도 없었으니 재물과 권력은 저와 어떤 인연도 없었습니다. 은사 스님의 성격상 절대 제가 돈을 향유하지 못하게 했으며, 제가 중국 대륙에서 은사 스님을 따른 10년의 시간 동안 딱 한 번 5원을 제게 주셨던 것으로 기억합니다. 그리고는 타이완으로 건너올 때 제게 12원 정도를 주셨던 것 외엔, 생각해 보면 부모님도 제게 돈을 주신 적이 없고 신도 또한 제게 돈을 공양한 적이 없으니, 돈도 인연도 없는 그 세월을 지금 생각해 보면 어찌 지냈는지 모르겠습니다.

타이완에 도착해 불교의 각종 홍법사단을 설립하여 청년회는 어떻길 바라고, 홍법대는 어떻길 바라고, 학생회는 어떻길 바라고, 합창대는 어떻길 바란다는 등 여러 가지 주장을 내놓아 마치 제가 무슨 권력이라도 가진 것처럼 보이지만, 이 단체들은 봉사적 성질일 따름입니다. 많은 청년 단체가 있어도 그들이 오지 않겠다면 저도 어쩔 수가 없고, 그들이 기분 나빠 현장에서 바로 떠나버려도 저는 어찌할 방법이 없습니다.

제가 월급을 줄 수도 없고 그들에게 줄 수 있는 선물도 없습니다. 돌고래와 같은 많은 동물은 공연을 한 뒤 주는 물고기 선물 때문에 공연하길 원합니다. 저를 따르는 수많은 친구들은 저를 위해 이렇게 고생했는데도 물고기는커녕 새우조차 받지 못했습니다. 세상에는 공짜 밥이 없고, 노력 없이 얻는 일도 없습니다. 황제라도 자신의 병사들을 굶주리게 하지 않아야 한다고 했습니다. 그때 제게는 재물이건 권력이건 아무것도 없었지만, 지금 생각해 보면 오히려 저에게는 법보法寶가 좀 있었던 듯합니다.

첫째, 제게는 마음이 있었습니다. 저는 성심성의껏 사람들을 이끌었는데, 이것은 인사에 있어 매우 중요합니다. 상대에게 당신의 진실한 마음을 느끼게 해줘야 상대는 당신과 함께 어울릴 것입니다. 둘째, 제게는 그래도 부富가 하나 있었는데, 바로 사람과의 인연이었습니다. 남녀노소 상관없었고, 심지어 기이하게도 어느 노인들께서는 국어를 전혀 알아듣지 못하는데도 제가 이야기를 하면 그들은 알아듣겠다고 이야기했습니다.

참 신묘한 일이었습니다. 객가어(중국어 방언 중 하나로, 객가족이 주로 사용함)를 배운 적도, 타이완어(중국어 방언의 하나인 민남어를 말함. 청나라 때 중국 민남 지방에서 타이완으로 도래해 온 이들이 사용했던 언어로 푸젠성·타이완 등에서 많이 사용됨)를 배운 적도 없는데, 타이완에 도착한 뒤 저도 빠른 시일 안에 객가어와 타이완어를 조금 알아들을 수 있게 되었습니다. 말을 잘하지는 못했지만, 그들과 대화할 정도는 되었습니다. 심지어 영어·한국어·일어도 배운 적이 없지만 인사말 몇 마디 정도는 자연스럽게 합니다. 저는 음치이고 언어에 뛰어나지도 않지만, 응용면에서는 큰 효과와 효능을 발휘할 수 있습니다.

사업을 하는 데 있어 금전과 재물이 반드시 있어야 하고 조직 안에서의 권력이 있어야겠지만, 재물과 권력 외에 가장 중요한 것은 마음이 있고 인연이 있어야 한다는 것입니다. 그러나 마음이 있어야 하고 인연이 있어야 한다는 것은 공허한 외침이니, 구한다고 얻어지는 것이 아니라 자연스럽게 생겨난다는 이치입니다. 누구는 사람은 있으나 마음이 없고, 누구는 타인과 잘 어울리지만 인연이 없습니다. 마음이 있고 인연이 있어야 한다고 많은 사람이 이야기하지만 이것은 자연스런 일일 뿐입니다.

후에 불광산을 개산하고 사찰을 세웠을 때, 저는 재물과 권력은 장차 사업의 발전과 매우 밀접한 관계가 있다고 생각했습니다. 만일 권력을 가진 사람이 재정까지 관장하면 그가 하고 싶은 대로 하게 되니 사찰과 공공단체에 불리할 수도 있습니다. 재물을 가진 사람이 다시 권력까지 갖게 되면 여기저기 마음대로 사용하고 휘둘러 시방의 깨끗한 보시들이 진정 불문을 위해 쓰일 수 없게 합니다.

불광산 건설 초기, 저는 고심 끝에 대중에게 권력을 가진 사람은 주지나 관리자를 하니 돈을 가져서는 안 되고, 단계가 낮은 초학자는 권력이 없으니 금전관리를 그들에게 맡긴다고 분명하게 알렸습니다. 권력과 재물은 분리시키는 것이 가장 좋습니다. 권력을 가졌으면서 금전을 사용하려면 반드시 적당한지를 숙고해야 합니다. 낮은 간부가 금전을 내놓으면 이치에 맞고 합법한지 알아야 합니다. 높은 사람은 아랫사람이 관장하고 있는 금전 재물에 대해 함부로 남용하거나 허비하지 않도록 감독·지도하는 능력이 있어야 합니다.

금전 재물은 합당하게 운영하기만 하면 아무리 많아도 꾸려나갈 수 있습니다. 그러나 아무리 많아도 부당하게 사용하면 도리어 해가 됩니다. 금전 재물 자체에는 좋고 나쁨이 없지만, 운영하는 데에 선악의 차이가 존재합니다. 권력 역시 그 자체는 좋고 나쁨이 없지만, 당신이 옳게 사용하면 인심을 얻게 되고 인연을 얻을 수 있습니다. 재물과 권력을 나눠 관리하는 것 역시 관리학 방면에서 제가 직접 체득한 것이기도 합니다.

한림학사翰林學士

15년 전 제가 호주에 있을 때는 불학을 연구하는 타이완 사람이 적지 않았고, 점차 세계 각지의 화인華人들은 현지의 인사들이 불법

을 연구하도록 선도했습니다. 그러나 승단에만 의지해 설법과 포교를 하기에는 인재도 부족하고 해서, 저는 독서회를 설립하겠다는 생각을 했습니다. 10명 또는 8명을 한 조로 편성해 서로 절차탁마하며 함께 연구하고 대화를 나누고 각자의 느낌을 표출하는 동시에 친목을 다질 수도 있으니, 이것은 장차 사찰의 큰 역량이 될 것입니다.

2001년 저는 호주 남천사에서 독서회 방식을 정립했습니다. 타이완으로 돌아온 뒤 저는 남화대학 대학원을 졸업한 각배 스님을 청해 독서회의 발전을 맡겼습니다. 그는 원래 아르헨티나에서 유학하던 엔지니어였는데 1년여의 짧은 기간 동안 독서회를 일으켰습니다. 그는 참으로 신통하고 법력이 무변하여, 최근까지 타이완에 이미 2,000여 개의 독서회가 설립되었습니다.

이 2천여 개의 독서회는 인원이 너무 많아 모이기가 쉽지 않습니다. 더구나 이처럼 산만한 소모임은 관리할 사람도 부족합니다. 그래서 각배 스님은 제게 "이 많은 독서회 안에는 대학의 강사나 교수

불광산의 관리법

불광산 개최 2008년 한림학자와 사회대
학 친목행사에 2,000여 명의 지식인이
참여해 성황을 이룸.

등 문화와 교육면에서 상당한 지식을 갖춘 분들이 많이 있습니다.
그들과 더 많이 연계시켜 그들이 독서회의 간부가 될 수 있게 해야
합니다"라고 건의했습니다.

저는 듣고서 매우 옳다 여겨, 불광산에서 매년 '한림학사 강습회'
를 한 차례 개최하기로 했습니다. 매회 대부분 2천여 명 정도가 참
가하는데 모두 지식이 풍부한 한림학사입니다. 그러나 유감스럽게
도 현재 많은 한림학사 대부분이 이공과 계통이고, 문사철文史哲 계
통의 한림학사 수는 매우 적습니다. 저는 오늘날의 사회가 문사철이
없고 이공과 인사에게만 의지해야 한다면 이 사회의 문화의 깊이와
문화의 의미가 부족해질 것이라 생각합니다. 그래서 '한림학사 강습
회' 안에서 우리는 신앙의 증장을 강화하고, 법의의 연구를 증가하
며, 인문적 기질을 배양해야 한다고 제창합니다.

한번은 제가 한림학사와 수업할 때였습니다. 마침 마영구 선생이
대통령 경선을 치르려 할 때였는데, 타이완에는 경선 일정이 아직

발표되기 전에 모든 후보는 공개적인 활동과 선거유세와 경선을 해서는 안 된다는 한 가지 규정이 있습니다. 마영구 선생은 불광산을 찾아와 우리에게 자신의 선거를 도와줄 것을 희망했지만 저는 그의 선거를 도와줄 수도, 그가 총통에 선출되어야 한다고 말할 수도 없었습니다.

그러나 앉아서 강연을 듣던 2천여 명의 한림학사들도 알았습니다. 그래서 저도 농담조로 이야기했습니다.

"여러분, 지금 마영구 선생은 실업 상태입니다. 직업이 없습니다. 여러분께서 그가 직업을 찾도록 발심하여 도움을 주시길 부탁드립니다."

제 말뜻은 그가 총통이란 자리에 앉도록 도와주어야 한다는 것이었는데, 실내에 가득했던 인사들은 듣자마자 마음이 전해지며 박장대소했습니다. 이로 볼 때 이 한림학사들 역시 말하지 않아도 뜻을 알아차릴 수 있고 이해할 수 있을 정도로 수준이 높다고 하겠습니다.

저는 불교가 인재의 운영 측면에서는 반드시 더 수준이 높고, 더 젊고 재능이 뛰어나며, 문화와 교육적 소양을 갖추고, 포교가 가능한 인사를 흡수해야만 한다고 생각합니다. 이 역시 능력이 상당히 뛰어난 사람이 앞에서 이끌어 주어야 합니다. 아미타불께서 48대 서원을 세우지 않으셨다면 어떻게 중생을 맞이해 인도해 주실 수 있었겠습니까? 관세음보살께서 33가지 모습으로 바꾸어 나타나실 수 없다면 어떻게 고난에서 구하실 수가 있겠습니까?

한림학사는 각자 전문 분야가 있고 성향도 각기 다르지만, 우리는 마땅히 그들을 육성시켜야 합니다. 그들이 한 단계 더 발전할 수 있게 불교를 필요로 하고, 불법을 증장시키며, 불교가 사회와 가정으로 스며들게 하고 마음으로 스며들게 하여, 진정으로 선열과 법희를 느껴 자신의 인생을 승화시켜 해탈하고 자재로움을 이룰 수 있게 하여야 합니다. 이것이 인간불교 발전의 중요한 목표입니다.

자원봉사자 관리

불광산이 50년 동안 성장해 올 수 있었고 홍법 사업이 전 세계로 퍼질 수 있었던 것에 대해 저는 수많은 인연에게 감사해야 한다고 생각합니다. 이 가운데 가장 감사해야 하는 곳이 바로 의공(義工, 자원봉사자)입니다. 특히 50년 전에는 '의공義工'이란 단어가 없었지만, 불광산을 창건한 뒤 일부 인사들이 자발적으로 찾아와 도와주었기에 저는 그들을 '의공'이라 존칭해 불렀습니다.

 '의공'이란 명칭이 발표된 뒤, 불광산 본산과 각 말사는 많은 신도가 각종 사무와 법무에 참여해 도움을 주고 있습니다. 현재 불광산의 의공은 전 세계에 대략 잡아도 만 명이 넘을 것이며, 본산에 등록된 수만 해도 3천 명에 가깝습니다. 이것은 우리 교단의 인원수와 비교해도 엄청 많은 숫자입니다. 그러므로 의공을 관리하고 돌보는 방면에서 그들과 협조할 수 있는 이른바 '의공을 위한 의공'인 사람은 반드시 강건하고 유능해야 합니다. 이런 인재는 얻기 쉽지 않습니다.

 과거의 승단은 대중을 중요시 여겼지만, 일반인의 성격은 자기 한

몸만을 생각하고 자신만 잘 관리하지 타인과의 행동에 참여하려 하지 않았습니다. 불교는 조직적인 것을 중시하지 않고, 인사도 인연을 따라 온다면 오라 하고, 간다면 가라 했습니다. 이른바 "사찰은 강철같이 머물러 있으나, 승려는 물 흐르듯 흘러간다"고 하듯이 인사관리를 크게 중시하시 않았지만, 오늘날 이처럼 방대한 의공을 어떻게 운영해야 합당할까요?

어느 때는 의공을 청해 불광산에 오신 손님에게 차를 따르는 봉사를 시키지만, 한꺼번에 많은 손님이 찾아오는 경우는 흔치 않습니다. 또는 의공에게 손님 접대를 맡기면서 관람객을 이끌고 참관을 도와주며 설명해 주라 하지만, 한꺼번에 많은 신도가 불광산에 오지는 않습니다. 불광산 50년 동안 의공 관리에 제가 바빠 챙기지 못해 부당한 처사가 있을 수도 있고, 세심하지 못했던 점도 있을 수 있습니다.

예를 들어 어느 교수께서 발심하여 의공을 하러 오셨는데, 불광산의 담당 관리자가 적합하지 못한 곳에 업무 분배를 해서, 그에게 화장실 청소와 마당 청소를 시켰습니다. 장군이 퇴역한 뒤 의공을 하러 왔는데, 그에게 꽃에 물주고 셔틀버스를 운전하라고 시켰습니다. 사실 "사람은 그 재능을 최대한 활용하고, 물건은 그 쓰임을 최대한 활용하라"고 하였습니다. 그런데 이것을 우리는 해내지 못했습니다. 다행히 원래 부처님을 위해 봉사하겠다는 마음으로 오신 수많은 의공들께서는 일의 내용에 대해 문제 삼지 않았습니다.

제가 타이베이 도량에 있을 때, 신도들이 방문하거나 채식식사 예약 단체손님이 있었습니다. 50~100명의 단체손님이 오면 항상

말레이시아 청년 자원봉사 참학단이 대중공양을 준비하고 있다.

20~30명의 의공이 접대하며 차 나르기·물 따르기·테이블 플레이팅 등을 도와주었습니다. 의공을 맡은 장엄하면서도 시원시원한 수많은 여성 불자님들은 대부분 회장님과 사장님의 부인들입니다. 그들은 집에 가면 그들 대신 밥하고, 차 따라주고, 물 따라주는 등 시중을 들어주는 사람이 있습니다. 이런 부인들께서 타인을 위해 사찰에서 의공을 하며 봉사의 환희도 느끼고 일의 희열도 느끼겠지만, 그래도 개인의 장기와 신분에 맞게 적절한 의공을 하도록 분류해야마땅합니다.

예를 들면 포교를 도와줄 수 있는 사람, 문화와 글쓰기를 도와줄 수 있는 사람, 단강사가 되어 선강할 수 있는 사람, 각종 법좌회法座會와 좌담회를 주재할 수 있는 사람, 각종 사회교육을 할 수 있는 사람이 있습니다. 의공이라 해서 반드시 차를 따르고 물을 따르는 것만 하는 것은 아니며, 승단 내의 각 업무의 필요에 맞춰 그들에게 지도자가 되도록 해야 합니다. 불광산의 의공 단체는 과거 50년 동안 매우 느슨하여 부처님의 광명에 의지하고, 불법의 신앙이란 인연에 의지해 대중을 결속했다고 할 수 있습니다.

이래서는 완전하지 못합니다. 의공에게도 종류를 나누고 등급을 나누어야 하며 업무의 단계도 구분 지어야 합니다. 의공은 직업이 아닙니다. 누구는 일주일에 반나절 또는 하루를 올 수 있고, 누구는 일주일·이틀·삼일을 올 수도 있는 것처럼 시간이 일정하지 않습니다. 그 밖에 업무의 필요성 면에서 본산의 업무와도 조화롭게 운영해야 하며, 필요할 때는 전원이 지시가 떨어지자마자 일사불란하게 움직일 수도 있어야 하고, 필요 없을 때는 불광산에서 독서 연구하며 자신의 신심과 덕성을 증진하여야 합니다. 노동을 하는 것만이 의공이라 할 수는 없습니다. 저는 열독閱讀 수행이나 선정 법당에서 자신의 내면과 역량을 채우는 것 역시 매우 중요하다고 생각합니다.

의공의 관리에 대해 제 개인적인 이상이 약간 있습니다. 애당초 부처님께서 의공의 조사가 되십니다. 관세음보살께서 고난에서 구해 주시고, 도처에 인연 따라 나투시며 중생을 독려하시는 것 역시 위대한 의공 활동입니다. 심지어 지장보살께서 또한 지옥에 가서 고난의 형벌을 받고 있는 수많은 이를 구제해 주시는 것 역시 자비의 봉사입니다.

앞으로 50년 동안 의공의 관리에 대해 저는 불광산이 의공에게 특별히 감사해야 한다고 생각합니다. 사찰에 대한 그들의 공헌에 감사해야 하고, 그들에 대한 합리적인 보살핌도 있어야 의공이 정상적으로 발전한다고 생각합니다.

양과 질의 불균형

불광산은 1967년에 개산했고, 지금 2017년까지 50년 동안 사업도 증장했습니다. 이 50년 동안 건축과 부지·분별원의 발전 외에도 세계 오대양 육대주에서 끊임없이 인재를 흡수했습니다. 남녀를 불문하고 신앙이 구족되고 품행이 단정한 것 등 약간의 조건만 갖췄으면 수준이 높은지 낮은지 따지지 않고 불광산에 입도하는 것을 받아들였으며, 비구나 비구니, 또는 식차마나인 사고師姑가 되도록 했습니다. 우리의 바람은 늘 인재가 빠르게 성장하여 전 세계에서 불광산의 사업을 맡을 수 있는 대중을 길러내는 것이었습니다.

이 50년간 양적으로 인원수는 확실히 증가했습니다. 현재 불광산의 남녀대중은 이미 1,500명에 이르고 있습니다. 50년 동안 불합격으로 퇴출된 사람이 대략 500명 남짓 됩니다. 제가 관찰한 바로는 현재의 1,500명은 부처님이 당초 세상에 계실 때 1,250명 제자보다 더 많습니다. 그러나 겨우 숫자상으로 초과한 것일 뿐, 자질 면에서는 수많은 문제를 낳았습니다.

예를 들어 출가한 뒤에야 우울증·조울증 등과 같은 시대적 병이 있다는 것을 발견했다면, 이러한 사람은 승단 내에서 도움이 되지 못하고 오히려 사찰의 부담이 됩니다. 대중과 어울리지 못하고 단체의식이 없는 사람, 말로 쉽게 상처를 주는 사람은 재능 있고 능력이 있어도 단체 안에서 타인의 인정을 받을 수 없습니다.

현재 있는 불광산의 도량과 각종 문교 사업을 합하면 3, 4백 곳이 됩니다. 천여 명으로는 배치하기에는 턱없이 부족합니다. 불광산 본

불광연미술관에서 열린 전국 자원봉사 연합강습회(2016).

산만 2천여 명의 의공이 도와주고 있지만, 의공은 업무를 정식으로 맡아 하는 사람이 아니고 가끔 대중을 따라 발심하는 것입니다. 그래서 개산한 뒤로 제가 가장 유감스럽게 생각한 것이 바로 운용할 인재의 부족이었습니다.

저는 불광산 50주년 기념식에서 전체 제자에게 말했습니다. 앞으로 세심하게 관리하여 모든 사업이 정상적으로 발전하도록 하기 위해서는 이후 50년은 감축을 시작해야 합니다. 어느 한 사람이 유지하기 어려운 도량이 있다면 폐쇄할 수 있습니다. 너무 먼 곳의 도량은 보살피기 힘들면 잠시 중지할 수 있습니다. 그러니까 불광산은 앞으로 50년 동안은 양적인 면에서 반드시 확대할 필요는 없고 감축을 해야 합니다. 그리고 질적 측면에서는 연구하고 향상시켜야 합니다.

불광산은 총림학원과 승단 시설 이외에 불타기념관이 있어 사회교육에 뛰어난 젊은이들을 맞이하고 있습니다. 장기적인 계획을 위해 특별히 불보산과 승보산 사이에 인간불교연구원을 설립하여 고급 인재와 리더적인 인재를 전문 육성하고 있습니다. 진정으로 홍법이생할 수 있는 기본 간부를 육성하기 위해 앞으로 질적인 면에서의 연구가 더욱 필요합니다.

인간불교연구원은 2017년 정식으로 운영될 것입니다. 인원은 최소 대학 이상의 학력에 전문지식을 갖추었다면 연구생이 되고, 석·박사이면 능력을 검증받은 뒤 연구원생이 될 수 있으며, 더 높은 수준을 갖추어 교수를 할 정도라면 연구원이 될 수 있습니다. 사찰의 출가 대중의 복리와 대우보다 더 우대를 받게 될 것입니다.

누구나 공동숙소에 개인 침실을 주고, 숙식을 제공하며 연구실까지 있습니다. 예를 들면 도서관·사교장·열람실·홀·담화실·교실과 같이 그들이 활동하는 공간까지 시설이 모두 갖추어져 있습니다. 특히 가장 우수하고 중요한 불광산의 문교간부는 모두 그 안에서 이른바 항航법사와 같습니다. 가장 짧은 5~10년 내에 활력을 불어넣을 인재집단을 이루어내고 장차 불광 사업에 종사해 역량을 발휘할 수 있기를 희망하고, 이후의 50년뿐만 아니라 그 이후로도 계속하여 인재가 늘어나길 희망합니다.

관리는 사람이기에 필요합니다. 불문의 다른 업무는 모두가 열심히 보살필 수 있고, 맑은 재물 역시 신도가 발심하면 됩니다. 오직 홍법 사업은 중생을 제도할 인재를 늘리는 것이 매우 필요합니다. 양적인 측면뿐만 아니라 질적인 면도 중요합니다. 이른바 "사람이 도덕을 넓힐 수 있는 것이지, 도덕이 사람을 넓힐 수 없다(人能弘道, 非道弘人)"고 하듯 관리 면에서 인연을 따르고 필요에 따라 조금 일찍 인연을 준비하였다가, 인연이 구족되기만 한다면 장래에 성공하지 못 할까 두려워하지 않아도 됩니다.

휴가

단체 안에서도 언제나 사적으로 처리해야 할 일이 생기곤 하기 때문에 단체 내의 업무 외에 개인에게도 휴가는 약간 필요합니다. 우리는 불교 단체이고 먹는 것이나 머무는 것이든 이 안에서 하기 때문에, 휴가 없이 1년 365일 모두 일한다고 이야기할 수 있습니다. 그러나 우리는 1년에 15일의 휴가를 받아 휴식을 취하거나 여행을 가거나 개인적 일을 처리할 수 있게 하는 규정이 있으며, 이렇게 시행하고 있습니다.

통상 휴가를 청하는 제자가 있으면 저는 늘 휴가일수가 얼마인지, 시간이 긴지 짧은지 따지지 않고, 최대한 상대가 만족스럽게 해줍니다. 누군가 휴가를 이틀 신청하면 "집이 그렇게 먼데 이틀로 부족하지. 5일 휴가를 줄게"라고 말합니다. 또 휴가를 신청하지 않는 사람에게는 심지어 "어디든 가서 돌아보고 올 수 있도록 사찰에서 휴가를 내줄게"라며 고무시킵니다. 이러한 배려는 승가대중에게 하나만 응시하지 않고 사찰에 대한 조화와 관심을 가져올 것입니다.

그래서 이틀 휴가를 청했는데 당신이 5일을 준다면 그는 당신의 관용을 느끼고, 당신에게 감사할 것이며 더 열심히 일을 할 것입니다. 만일 겨우 이틀만 주고 집에 다녀오라 한다면 가장 즐거운 시간을 보내야 할 때 돌아와야 하니, 집 생각이 더 나고 아쉬울 것입니

불광산의 관리법

다. 그러나 당신이 5일 휴가를 주었어도 며칠 지나면 매일 설을 쇠는 것처럼 집이 북적대지 않을 것이고, 다들 바빠 그 뒤로는 만나자는 사람도 없을 테니 결국 '역시 우리 승가가 좋구나'라고 여기게 될 것입니다. 그러므로 관리는 심리적 요소도 약간 중요하고, 심리적 요구에도 관심을 가져야 합니다.

휴가를 청할 때 "뭐하는 데 휴가가 필요해? 휴가를 왜 그렇게 많이 내?" 등의 지나치게 관료적인 말투를 피해야 합니다. 상대가 휴가를 신청했다면 총무 일을 보는 사람과 그의 책임자 모두 그의 여비와 집에 가져갈 선물에 관심을 가져야 하고, 어떤 성질의 휴가를 청했는지도 함께 이해해야 합니다.

하나의 단체는 하나의 대가족과 같고, 안에서 부모·형제자매처럼 서로 어울리는 것과 같습니다. 공적 업무로 왕래하는 것 외에 서로 보살피고 챙겨주지 않으면 안 됩니다. 만일 그가 휴가를 신청하는데 하필 사찰이 많이 바쁠 때라면, 우리가 보기에 그것이 개인적으로 매우 중요한 일이라면 그래도 허락을 해줘야 합니다. 사실 휴가를 신청하기 전에 그 스스로 사찰이 우선인지 아니면 개인적 일이 우선인지를 가늠해 볼 것입니다.

우리가 먼저 이러한 지견과 아량을 가진다면, 그는 자신의 사적인 일보다 사찰이 중요하다고 느낄 것입니다. 반대로 우리가 덮어놓고 그와 따지고 집착하려 들면, 그는 자신의 일이 비교적 중요하고 사찰은 중요하지 않다고 느낄 것입니다. 개방적인 리더는 사람의 단결심을 쉽게 얻어오지만, 당신이 개방적이지 않고 자신의 이익만을 계산한다면 타인은 믿고 따르지 않을 것입니다.

휴가 문제에 대해서는 타인을 먼저 생각해야 합니다. 병가를 신청할 때 "일주일이 부족하겠네. 이번 주 지나고 나서 다시 상황보고 결정하지. 만일 병이 아직 안 나았다면 계속 휴가를 써도 괜찮아"라고 하며, 휴가를 내는 사람이 직접 어떻게 하겠다고 말하게 하지 말고, 당신이 먼저 그 사람 대신 괜찮다고 말하고, 그 대신 나서서 "괜찮으니 몸조리 잘해"라고 이야기해야 합니다. 근면한 사람에게는 이러한 우대를 해줘야 합니다. 게으른 사람에게는 물론 독려가 될 것입니다. 방편권교는 관리학에서도 매우 중요합니다.

참학參學

3년 내지 5년 안에 외국에 참학하러 갈 기회가 한 번 주어집니다. 만일 직무가 적고, 평소 일을 열심히 안 하였는데 참학하고 싶다면 근처의 분원도량으로 안배하면 됩니다. 만일 그가 매우 근면하고, 공헌도 많이 하고, 능력도 된다면 15일간을 주고 외국 탐방을 하게 합니다. 이외에 그에게 일정상의 인사자료도 제공합니다. 그에게 "이미 다 준비해 놓았다. 비행기에서 내리면 누가 마중 나오고, 누가 돌봐주고, 당신이 어디에 묵고, 무엇을 먹을지 전부 걱정 안 해도 된다"라고 말해줍니다.

현재는 통신시설이 편리해져서 우리 사찰에서도 문제가 되지 않습니다. 그에게 이러한 관심과 보살핌을 해주어야 그도 자신에 대한 사찰의 봉사에 감사하고 사찰에 보답하려 할 것입니다. 인간세상은 모두 상호작용입니다. 당신이 그에게 박하면 그도 당신을 후하게 대

불광산의 관리법

성운대사가 초기 불광산 불교대학 전체 학생을 이끌고 소화蘇花 고속도로 탐방
하고 있다(1971.1.16~19).

하지 않을 것이고, 당신이 그에게 후대하면 도리어 그는 사찰을 위해 두 배로 공헌을 할 것입니다.

참학은 놀러가는 것이 아닌 의미가 있는 참학이어야 합니다. 어느 곳에 대덕·선지식이 계시니 참학하러 가라, 어디에 특별한 규칙이 있으니 가시 참학하라, 어디에 특수한 역사문화가 있으니 가서 자신을 채우도록 하라, 어디에 보기 드문 풍속이 있으니 가서 배우고 와라. 그러나 참학은 한 명이 가서는 안 됩니다. 가능하다면 서로 돌봐 줄 수 있도록 3~4명이 짝을 이뤄 가는 것이 제일 좋습니다. 특히 이렇게 큰 사찰과 백 명 이상의 도량에서는 반드시 이러해야 상하가 한마음이 될 수 있습니다.

참학은 때로 공사公私를 구분하기 어렵습니다. 출국하고 싶은 사람이 있으면 사찰에서는 이 기회를 빌려 그를 공무로 파견 보냅니다. 예를 들어 서래사에 가서 불사를 하라든지, 파리에 가서 강연을 하라든지, 능력 범위 내의 일을 하도록 파견합니다. 사찰의 인사가 흐르는 물처럼 이리저리 흐르게 하는 것이지, 혼자서 한 곳에 머물며 움직이지 않게 하는 것이 아닙니다.

특히 먼 곳에서 주지를 맡고 있는 사람도 관심을 기울여야 합니다. 1년이나 2년 내에 반드시 어떤 곳과 교류하거나, 어느 곳과 왕래하게 해주어 모두가 서로 무엇을 하는지 알게 해야 이 하나의 단체가 원활하고 활기를 띨 것입니다.

불광산의 관리법

불보산, 법보산, 승보산

'불보산佛寶山'은 불타기념관이고, '법보산法寶山'은 장경
루이고, '승보산僧寶山'은 불광산입니다. 현재의 불광산
은 '삼보산'이라고도 부를 수 있습니다. 그래서 불광산
의 관리법을 이야기하자면 불법승佛法僧 삼보三寶부터
이야기하는 것이 마땅합니다.

들어가는 말

1967년 불광산 개산 당시, 저는 '문화를 통한 불법포교, 교육을 통한 인재양성, 자선을 통한 사회봉사, 수행을 통한 심신정화'의 인간불교 홍법 4대 종지를 세웠습니다. 이제 불광산은 제1차 50년 건설을 통해 설비 면에서 이미 삼보를 구족한 체계를 갖추었습니다. 그러므로 제2차 50년 건설에는 여전히 문화와 교육으로 부처님의 혜명을 이어가는 것을 중심으로 하고 종무위원회의 지도하에 원래의 오원십회五院十會를 삼보산三寶山으로 조정하여 계속 인간불교를 추진하고 알릴 것입니다.

'불보산佛寶山'은 불타기념관이며, 문화로 불법을 널리 알리는 대표적인 곳입니다. '법보산法寶山'은 장경루이며, 교육으로 인재를 배출하는 대표적인 곳으로 인간불교연구원 및 각종 승신교육僧信敎育 기구가 있습니다. '승보산僧寶山'은 불광산이며, 자선사업으로 사회를 이롭게 하고 함께하는 수행으로 인심을 정화하는 것입니다. 본산 도감원과 해외 순감원의 지도와 협조를 받아 불광산 200여 곳의 분별원은 각종 법회와 행사 그리고 신도의 왕래, 불광산 성지순례의 업무를 거행하고 있습니다. 현재의 불광산은 '삼보산'이라 불러도 됩니다. 불광산의 관리법 이야기가 언급되었으니 불·법·승 삼보부터 이야기하려 합니다. 불광산 종무위원 직할의 삼보산에 대해 여러

불광산의 삼보산

분에게 소개하고, 불광산이 장차 인간불교의 발전을 어떻게 추진해 나가는지 이해를 돕고자 합니다.

불보산: 불교를 위하고 불보를 숭상한다

당신은 부처님의 세계에 들어오고 싶습니까? 당신은 부처님의 사회로 돌아가고 싶습니까? 당신은 자신의 본래 모습을 찾길 희망하십니까? 자신의 마음을 정화하길 희망하십니까? 그렇다면 불광산에 이웃한 불타기념관을 거닐어 보아도 좋겠습니다.

만일 자아의 생명을 확대하고 자신의 정신을 승화시키고 싶다면 불타기념관을 방문하여 부처님의 진신사리를 우러러 보며 예불을 드려도 좋겠습니다. 이곳은 부처님의 학교이자 불교의 박물관입니다.

불타기념관에 도착한 당신은 산문 앞의 광장에서 내려 걸어서 예경대청禮敬大廳에 들어갈 수 있습니다. 이때 대청 입구 좌우에 각기 사자와 코끼리가 새끼들을 데리고 당신을 환영하는 것을 볼 수 있습니다. 사자는 지혜를 대표하고, 코끼리는 실천을 상징하기에 행해병중解行並重, 복혜공수福慧共修를 의미합니다.

예경대청 외관은 성처럼 구부러져 있습니다. 건평 약 5,000m^2(약 1,400평)이고 지하 1층, 지상 3층으로 이루어져 있습니다. 1층에는 안내데스크와 기념품 판매처 등 여러 상점이 있어 여행객이 쉽게 식사와 구매를 할 수 있게 했습니다. 예경 홀에서 당신은 무료로 불광차佛光茶를 마시며 잠시 휴식을 취하거나 소액으로 기념품을 살 수

행해병중解行並重과 복혜공수福慧共修를 대표하는 예경대청 앞의 사자와
코끼리

도 있습니다.

　왜 예경대청이라 부를까요? 여기에는 두 가지 의미가 있습니다.
하나는 진리 추구이니, 불법은 예경에서부터 구해야 한다는 것입니
다. 다른 하나는 불타기념관을 방문하는 사람은 누구나 와서 예불하
니, 저도 그를 돌봐주고 예경할 필요가 있습니다. 그래서 예경대청
은 우리의 자연스런 요구를 맞춰주고 그 몸을 안주시켜 진리 추구를
향해 나아가도록 합니다.

　예경대청을 통과해 성불대도成佛大道를 걸어가면 정면에 높이
48m의 불광대불이 우뚝 솟아 있습니다. 환한 미소를 머금고 있는
장엄한 불상을 보는 순간 잠시 환희심이 생겨나니 감동이 절로 솟구
칩니다.

　대불좌 앞 황사암 외벽의 위대한 건축은 넓디넓은 천지간에 안정
적으로 자리 잡고 비범한 기세 속에서 조용하고 장엄함을 감추고
있으며, 사람들에게 장중하면서 자상한 느낌을 줍니다. 이곳이 바

로 '본사석가모니불'을 대표하는 것이자, 불타기념관의 테마 건축인 '본관'입니다.

본관과 예경대청의 거리는 567m이고, 그 사이를 관통하는 성불대도 양쪽에는 308m 높이의 칠층보탑 8기가 서로 마주보고 있습니다. 보탑 사이에는 초록의 잔디가 빼곡하고 융단을 깔아놓은 듯한 풀밭에 제비꽃으로 그 사이를 장엄하여 더욱 운치가 있고 풍광이 수려합니다. 이곳은 학교에서 야외수업을 하도록 제공되며, 특히 보리수 아래와 작은 정자에서는 교사와 학생이 조용히 대자연과 부처님께서 선사해 주는 지혜를 향유할 수 있습니다.

8기의 보탑은 각기 '일교一教·이중二眾·삼호三好·사급四給·오화五和·육도六度·칠계七誡·팔도八道'라는 이름이 있습니다. 보탑의 명칭에는 무한하고도 깊은 의미를 내포하고 있으며 인간불교의 길을 가는 우리를 인도하고 있습니다.

여덟 탑의 기단 부분은 각각 서로 다른 기능을 가지도록 설계했습니다. 특히 칠계탑은 차를 대접할 수 있는 접대실이 있고, 각종 문물과 서적을 진열해 놓았습니다. 이곳에서는 독서·휴식·또는 차 마시며 담소를 나눌 수 있으며, 그 중 한 칸을 신청해 가족끼리 모이는 전용공간으로 삼을 수도 있습니다.

팔도탑에는 보도실이 있어 각종 소식 및 자료를 제공받을 수 있습니다. 사급탑에는 수많은 종류의 서적이 있으며 모두 백화문 번역과 주해를 달아 이해하기 쉽게 하여 당신에게 눈 호강을 시켜줄 것입니다. 이 가운데 철학사상과 지혜를 담은 불법 진리는 인생을 충실하게 해주는 데 없어서는 안 될 정신적 식량입니다.

기단 위 탑마다 7층이며, 층마다 각종 진귀한 불교 보물을 소장하고 있어 '천궁天宮'이라 부릅니다. 56개의 천궁에 소장된 보물은 장차 필요하다면 대외에 개방하여 온 세상 사부대중에게 참관하도록할 것이지만, 사전 신청은 필수입니다. 반대로 48개의 '지궁地宮'이또 있습니다. 백년을 기다려야 한 대좌가 개방되며, 지궁의 위치는대외적으로 비공개이니 여러분에게 수수께끼로 남겨놓겠습니다.

　　성불대도에서 바라보면 팔보탑은 천지간에 각자 독립적이지만, 사실 좌우에 각 하나의 긴 복도가 있어 예경대청에서 팔보탑을 에돌아 본관에 도착할 수 있습니다. 남북으로 연결되고 앞뒤로 관통하는남북의 긴 복도여서 평소에는 태양과 비를 피할 수도 있고, 특히 예경대청과 가까운 복도 벽에는 '불광산 개산기佛光山開山記'가 한 면에 새겨져 있고, 또 한 면에는 '불타기념관 건관 연기佛陀紀念館建館緣起'가 있습니다. 모두 중문·영문 대조입니다. 불광산과 불타기념관의 연혁과 미래를 이해하고 싶다면 천천히 걸어가며 읽어봐도 좋겠습니다. 또한 안내데스크에서 안내책자를 받아 돌아가서 자세히살펴볼 수도 있습니다.

　　당신이 아직 정신이 맑고 체력이 충분하다면 계속해서 복도를 산책하면서 자세히 '천가사원千家寺院·백만인사 공동건립 불타기념관' 공덕주의 이름을 감상해도 좋습니다. 그것은 역사적 의미가 담긴 환희와 감사의 장대한 공덕비의 벽입니다. 공덕비 벽 다른 한 면에는 유명 예술가 풍자개豊子愷 선생의 '호생도護生圖'가 부조되어있고, 현대예술가가 획 하나 그림 하나 정성을 다해 그려나간 총 72점의 그림 하나하나는 가장 아름다운 생명교육교재로서, 『불광채근

담』부조 14점과 함께 생명은 더할 나위 없이 귀하므로 존중하고 아끼라고 깨우쳐 주고 있습니다.

300㎡의 성불대도를 통과하면 이어서 '만인조상대(萬人照相台: 포토존)'가 나옵니다. 이곳에 있는 37개 계단은 '37도품道品'을 상징합니다. 계단 위에 서서 동쪽을 바라보면 뒤로 세계에서 가장 큰 불광좌불이 있습니다. 몸을 돌려 서쪽을 바라보면 8개의 장엄한 보탑이 등 뒤 배경이 됩니다. 만일 당신이 기념사진을 찍는다면 동쪽이든 서쪽이든 동이 트는 새벽이든 석양을 밟고 있든, 불타기념관과 가장 진귀하고 아름다운 찰나를 남길 수 있을 것입니다.

만인조상대를 지난 앞쪽 '보리광장菩提廣場'은 만 명 이상이 모여 행사를 치를 수 있는 곳입니다. 광장 양쪽에는 커다란 열대 아몬드 나무(Terminalia catappa) 두 줄을 식재했고, 나무 아래에는 살아있는 듯한 18분의 '18나한'이 계십니다. 부처님의 10대 제자와 가류타이·빈두로·주리반타가 세 분 존자, 그리고 항룡·복호 나한입니다. 그 밖에 세 분의 여성 나한이 더 계신데 그들은 초기불교의 마하파자파티·묘현·연화색 비구니이며, 이는 '남녀평등'을 창도한 불교의 정신을 상징합니다.

보리광장 양측의 복도에는 부처님께서 아버지 정반왕을 위해 손수 관을 짊어지고, 부처님께서 자비로 니제를 제도하시는 모습의 사적이 담긴 22점의 '불타행화도佛陀行化圖'가 새겨져 있습니다. 이 중에는 고덕게어古德偈語 22점도 함께 전시되고 있습니다.

보리광장을 지나 '본관' 앞에 서면 입구 양옆에 나누어 서 있는 중국불교 팔종의 조사를 볼 수 있습니다. 한편에는 '행문行門'을 중시

성운대사는 만인음악회 후에 유럽, 남미, 북미, 호주, 한국, 일본, 말레이시
아, 필리핀, 타이완 등 전 세계 50여 개국에서 온 음악을 사랑하는 분들과
보리광장에서 역사에 남을 한 장면을 남겼다.

한 선종의 달마達摩 조사·정토종의 혜원慧遠 대사·율종의 도선道宣
율사·밀종의 선무외善無畏 대사가 있고, 다른 한편에는 '해문解門'을
중요하게 여긴 천태종의 지자智者 대사·화엄종의 현수賢首 대사·법
상종의 현장玄奘 대사·삼론종의 가상嘉祥 대사 등이 있습니다.

　광장 주변의 경치를 감상한 뒤에도 여운이 남아 곧바로 본관으로
들어가고 싶지 않다면, 복도에 난 측문으로 나가 '환관도로環館道路'
를 걸어 봅시다. 도로를 따라 총 2.2km의 기념관을 한 바퀴 걸으면
왼쪽에 '영산靈山' 하나를 보게 됩니다. 앞으로 시에서 우리의 참선
동굴 설립 신청을 통과시켜 준다면, 불타기념관을 찾는 사람이 사전
신청만 하면 그 안에서 하루 동안 참선을 할 수도 있습니다. 잠시나
마 속세와 떨어져 고요하게 선열과 법회를 누릴 수 있다면 그곳이야
말로 인간의 정토가 될 것입니다.

　　　　　　　　　　　　　　　　　불광산의 삼보산

오른쪽에 한 줄기 '항하恒河'가 구불구불 흘러가는 것 외에 꽃과 나무가 무성한 '기수급고독원祇樹給孤獨園'이 있습니다. 이 안에는 보리수·녹나무·마호가니·판다누스목 등 여러 화초와 수목을 식재 하였고, 정자와 누각·물 위의 작은 다리·동굴과 폭포 등의 조경이 정토의 원림에 와 있는 듯한 착각마저 들게 합니다.

정원 가운데 설치한 장수림樟樹林 적수방은 쌍각루雙閣樓 적수방 과 서로 마주보며 이곳에서는 자유롭게 채식을 즐길 수 있습니다. 정원 안의 가족 소공연 무대는 당신의 아이들에게 무대에서 노래 부 를 수 있게 하며, 부모와 자녀가 함께 즐기고 천륜을 누리며 즐길 수 있고 아름다운 추억을 남길 수 있는 곳입니다.

기념관을 순환하는 길에서 당신은 또 보리광장 외벽에 40점의 '선 화선화禪畫禪話'를 볼 수 있습니다. 선문의 고사를 글과 그림으로 다 채롭게 서술하고 있습니다. '달은 훔쳐갈 수 없다(月亮偷不去)', '자신 의 우산으로 자신을 제도하라(自傘自度)', '대신할 수 없다(不能代替)', '온 몸이 눈이다(通身是眼)' 등 하나 하나에 선기禪機와 철학 이치가 풍부하게 내포되어 있어 직지인심, 견성성불 할 수 있습니다.

여기에 이르면 이제 본관에 들어가면 됩니다. 본관은 14,000m^2 (4,235평)의 대지에 고풍스러운 황사암을 쌓은 외벽으로, 보는 사람 에게 절로 예스러운 멋을 느끼게 하며 부처님 성지에 온 것처럼 자 신도 모르게 "부처님 계실 적에 나 바다에서 헤매고, 부처님 열반에 드신 후 나 태어났네(佛在世時我沉淪 , 佛滅度後我出生)"라는 찬탄을 짓게 합니다. 오늘 이렇게 부처님 기념관에 와서 직접 이곳에 모셔 진 부처님 진신사리를 친견하다니 이런 행운이 또 어디에 있는지 깊이 느끼며, 다시 한 번 부처님의 자비광명으로 온몸을 적신 듯한 느낌을 받습니다.

본관 건물은 5층이며 지상 1층은 중앙홀이며 휴식과 친목·대화를 나눌 수 있게 제공하는 것 외에, 안에 '삼전三殿'·'사관四館'이 있습니다. 세 전각은 '보타낙가산 관음전'·'금불전'·'옥불전'입니다. 금불전과 옥불전 가운데 부처님관의 건축은 대승불교와 소승불교의 융합을 상징하며, 태국 승왕께서 기증하신 금불과 미얀마에서 생산된 진귀한 백옥으로 조각하여 조성한 와불이 각기 모셔져 있습니다.

금불전에서는 우리를 어려움과 고난에서 구해 주시길 부처님께 바라며 법어를 뽑을 수도 있고, 부처님께 헌화하고 예불하거나 봉사하는 사람에게 불법을 물어볼 수도 있습니다.

금불전의 뒤에 있는 '옥불전'은 와불과 부처님의 진신사리를 모신 것 외에도 동방유리세계와 서방극락세계의 채색으로 장엄되어 있습니다. 좌우 양쪽의 벽면을 가득 채우고 있는 향목香木에는 부처님의 사리가 모셔져 있는 세계 각국의 다양한 형식의 불탑佛塔들이 조각되어 탑 숲을 이루고 있으며, 부처님이 중생을 제도하는 성지로 참배를 원할 경우 사전 예약하면 그 시간에 안내하고 설명을 해줄 전문가가 나올 것입니다.

이외에도 또 사관四館을 설치했습니다. 제1관은 '불교지하궁전복원실佛教地宮還原館'로 전 세계 각지에서 온 지하궁전 문물을 소장하고 있습니다. 이것은 타이완과 중국이 수십 년에 걸쳐 수집했고, 무수히 많은 전문가를 초빙해 수십 차례의 회의를 거쳐 지하궁전을 복

불광산의 삼보산

세계 각지에서 온 인사들이 불타기념관 옥불전玉佛殿에서 부처님 진신사리
眞身舍利를 참배했다.

원하여 모두가 감상하게 하자고 결정한 것입니다. 만일 수많은 유명
지하궁전의 상황을 이해하고 싶다면 지금은 세계를 돌아다닐 필요
없이 불타기념관에 오기만 하면 하나하나 모두 볼 수 있습니다.

제2관은 바로 부처님께서 법을 널리 펼치셨던 사적을 표현한 '부
처님의 일생 전시관(佛陀的一生館)'입니다. 현대의 3D 과학기술을 이
용하고 음향효과를 보태어 2,600년 전 부처님께서 설법하시고 백만
인천이 다 모인 영산회상을 다시 재현하여 우리를 진정한 부처님 시
대로 돌아가게 해줍니다.

제3관은 '불교경축일 전시관(佛敎節慶館)'입니다. 1년 가운데 불교
의 경축일을 실물로 배경을 하나하나 표현해 놓음으로써 그 가운데
중국 민간에 불교가 얼마나 깊이 영향을 미쳤는지 볼 수 있으며, 중

요한 중화문화가 되고 있습니다. 예를 들어 음력 정월 초하루는 전 세계 중국인이 기쁜 마음으로 새해를 경축하는 날이자, '모두가 즐겁다'를 대표하는 미륵보살의 탄신일이기도 합니다. 청명절에 민간에서는 조상께 제사를 지내는데, 이것은 제도해 준 은혜에 보답하는 불교의 사상과 지극히 밀접합니다. 그리고 우란분절은 불교의 하안거 결제가 그 기원입니다. 심지어 12월 8일 부처님 성도재일은 지금까지도 불제자들이 당시 어둠 속에서 밝은 별을 보시고 깨달음을 얻어 성불하신 부처님을 경축하기 위해 이날 하루 납팔죽을 대중에게 공양합니다.

이 밖에 제4관이 또 있습니다. 불광산 개산과 관련하여 지난 인연들과 미래의 전망을 서술한 '불광산종사관佛光山宗史館'입니다. 이곳은 인간불교 발전의 역사를 여실하게 기록했습니다.

본관 2층은 3층 높이에 해당하며 2,000명을 수용해 집회를 열 수 있는 대각당大覺堂 외에 4개의 미술관이 더 있습니다. 그 중 두 곳은 매월 문물을 순환 전시하는 불광산의 예술전당이며, 다른 두 곳은 세계 각지 예술가들이 훌륭한 작품과 개인소장품을 전시하도록 제공하고 있습니다.

본관 외부 주위를 사대보살이 호법하고 있습니다. 각각 자비의 상징 관세음보살·지혜의 상징 문수보살·대원의 상징 지장보살·대행의 상징 보현보살입니다. 그들은 고집멸도苦集滅道를 대표하는 4개의 탑에 나뉘어 있습니다. 중앙 탑찰塔刹에는 장경각이 있고 안에는 백만 인사가 직접 사경한『반야심경』이 모셔져 있습니다.

고집멸도 사성제 중 '고'는 관세음보살의 자비심으로 구제받고,

'집'은 문수보살의 지혜에 의지해 없애며, '멸'은 지장보살의 대원大
願을 따라야 원만해지고, '도'는 보현보살의 실천이 있어야 장엄해집
니다. 그래서 사성제 탑에서 사대보살까지는 초기불교의 근본교리
에서 대승보살도의 원만 실천까지를 대표합니다.

　불타기념관 안 모든 건축시설은 불법을 내포하며 대표적인 의미
를 가지고 있습니다. 예를 들어 예경대청 입구의 코끼리와 사자는
부처님께서 코끼리를 타시고 어머니 뱃속에 들어가시고 성도 후에
사자후로 설법하신 것을 대표합니다. 그리고 오늘날 삼계의 스승이
시고 사생의 자부가 되신 부처님, 옥불전 안의 와불은 부처님의 만
덕이 장엄하고 공덕이 원만하다는 것을 대표합니다.

　불타기념관 전체가 한 권의 불법개론이라고 말할 수 있습니다. 하
드웨어적인 시설을 실체 교재로 삼아 불법을 해석한 첫 번째 건축입
니다. 불타기념관에 오시면 모두 부처님의 진신사리를 우러러 예불
하면서 부처님의 자비지혜를 느끼고 부처님의 공덕가피 받기를 희
망합니다. 우리는 불타기념관에서 개인적으로 향 피우고 초를 밝히
는 것을 원치 않으며, 불타기념관에서 '향·꽃·등·비누·과일·차·
음식·보배·구슬·의복' 등 열 가지 공양물로 통일하여 마음속 성의
를 표출하게 하고 있습니다.

　마지막으로 본관 뒤쪽은 앞에서도 언급한 세계 최고 높이의 좌불
이 있습니다. 불광루 꼭대기의 불광대불은 대불 높이만 기저에서
108m이고, 사용된 철강은 1,780톤에 달하며 자비로운 눈으로 방문
하는 중생 하나하나를 내려다보고 계십니다.

　대불좌대 아래의 불광루는 9층에 108명이 다 같이 둘러앉을 수

불광산 불타기념관에서 부처님 법신 내에 백만인 반야심경 사경을 봉안하는
의식을 거행했다. 스님들이 『반야심경』을 본관 맨 위의 탑찰에 소장하도록
일일이 전달하고 있다.

있는 원탁이 있습니다. 공간이 넓을 뿐만 아니라 시야가 탁 트여 여기에서 채식을 하거나 회의를 하면서 불타기념관 주위 풍경을 감상할 수도 있으니, 이 역시 인생의 즐거움이라 하겠습니다.

100헥타르의 대지에 9년에 걸쳐 완공된 불타기념관은 부처님 전속의 전당이며, 건축과 시설 모두 부처님 일생의 정신과 이념을 위해 설계되었고, 인간불교가 중국 및 세계 각지에서 발전되기 위해 설계되었습니다.

한 가지 덧붙이자면, 우리는 불타기념관을 설립하면서 "시방에서 와서 시방으로 가고 시방의 일을 함께 이루자. 만인이 보시하고 만인이 공양하며 만인의 인연을 함께 잇는다"라는 이념을 가졌습니다. 그러므로 입장료를 받지 않고 외부에 탁발하지도 않으며, 그저 '호지위원회護持委員會'를 설립하여 모두가 기쁘게 발심하고 모두 함께 보호해 나가 부처님의 광명이 두루 비추고, 법수가 두루 흘러가기를 희망합니다.

법보산: 정법은 영원하고 법보는 존귀하다

불광산은 50년 전 아무 것도 없는 허허벌판이었으며, 신도들이 십시일반 10원·20원으로 천천히 등과 향 값을 모은 곳입니다. 그때 미국에 있던 심가정沈家楨 거사께서 제가 불광산을 개산한다는 것을 아시고 5천만 원을 보시하려 하였습니다. 당시 타이베이에서 건물 한 채에 천만 원도 안 될 때였습니다. 저는 속으로 '만일 내가 그의 5천만 원을 보시 받는다면 사람들은 불광산을 미국인이 세운 것이라 말할 것이니, 타이완에 미안하기도 하고 면목이 없을 것 같구나. 차라리 천천히 하자!' 생각하며, 그의 호의를 거절했습니다.

다시 30년이 흘러 부처님 사리의 인연으로 불타기념관이 십여 년 전 공사를 시작했고, 천 개의 사찰과 백만 명의 사회인사가 다함께 공동으로 성취하였습니다. 50년 동안 불광산·불타기념관이 계속해서 완성되었습니다. 부처님도 생겼고 승가도 생겼으니, 가르침을 대표하는 건축공간만이 빠졌다고 말할 수 있습니다.

이 두 곳이 잇닿은 곳에 공지가 있는 걸 나중에 알았습니다. 그래서 가르침을 대표하는 장경루藏經樓를 세웠습니다. 이곳은 외부의 기부나 찬조를 전혀 받지 않고 불광산의 승가대중에 의해서만 건설되었습니다. 학교에서 가르치면서 받은 수당, 또는 수륙법회 등을 하여 얻은 공양, 또는 자선바자회에서 제가 쓴 일필자로 얻은 소득으로 차근차근 모아온 것입니다.

장경루는 장차 인간불교를 결집하고 인간불교를 널리 알리는 중요한 기지가 될 것입니다. 그 안에 설립한 '인간불교연구원人間佛教研究院'은 불교의 젊은 학술연구인재를 육성하는 곳입니다. 정식 채용 후 부정기적으로 인간불교 국제학술회의를 개최할 것이며, 국제전문학자를 초빙해 '인간불교'를 주제로 경전·역사·사상·종파·문학 등 서로 다른 방향에서부터 인간불교 관련 과제를 연구할 것입니다. 또한 현시대 인간불교 문헌자료를 정리하여 인간불교 국제화를 추진할 것입니다.

장경루가 정식 낙성된 뒤 불광산의 불법승 삼보도 구족되었습니다. 불광산 전체에 삼보가 균형적으로 발전하고 있습니다. 불타기념관은 부처님을 대표하고 사회교육을 위주로 합니다. 원래 불광산은 승가를 대표하고 승가대중이 안주하고 수도하는 곳입니다. 법보인 장경루는 엘리트 홍법인재를 육성하는 곳이지만 반드시 불광산의 승가와 신도 사부대중으로 국한시키지는 않으며, 불교와 인연 있는 사람은 누구든 올 수 있습니다. 저는 모든 일체를 불교에 돌렸지, 불광산에 돌리지 않았습니다. 이것은 삼보산에 대한 저의 기획 관리입니다.

법보산 장경루의 미래발전에 대해서는 잠시 접어두고, 본문의 장경루 건설 과정을 통해 관리법을 이야기해 보겠습니다.

법보산은 원래 상하 2층이고 낙차가 18m 높이의 비대칭 택지였습니다. 당시 공사를 맡았던 제자 혜지慧知 스님이 말했을 때 저는 어떻게 헤쳐 나가면 좋을까 끊임없이 고민했습니다. 그러나 고도 낙차가 너무 크고 더구나 택지가 불규칙하여 중앙방위를 잡기가 매우 어려웠습니다. 제자들 모두 건설하기 쉽지 않다고 생각했지만, 대중에게 유익하다고 인정한 일은 어떤 난관이 있어도 용감하게 밀고 나간다는 것을 저와 60년을 함께 해온 제자들은 잘 알고 있습니다. 그래서 움직이기 불편하고 눈은 잘 보이지 않아도 제자들은 싫은 내색 없이 저를 한 번씩 밀면서 산 위로 올라가 지형을 관찰하게 했습니다.

사실 저는 땅 하나하나가 모두 진귀한 보물이니 어떻게 잘 사용하느냐에 달렸을 뿐이라는 생각을 항상 가지고 있었습니다. 50년 전 급박하게 신도들이 '귀신도 안 올 곳'이라 불렀던 마죽원麻竹園을 샀던 것처럼 말입니다. 당시 저는 부처님께서 오시고 사람이 온다면 인간정토 하나를 여는 것도 괜찮지 않을까 마음속으로 생각했습니다.

그래서 장경루 자리의 방향을 결정할 때 공사를 책임지고 있는 혜지 스님 등에게 말했습니다. "반드시 동서남북이 있어야 하는 것은 아니다. 그러나 모두가 받아들일 수는 있어야 한다." 허공은 본래 방향이 없어 동서남북의 구분 상관없이 일체 모두 연기이기 때문입니다.

방위를 정한 뒤 두 곳 택지의 낙차가 18m 정도인데, 6층 높이 정도 되기 때문에 가장 간단한 방법은 계단을 만드는 것이었습니다. 그래서 제자들은 방문자들이 천천히 오를 수 있게 140여 개의 계단을 만들자고 기획했습니다. 저는 이러면 대중이 너무 피곤할 것 같아 혜지 스님에게 108계단만 하면 좋겠다고 이야기했습니다. 두 팔로 감싸는 것과 같이 탑의 양쪽에 곡선형 비탈길을 만들면 행동이 불편한 사람이 꼭 엘리베이터가 아니더라도 완만한 길을 걸어 올라가면서 밖의 장엄한 경치를 감상할 수 있고, 걸을 때도 에돌아가기 때문에 놀라움도 선사하고 꼭대기 평평한 곳에 올라서도 피로하다 느끼지 않을 것입니다.

처음에는 반신반의하던 그도 결국 시키는 대로 했습니다. 완성된 뒤에는 너무나 기뻐 제게 외쳤습니다. "스님, 정말 대단하십니다. 곡선형 비탈을 양쪽에 넣으니 첫 번째 층계참이 원래 비대칭인 택지가 대칭이 되기 시작했어요." 저는 그저 사람들에게 어떻게 하면 편리하게 해줄까만 생각했습니다.

장경루에 위치한 첫 번째 층계참을 저는 '법보광장法寶廣場'이라 이름 지었습니다. 또한 광장에 3,000명 관중이 운집하여 공연 등을 관람할 수 있게 32m 넓이의 대형무대를 설치했습니다. 외관의 원예경관 설계에는 수많은 바위에 다양한 품종의 크고 작은 나무들을 곁들였으며, 법보광장을 위해 온갖 진귀한 꽃나무들로 가득 채웠습니다.

새로운 건축을 곁들이기 위해 저는 자그마치 40여 년 전 불광산의 동쪽 산에 49그루의 마호가니를 이식해 심었습니다. 그 중 몇몇 그루는 이미 16m를 넘었습니다. 이식하는 과정에서 갖은 애로사항이 많았지만, 다행히 나무를 사랑하시는 분을 만나 그 기간 동안 두 차례의 태풍을 맞았어도 마호가니는 꺾이지 않고 곧게 서서 강인한 생명력을 보여주었습니다.

제자들은 제게 왜 장경루에 마호가니를 심을 생각을 했는지 묻습니다. 마호가니는 상등의 건축 재료입니다. 재질이 단단하고 나무가 곧게 잘 자랍니다. 단단하고 곧은 것은 구도자가 구법에 있어 결연한 신념과 결심이 있어야 함을 상징합니다. 또한 모든 제자와 불학도는 마호가니처럼 올바르게 배우기를 기대하며, 이렇게 구법해야 허비를 하지 않을 수 있습니다.

법보광장은 사교성의 공간입니다. 저는 양쪽 계탑 중간에 500명을 수용할 수 있는 법보당을 설치했으며, 지금은 혜중慧衆 스님이 맡아 제가 당시 기획한 대로 여기에서 각종 강좌 및 활동 등을 개최하고 있습니다. 이른바 "사람이 도를 넓히지, 도가 사람을 넓히지 않는다"라고 하듯, 기왕에 이름을 법보산이라 하였으니 마땅히 각종 사회교화를 빌려 불법이 백천만 가지 방편으로 인간세상의 구석구석

들어가게 해야 합니다. 주변에 몇 개의 교실과 접대실 그리고 회의실까지 있어 행사 등에 편리합니다.

길을 따라 오르다 보면 양 탑 사이에 42m 폭의 '부처님 설법도-영산승회靈山勝會'가 있습니다. 여상如常 스님이 엽선명葉先鳴 선생을 초대해 완성하였는데, 세계 최대의 시멘트 부조라 할 수 있습니다. 제가 법보광장에서 장경루로 가는 길 중간에 영산회상의 조벽을 설치한 것은 구법자는 계속 향상하여 법계에 오르는 것과 같다는 의미입니다.

108계단을 올라서면 바로 삼문三門입니다. 저는 삼문을 불교의 삼해탈도, 즉 자비·보리·반야를 본떠 이름을 지었습니다. 당시 이 삼해탈도의 순서를 위해 저는 제자들과 토론을 한 차례 벌이기도 했습니다. 제자들은 이곳은 법보산이니 가르침의 중요성을 뚜렷이 나타내기 위해 마땅히 반야를 처음으로 해야 한다 했습니다.

그러나 저는 '자비'를 우선으로 해야 한다고 생각했습니다. 사람은 아무 것도 없어도 되지만, 자비가 없어서는 안 된다고 늘 강조합니다. 사람은 자비심을 가져야 합니다. 중생의 괴로움을 스스로의 괴로움이라 여겨야 비로소 자비를 근본으로 삼고, 보리의 역량을 일으킬 수 있습니다. 실천하는 과정에서 반드시 곤란을 마주하게 될 것이며 곤란을 해결하는 과정에서 반야지혜 또한 생겨나게 될 것이니, 이것이 불교에서 항상 말하는 '불길이 변해 연꽃이 된다(火焰化紅蓮)'는 것입니다. 그러니 구법 전에 먼저 자비심을 일으키는 것이야말로 해탈의 우선순위일 것입니다. 산문을 지나면 대무산大武山을 마주하게 됩니다. 저는 패루牌樓에 '여래의 일대시교(如來一代時教)'

불광산 장경루 산문 위에 새겨진 '여래일대시교如來一代時教'는 부처님께서 평생 설하신 삼장십이부 경전과 팔만사천법문이 과거, 현재, 미래를 넘어 하나의 시대처럼 영원한 진리를 의미한다.

라 썼으며, 또 '시교광장時教廣場'이라고도 부릅니다. '시교' 두 자는 여래께서 일생 말씀하신 가르침을 가리킵니다.

산문을 지나 마주하는 것은 33m 높이의 건축입니다. 5m 높이의 주전대문主殿大門에 가까워지면 그 안에 단정하게 앉아 있는 부처님의 성상을 어스름히 볼 수 있습니다. 문밖 육근대원주六根大圓柱는 '육도바라밀'의 의미에서 따왔습니다. 불교에서는 육도만행을 뗏목으로 삼아 생사고해를 벗어나 궁극적 열반이란 피안을 얻는다고 이야기합니다. 이것은 수행의 매우 중요한 본보기입니다. 누구나 이곳에 오면 스스로 육바라밀의 수행을 잊지 않게 깨우치길 희망합니다.

장경루藏經樓 중간은 2층을 도공挑空의 설계로 중간 1층이 주전主殿이며 집회 및 전시회 장소로 사용할 수 있습니다. 제자들의 뜻을 받아 저의 '일필자 서예'를 기획 전시하였으니, 대중들께서는 저의 글자만 보지 마시고 글자에 담겨진 제 일생동안의 불법에 대한 소감

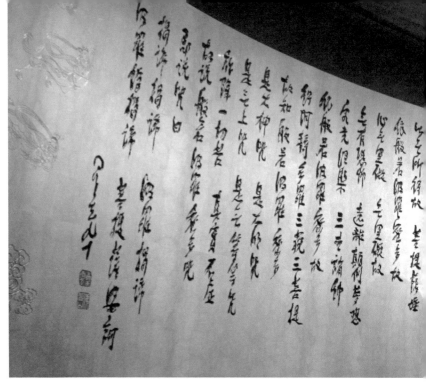

성운대사가 쓴 『반야심경』이 장경루 주전각에 새겨져 있다.

까지 이해해 주시길 바랍니다.

　주전 주변에 제자들은 제가 항상 말했던 불법을 제가 붓글씨로 쓴 '일필자' 형태로 미색 대리석 위에 조각했습니다. 불교 발전의 역사에서 석각 경문은 신도들의 발심공덕의 한 형식인 동시에 후대를 위해 수많은 진귀한 법보로 전해집니다. 목판에 새긴 경문은 오랜 시간이 지나면 벌레가 먹거나 화재로 인해 없어지거나 사라집니다. 그러나 석각 경문은 오랫동안 보존할 수 있습니다.

　과거 저의 조정인 이싱의 대각사는 어떠한 인연으로 훼손되었지만, 후에 남겨졌던 석비 하나가 유적으로 발견되면서 이싱 시에서 다방면으로 애써주신 덕분에 다시 부흥되었습니다. 그러므로 강당의 석각 법어 또한 제자들에 대한 저의 걱정을 대표합니다. 그들이

　　　　　　　　　　　　　　　　　　　　　　　불광산의 삼보산

이를 받들어 인간불교의 보리도에서 나태하지 않고 정진하기를 바랍니다. 뒤쪽 벽에는 『반야심경』이 있습니다. 비록 264글자밖에 되지 않지만 만법공성萬法空性을 표현하고 있으니, 현대인의 수행법문이 되기에 매우 적합합니다.

그리고 저는 2층부터 4층까지 인간불교연구원을 설립함과 동시에 다년간 수집한 각종 판본의 불교대장경, 불학서적, 그리고 제 개인의 일부 작품을 국내외 각국의 불학연구학자에게 기증해 인간불교를 연구하는 데 참고로 삼게 했습니다. 저는 이러한 진귀한 소장품인 대장경과 서적이 단지 잘 만들어진 근사한 책장 안에 고이 모셔져 있지 않고, 더 나아가 수많은 사람이 읽어보고 그 안에서 서로 다른 사유를 찾아내 인간에게 광명을 가져다주고 불법이 인간에 영원히 존재하고 인류에게 희망을 가져다주기를 기대합니다.

법보산의 전체 건축물들의 고도는 삼보산 중 두 번째이고, 승보산이 세 번째입니다. 불문에서는 윤리를 강조하니 '부처님(佛)'이 당연히 으뜸이고, '가르침(法)'이 그 다음입니다. 당시 저는 특별히 생각한 것은 아니지만, 인연이 모아져 윤리에 맞게 건축되었습니다. 이것은 제가 삼보산을 건설하는 가운데 가장 환희로웠던 일 중 하나입니다.

개발과 건설 과정에서 마음에 걸리는 일이 하나 있었습니다. 원래 이 숲에 살던 원주인-조류들은 어디로 갔을까? 저는 그들의 안전이 걱정되었습니다. 이곳으로 다시 돌아오고 싶지 않을까, 이곳은 이미 예전 모습이 아닌데 어찌해야 하나? 다행히 핑동 과학기술대학의 조류 박사 한 분과 조류학에 조예가 깊으신 타이중의 신도께서 약속이나 한 듯 건의를 해오셨습니다. 조류가 좋아하는 환경을 다시 만들어주면 그들이 휴식을 취하러 다시 돌아올 것이라고 하셨습니다.

그래서 저는 제자들에게 두 분 전문가의 건의대로 하라고 했습니다. 조류가 좋아하는 타이완 토종 교목과 12개월 돌아가면서 열매를 맺는 관목식물을 두루 식재한 뒤, 1년이 지나니 우리 공사 팀에서 좋은 소식을 전해 왔습니다. 오색조·딱따구리·꾀꼬리·소쩍새·제비·하쿠세키레이·붉은 부리 직박구리·불참매 등이 하나둘 돌아와 장경루에 방부를 들였다는 것입니다.

법보산이 자리한 위치에서는 불광산의 삼보산을 둘러볼 수 있습니다. 법보광장의 동편에 서서 남쪽을 바라보면 불광산이고, 북쪽을 바라보면 불타기념관이며, 동쪽으로는 고병계高屛溪 계곡과 대무산이 보이고, 고개를 돌리면 우뚝우뚝 솟은 장경루 건축물들을 바라보게 됩니다. 서쪽을 등지고 동쪽을 향한 법보산은 매일 인간에 비치는 첫 번째 서광을 맞이하고 있습니다. 저는 인간불교연구원의 모든 연구생·연구원·직원 등이 그 첫 서광이라 자부하며, 어둠을 깨고 인간불교가 세간에 광명과 따스함을 가져오고, 더 나아가 생명이 해탈하는 길을 찾을 수 있길 기대합니다. 이것이야말로 제가 이 산을 건설한 첫 염원입니다.

날마다 인간에 비치는 첫 서광을 맞이하며 동쪽을 바라보고 자리한 법보산

승보산: 승가가 모범이니 승보는 귀중하다

12살에 출가한 후 총림에서 성장하면서 불교의 발전에 교육이 매우 중요하다는 것을 느꼈습니다. 타이완에 온 후론, 국민신앙인 불교가 그저 향을 피우고 부처님께 절하는 기복 수준에 머물러 있고, 사찰의 승가대중 역시 문 닫아 걸고 개인수행만 하는 것을 볼 수 있었습니다. 이래서 불교가 발전해 나갈 수 있겠습니까?

그래서 저는 '승가 인재 양성'이라는 화두에 무척이나 신경을 썼습니다. 불광산 개산 당시 첫 번째 세운 건물은 전각이 아닌 불교학원이었습니다. 승가 인재를 배출하고 계속 육성시켜야만 불광산에 미래가 있고 불교가 더 널리 퍼질 수 있으며 발전할 수 있다고 생각했기 때문입니다.

불광산은 오늘날까지 이미 1,300여 분의 출가대중이 세계 각지에서 홍법하며 불도를 배우려는 현지 인사를 맞아 불교가 그 나라에 뿌리내리기를 희망하고 애써왔습니다. 그들 모두 총림학원을 졸업했으며, 그 중에는 석·박사 등 고학력자도 있고 고수입을 버리고 입도한 사람도 있습니다. 그들은 저마다 물질적 향유를 중시하지 않으며 아무리 바빠도 즐겁게 홍법에 매진하고 있습니다.

저는 타인을 위해 봉사하는 성격과 수도하는 성격 이외에도 불광산의 완벽한 제도관리, 남녀평등의 지위 역시 그들이 안심하고 수행하게 하는 원인 중의 하나라 생각합니다. 이상으로 간단하게 불광산 승보의 관리 이념을 설명하였으며, 불광산의 관리법에 대해서는 따로 서술하기로 하고 여기에서는 소개하지 않겠습니다.

제도로 이끈다

단결은 곧 힘이라 생각합니다. 신앙이 하나로 합치되면 마음을 합치기도 쉽습니다. 사상과 관념이 융합되면 공통된 인식이 생깁니다. 누군가 불광산은 전 세계에 백여 개의 도량과 천 명이 넘는 제자를 가지고 있는데, 이처럼 거대한 단체를 어떻게 지도하는지 의문을 품습니다. '불광산의 관리'를 이야기하자면, 근본적으로 "계가 머무는 곳에 곧 승가가 머물고, 승가가 머무는 곳에 곧 법이 머문다"는 계율정신을 벗어나지 않습니다.

계가 없다면 승단은 이루어지지 않습니다. 계율은 승단을 안정시키고 사람 간의 화합을 유지시키는 데 도움을 줍니다. 불광산은 시대에 순응하여 수많은 혁신적인 홍법방식을 운영했지만, 관리의 제도와 규칙은 여전히 전통적인 계율정신을 따르고, 부처님께서 제정하신 것을 충실히 지키고 있습니다.

그래서 개산 40주년 때는 오랫동안 제정했던 조직세부규정·제도방법·종풍사상을 모아 「불광산도중청규(佛光山徒衆淸規: 불광산 비구·비구니, 사미·사미니, 정사·사고 등이 지켜야 할 청규)」를 명백하게 정했습니다. 그 안에는 삭발 방법·입도 방법·승급고사 방법·상벌 방법·휴가 방법, 의료 방법 등이 있으며, 이를 대중이 생활·수행·일처리에서 따라야 할 규칙으로 삼게 했습니다.

불광산은 개인의 것이 아니라 하나의 교단입니다. 따라서 '불광산의 종문청규' 가운데 12개 조항의 문규門規는 불광산의 제자라면 반드시 엄수해야 합니다. 삭발 기한을 넘겨서는 안 되고, 사사로이 사찰 건립해서는 안 되고, 속인의 집에서 숙박하면 안 되고, 사사로이 신도를 사귀어서는 안 되고, 공양 재물을 주고받으면 안 되고, 사사로이 자신의 기금을 모아서는 안 되고, 승가 윤리를 더럽혀서는 안 되고, 사사로이 자신의 청탁을 해서는 안 되고, 사사로이 제자를 받아서는 안 되고, 사사로이 부동산을 구입해서는 안 되고, 사사로이 금전을 모아서는 안 되고, 사사로이 음식을 만들어서는 안 된다는 것입니다.

'사사로이 제자를 받으면 안 된다'는 규정을 예로 들면, 바로 불광인이 제1대·제2대·제3대를 건너오면서 근시안적이고 얕은 식견 때문에 제자를 자신의 것이라 여기고, 승단의 분열과 질서 문란이 야기되는 것을 피하기 위해서입니다.

계율이 있기에 승단이 비로소 청정해질 수 있습니다. 계율을 준수해야 불교의 명맥을 지켜낼 수 있습니다. 불교를 부흥시키려면 계율을 반드시 잘 준수해야 하는데, 계율은 출가인에게 단정한 모습을 갖추게 하고 산문의 강상윤리를 유지하게 합니다. 이것이 제가 12조항의 성문 규정을 제정하여 제자들이 수도하는 표준으로 삼게 한 뜻이기도 합니다.

종문의 청규 설립은 불광산의 대중에게 명확한 미래의 방향을 제시하고자 함이었습니다. 예컨대 불광산에 문화·교육·자선·공수共修의 4대 종지를 세운 것은 바로 제자들에게 방향의 일치성, 이념의 통일성을 위해서입니다. 또 「어떤 불광인이 되어야 하는가」 18강은 사부대중 및 불광산과 인연 있는 분들이 불광산의 종지를 이해토록 함이었습니다. 불광인의 성격을 제정한 것은 불광인의 "불교가 으뜸이요, 사찰이 으뜸이요, 대중이 으뜸이요, 사업이 으뜸이다"라는 관념을 건립하고자 함이었으며, 불교도가 교단과 교법을 목숨처럼 소중히 여길 수 있게 하자는 의도였습니다. 저는 또한 "단체창작, 제도制度를 통한 지도, 부처가 아닌 것 짓지 않고, 오로지 가르침만 따른다"라는 것을 제기해 불광산 홍법사무 추진의 정신 이념으로 삼았습니다.

"규칙에 의존하지 않으면 방원(方圓: 방정함과 원만함)을 이루지 못한다"고 하였습니다. 따를 수 있는 법(가르침)이 있어야 전체가 질서를 잃지 않을 수 있기 때문에 불광산의 종풍을 이해하고 불광인의 이념을 인식하는 것은 불광산의 관리에 매우 중요합니다.

계율은 관리만이 아니라 생활과 수행 의지(依止: 의지하여 머묾)의 나침반입니다. 사실 계는 속박이 아니라 자유로운 것입니다. 특히 현대의 가정·학교·사회·국가는 모두 계율과 제도의 인도가 있어야 비로소 사회인의 마음에 윤리 질서를 만들 수 있습니다. 그래서 저는 자신이 의식주행·행주좌와·수학한 모든 계행을 스스로 해내야 감히 타인을 가르칠 수 있고 본보기가 될 수 있다고 생각합니다. 만일 불광 제자의 교육에 사용하는 간단한 생활규칙들을 늘어놓고 사회대중이 다 같이 준수할 수 있게 수행의 표준으로 삼는다면 계율에 대한 모두의 판에 박힌 인상을 바꾸고, 인간불교가 생활에 이롭다고 느끼게 되지 않겠습니까?

그래서 저는 「불광신계조佛光新戒條」… 십요十要·십불요十不要를 제정하여 스스로 수행하는 목표로 삼도록 대중에게 제공했습니다. 십요 안에는 제시간에 아침식사를 해야 하고, 표정을 지어 대답해야

하고, 후학을 이끌 수 있어야 하고, 좋은 사람을 추천할 수 있어야
하고, 다른 이를 기꺼이 칭찬해야 하고, 인내하고 참으며 배워야 하
고, 자비를 배양할 수 있어야 하고, 도덕적 용기가 있어야 하고, 부끄
러움을 알아야 하고, 시간을 잘 지키고, 약속을 잘 지켜야 한다는 것
이 있습니다.

'제시간에 아침을 먹어야 한다'는 것은, 인간불교를 널리 알리고
있는 불광산에서는 때로는 홍법 활동이나 또는 밤에 늦게 잠자리에
들기 때문에 아침 예불에 좀 늦을 수 있습니다. 그러나 아침을 먹는
것만큼은 늦출 수 없습니다. 아침을 먹어야 하루의 업무가 시작됩니
다. 제시간에, 고정된 시간에 아침을 먹는 습관을 길러 규칙적이고
질서 있는 생활이 되어야 신체가 건강할 수 있고, 하루 종일 정신이
맑을 수 있습니다.

계율의 중요성은 형식상의 조문에 있지 않습니다. 자신의 마음에
도를 지니고 그 도에 맞게 행동하며, 타인을 침해하지 않는 것이 관
건입니다. 계율은 마음속에 지닌 자(尺)와 같으니, 사람이 저마다 스
스로에게 요구하고 자신의 행위를 감독하고 마음속 관념을 검사할
수 있다면 자연스럽게 신구의로 짓는 행위가 모범이 되고 기율이 서
게 될 것입니다.

승신僧信의 복리

부처님은 처음 승단을 조직하시고 '육화경(六和敬: 불교에서 교단의 화
합을 위하여 설정한 여섯 가지 계율)'의 제도로써 인사를 관리하셨습니

다. 육화경의 "신화동주(身和同住: 몸으로 화합함이니 같이 살라)·구화무쟁(口和無諍: 입으로 화합함이니 다투지 말라)·의화무위(意和無違: 뜻으로 화합함이니 같이 일하라)·견화동해(見和同解: 바른 견해로 화합함이니 함께 해탈하라)·계화동준(戒和同遵: 계로 화합함이니 같이 수행하라)·이화동균(利和同均: 이익으로 화합함이니 균등하게 나누라)"이 바로 현재의 이른바 다함께 가지고, 다함께 번영하고, 다함께 누리자는 관념입니다. 이러한 것은 모두 부처님이 사상·경제·법치 등의 방면에서 실천하신 관리의 요점입니다.

불광산이 출가대중을 위해 의료간병·휴가참학·퇴직휴식·의식수행 등의 방법을 제정한 것은 육화승단의 이념에 의거하여 승가대중을 위해 정립한 복리제도입니다. 완전한 복리체계가 당신을 돌보아 주고 사찰에서 모든 비용을 지불해 주니, 승가대중은 근심할 필요가 없이 사이좋게 승단에 안주하면 됩니다.

불광산에서 발심수행·헌신봉사하는 출가대중은 평생을 불교에 바친다 말할 수 있습니다. 출가대중의 입장에서 보면 사찰은 바로 그들의 집이며, 가족끼리는 본래 서로 돕고 지원해 주는 것이 마땅합니다. 그러므로 저는 출가대중의 요구를 가장처럼 두루 보살필 수 있는 전담부서가 있어야 한다고 생각합니다. 예를 들면 의·식·주·행·참학·휴가, 그리고 교육까지 그들이 생활 속에서 부족함과 곤란함을 걱정하지 않도록 방법을 세워야 합니다. 그래서 '전등회'를 설립하여 전문적으로 출가대중을 대신해 인사이동·생활적응 등 각종 문제를 해결하고 있습니다.

불광산은 인사이동 제도가 있기 때문에 부서를 이리저리 옮기다

보면 어느 제자는 침대 하나가 모자라고, 베개 하나가 부족하며, 이불 하나가 부족하며, 찻잔 하나가 부족할 수 있습니다. 이와 같이 생활에서 필요한 것을 사찰에서는 누군가 관심을 갖고 그들에게 공급해 줍니다. 장삼을 바꿔야 한다거나, 신발과 양말을 만들어야 한다거나 하면 사찰에서는 의복팀을 설치해 신청을 통해 빠르게 그에게 처리해 줄 수 있어야 하며 그가 필요한 것을 공급해 줄 수 있어야 합니다.

제자들이 필요한 물건이나 도움을 바라는 곤란한 일이 있으면 사찰 역시 관심을 가지고 자원을 공급할 방도를 찾고 해결방법을 찾아야 합니다. 이러한 여러 가지 배려는 이곳에서 수도하는 모든 제자들이 근심걱정 없이 대중을 위해 마음을 다해 봉사할 수 있고 홍법에 매진할 수 있으며 개인적인 일에 지나치게 마음을 쓸 필요가 없도록 하기 위해서입니다. 일체 모두 사찰에서 이를 대신해 안배해 주니 자연스럽게 사찰에 대한 감사의 마음이 절로 솟아나게 되고, 더 나아가 불도에 안주하게 됩니다.

이처럼 불광산의 인사관리 방법 때문에 저는 또한 주무 관리자가 되는 제자, 특히 인사와 관련된 일을 하는 제자에게 이 수많은 인아관계의 사정에 특별히 중시해야 한다고 교육합니다. 예를 들어 나한테 스웨터가 있든 없든 중요하지 않을 수도 있습니다. 그러나 아랫사람은 매우 추워서 이 스웨터가 없으면 마음이 편치 않을 수도 있습니다. 그러므로 아랫사람의 작은 요구는 시간을 끌어서는 안 되며, 즉각 처리하고 빠르게 처리해야 합니다. 관리 면에서 이것은 매우 효과가 있습니다.

양성평등

불교의 역사에서 불광산이 보인 가장 큰 차이는 바로 비구와 비구니의 평등한 지위를 정립했다는 것입니다. 과거의 불교는 남성 대중이 앞에 있으면 여성 대중이 뒤에 있고, 남성 대중이 가운데 있으면 여성 대중은 가장자리로 가야 했습니다. 제가 타이완에 막 도착했을 때 비구니가 사찰의 주방에서 밥 짓고, 대청에서 내방객에게 차를 따라주는 것을 늘 보았습니다. 심지어 지금까지도 비구는 팔경법을 이유로 들며 비구니가 자신에게 예를 올려야 한다고 고집합니다. 후에 저는 불광산을 창건할 때 여성의 지위를 높여 평등하다는 부처님의 가르침을 끝까지 실천했습니다.

성별에는 남녀 구별이 있지만, 불성에는 이른바 남녀의 구분이 없으며 그 사이에는 격차도 없다 생각합니다. 그래서 불광산의 양성 관리는 법당에 서거나 식당에 들거나 줄을 설 때는 언제나 남성 대중은 동쪽에, 여성 대중은 서쪽에 각기 동서를 반씩 나눠서 서며, 누가 앞이고 누가 뒤라는 것도 없이 비구와 비구니가 함께 동등한 권리와 지위를 누립니다. 불타기념관의 보리광장 양측에도 특별히 세 분의 여성 나한을 세웠으니, 각각 마하파자파티·연화색·묘현 비구니가 18나한 가운데 우뚝 서 있어 불교계에서 여성 대중의 지위를 높임으로써 여성대중의 새로운 이미지를 수립했습니다.

불광산에서 비구니의 지위를 격상시킨 것 외에 재가여성의 관리 방면에서도 역시 평등한 권리를 누리게 하였습니다. 저는 불학원을 설립하면서 남녀 출가자·재가자를 불문하고 불학을 배우고자 하는

성운대사와 불광산 사부대중 제자

마음만 있으면 된다며 '사부대중 평등'을 주장했습니다. 남중男衆은 남중학부에서 공부하고, 여중女衆은 여중학부에서 공부하면 됩니다. 졸업한 뒤에는 출가자가 되고, 재가자 역시 승단에 가입하여 절의 홍법 업무를 할 기회가 있습니다.

활동과 머무는 공간의 배치에 대해 저는 또한 남녀 이부대중의 관리 방법을 구상하였습니다. 불광산에 함께 살고는 있지만 남중은 그들의 세계가 있고 여중도 자신들만의 세계가 있기에, 남중은 동산에 머무는데 그곳은 남성 승가대중의 구역이고, 여중은 서산에 머무는데 여성 승가대중의 구역에 속합니다. 이부대중 간의 활동공간은 뛰어넘을 수 없으며 서로 왕래하지도 못하고 서로 침해하지도 않습니다.

불광산에는 많은 사업기구가 있지만 절대 남녀 이부대중이 동일한 부서에 배치되지 않으며, 또는 한 사무실에서 일하게 하지도 않

습니다. 공적 업무상 남성과 여성 대중의 제자 사이에 왕래와 소통
이 필요하다고 해도 반드시 공개된 공간에서 공사를 의논하며 서로
투명하게 행동해야 합니다. 평소 승가대중이 외출한다면 최소 3명
이 동행하도록 규정되어 있습니다. 남녀 한 명씩 혼자 있거나 함께
자동차를 타는 것은 금지합니다. 명확하게 남녀의 왕래공간이 구분
되어야 하는 것은 옆 사람의 오해를 피하고 이로 인한 불필요한 분
쟁을 불러일으키지 않기 위해서입니다. 승단에는 남녀 시비가 없으
니 남성대중과 여성대중이 각자 안심하고 도를 실천하면 됩니다. 이
것이 불광산의 양성 관리학입니다.

　평등은 세상에서 가장 보배로운 것입니다. 평등이 있으면 모든 차
별도 통일할 수 있고, 모든 것을 조화롭게 할 수 있습니다. 세상에서
강약·대소·빈부·남녀 등 수많은 고르지 못한 문제는 바로 불평등
에서 생겨난 것입니다. 여권신장의 시대에 남녀평등·양성권리평등
은 시대적 추세입니다. 불광산의 여러 '양성평등' 관리 방법은 비구
니에게 비구와 같은 동등하고 공평한 지위를 주기 위해서입니다. 남
자도 좋고 여자도 좋지만, 남녀 간에 반드시 서로 존중하고 서로 돕
는 것이야말로 가장 중요하며, 이렇게 해야 진정으로 평등하고 평화
롭고 조화롭게 어울릴 수 있습니다.

청빈사상

사람들은 불광산이 불타기념관도 짓고, 3백 곳에 가까운 말사도량
을 만들고, 몇 개의 대학을 세우는 것을 보고서는 불광산에 재원이

굉장히 풍부할 것으로 생각합니다. 제가 많은 문화·출판·기금회·일필자 쓰기 등을 하는 것을 보고 제가 부유하다고 생각합니다. 사실상 저는 평생 빈곤을 지표로 삼았습니다. 마음으로는 물건 하나도 모두 시방대중의 것이지 제 것이 없다고 생각했습니다. 제 개인의 것은 아니지만 저는 또 '일체 모두가 나의 것'이라 생각하니 마음속으로는 매우 풍족합니다.

불광산 개산 후 지금까지 "없음으로 소유를 삼고, 텅 빔을 즐거움으로 삼으리"를 서원하며, 금전을 모으지 않고 밖에다 손을 벌리지도 않았습니다. 저는 백화점을 돌아다닌 적도 없고 상점에서 물건을 산 적도 없습니다. 주머니에 돈은 없고, 나오는 것은 늘 버리기 아까운 휴지였습니다. 저는 사무실 책상도 없고, 책장을 사용해 본 적도 없습니다. 그러나 개산료開山寮에는 8m의 긴 책상이 있어 밥 먹고, 손님 접대하고, 글씨 쓰고, 회의하며, 심지어 총통의 방문 때에도 이 탁자에서 했습니다.

먹는 부분에서는 무말랭이와 차즈케 정도가 제가 즐겨먹는 음식입니다. 사는 곳은 소파처럼 긴 의자가 더할 나위 없이 편안한 극락입니다. 신도가 주는 홍빠오는 모조리 거절합니다. 때로 거절할 방법이 없으면 문화교육기금으로 돌립니다. 일필자로 인한 수입은 전부 보시하였습니다. 일체를 모두 불광산 교단의 소유로 돌리고, 저는 일생 청빈을 지표로 삼고 편안하게 빈곤함을 누렸으며 인연을 따라 인생을 살았다고 말할 수 있습니다.

청빈하고 소박함은 출가의 기본태도입니다. 출가인은 마땅히 청빈한 사상을 길러야 합니다. 개인의 의식주행 등 일상용품은 간단하

성운대사(왼쪽에서 둘째)와 봉황위시鳳凰衛視 총재 유장락劉長樂 선생(오른쪽에서 첫째)께서 '인생지혜의 달성과 깨달음'이란 주제를 놓고, 사회자 왕동량王東亮 선생(왼쪽에서 첫째)의 질문에 현대인의 관심사인 독서·즐거움·행복·성공·재부·포용·기부 등의 내용으로 허심탄회하게 이야기하고 있다.

고, 사용할 수 있으면 됩니다. 개인의 핸드폰·시계·가방 등은 유행을 따르거나 명품일 필요는 없습니다. 쓸 수 있으면 됩니다. 청빈사상은 불도를 배우고 수행하는 사람이 혹독하게 청빈한 생활을 하는 것이 아니라, 대중이 스스로 절제하여 물욕과 탐욕에서 해탈하게 일깨우는 것입니다.

저는 제자들에게 "가난을 근심 말고, 도를 근심하라"고 이야기합니다. 여러분이 바르게 믿고 도를 펼치기만 하면 생활이 부족할까 근심할 필요가 없습니다. 수도하는 인생은 마음에 자비·환희·보시·도움·인연을 추구하기 위해서가 아닙니까? 출가하여 불도를 배우는 것은 본래 출리심을 품고, 불법을 가지고 있으면 됩니다. 금전

불광사(삼보산)

이나 물질적인 것은 모두 타인과 인연 맺는 데 쓰고, 지나치게 인간의 재부에 미련을 두어서는 안 됩니다.

사찰은 우리가 생활 속에서 필요한 것을 해결해 주었습니다. 있어야 할 것은 다 있으니 족함을 알고 감사하며, 더 이상 욕심을 부리지 않으면 자연스럽게 의식주행에 대한 지나친 염려와 근심이 줄어듭니다. 그 많은 금전·물질을 추구하지 않으면 자연히 본래의 순수함

佛寶山 Buddha
佛陀紀念館 FGS Buddha Museum

으로 돌아가고 마음속에 환희와 자재로움, 심리적 해탈을 가지게 됩
니다. "내게 법락이 있으니, 세속의 즐거움이 즐겁지 않다"고 한 유
마힐 거사처럼 마음이 승화되고 진정으로 가르침과 도리에 상응하
게 됩니다. 물욕에 담백하고 소유에 집착하지 않는 것이 바로 불광
산의 관리입니다.

각 종교의 자치성을 존중해야

종교입법에 관한 나의 견해

저는 타이완의 입법원에서 토론하는 안건을 본 적이 있습니다. 종교 관련 입법안만 7, 8개 버전의 초안이 있고, 명칭만 봐도 각자의 주장이 서로 달랐습니다. 저는 종교법을 수정하여 통과시키려는 그 길은 요원하지 않을까 생각합니다. 정부는 적어도 한 가지로 관리·감독하지 말고 각 종교의 자치성을 존중해야 합니다.

종교법 제정의 어려움

종교 입법에 관한 한 중화민국은 불공평합니다. 문외한들이 와서 종교법을 제정하고 그 분야의 사람들과 상의하지 않으니 종교법 통과가 어려운 추세입니다.

현재 타이완에 있는 종교는 불교·천주교·기독교·회교·도교 등입니다. 실질적으로 과거의 종교법은 불교가 처음으로 재난을 당했으며, 도교는 간섭하는 사람도 없었고, 기독교와 천주교, 회교는 따로 떼어놓은 듯 아예 중화민국 종교법의 관리를 받지도 않았습니다. 종교평등과 헌법에 보장된 신앙의 자유 및 종교자치의 정신에 분명히 위배됩니다.

종교법은 불교가 가장 쇠락했던 시기에 제정되었습니다. 민국 18년(1929)에 제정된 「사찰감독관리조례」는 지금까지 이미 백 년 가까이 실행되어 오고 있으며 수정한 적이 전혀 없습니다. 그 원인을 거슬러 올라가면 수많은 마을(향, 진)의 사무소 관원 때문입니다. 현 정부·성 정부·내정부 등 민정청民政廳·사회사社會司 모두 종교법에 대해 아는 사람이 거의 없었습니다. 불교가 모든 종교 가운데서 받은 손실이 가장 컸다고 말할 수 있습니다. 민국 초기에는 절을 부숴 학교를 세우고, 사찰에 군대를 주둔시키고, 사찰에 이재민을 수용하고, 사찰도 민간과 마찬가지로 반드시 가혹한 세금을 내야 했습니다. 진정으로 홍법이생을 실천하는 사람에게 이것은 일종의 멸시였습니다.

현재에는 정부가 당연한 것처럼 사회의 자선복리사업도 종교에 넘깁니다. 종교가 아무리 많이 해도 그것은 당연한 일이고, 정부부서에서는 어떠한 장려나 보조 또는 관심도 없으며, 해도 안 해도 별 반응을 보이지 않습니다. 특히 지금 현재 장례사업 또한 종교 안에 섞어놓고 사회와 종교의 의견 충돌과 분쟁을 야기시켜 어부지리를 얻고 있습니다.

지금의 입법원은 종교관리법·종교지도법·종교복무법·종교조례 등을 제정할 마음은 있지만, 십여 년 동안 쌍방이 자신의 주장만 고집하며 끊임없이 다투고 안건을 결정짓지 못하고 있습니다.

종교법이 이렇게 어려운 것입니까? 우리 정부가 종교를 알지 못하고 우리 입법원의 입법위원들도 종교를 연구한 사람이 없으며, 모두가 알지 못하는 불공정하고 불평등한 데서 각자의 의견만 고집하고 집착하니, 이것은 모두 문외한의 태도로서 종교법이 통과하여 실시되기 어렵다고 할 수밖에 없습니다.

60여 년 전 제가 타이완에 왔을 때는 천주교와 기독교만 타이완에서 전교 활동의 자유가 있었고, 불교는 정치적 압박을 받았기에 홍법이 매우 곤란했습니다. 불교를 믿는 사람은 출국할 수 없고, 관리가 될 수도 없고, 승진할 수도 없어 많은 국민이 신분증의 종교 난에 공백으로 남겨 놓을지언정 불교라고 감히 쓰지 못했습니다.

당시 타이완의 민간신앙만이 약간 활동하고 있었습니다. 그러나 살생을 하고 제사지내는 것이 지나치게 사치스럽고 횟수도 복잡하게 많아, 정부에서도 지나친 낭비라고 생각하며 제사를 금지한다고 분명히 밝혔습니다. 후에 불교계에서 '제사를 개선하자'는 기치를 들어 도와주고서야 민간의 원성도 사라졌습니다.

사실 살생하여 제를 지내는 것은 불교에서도 옳지 않다고 여깁니다. 그러나 종교 이외의 사회 입장에서 볼 때 고소득자가 매일 먹고 마시고 놀며 파티를 즐겨도 낭비한다고 지적하는 사람은 없습니다. 도리어 민간에서 제사를 좀 지냈다고 그들이 낭비한다고 정부에서 과대 포장하니 민간에서도 당연히 반발하게 되고, 그래서 항의를 한 것입니다.

다행스럽게 불교의 일부 인사와 주운煮雲 스님 등이 꽃·향·채식·과일로 살생의 제사를 대신하자고 제창하여 타이완에서 사치스럽게 제사지내는 풍습이 많이 감소했습니다. 그러나 이것은 민간에서 지내는 한 해의 오락 활동이며, 이 '제사'라는 기회를 빌려 행사를 치르고 서로 친목을 다지는 것이니 본래 사회학에서 보면 크게 비난할 것이 못 된다는 것을 우리도 압니다.

세간은 불공정하고 불평등하며 불의한 곳이니, 권세를 가진 자가 그것을 마음대로 휘두르면 돈 없고 힘없는 사람은 멸시와 압박을 당해야 합니다. 다행히 타이완의 보통 민중은 모두 선량하고 마음에 종교적인 선념善念을 갖고 있어 살생하지 않고, 과소비하지 않으며, 향·꽃·채식·과일로 대체하기만 해도 인심을 정화할 수 있다며 '제사를 개선하자'고 제창했습니다. 만일 완전히 없애버렸다면 매우 지혜롭지 못한 행동이라 할 수 있습니다.

또한 과거 민정청 관리였던 서금호徐錦虎와 내정부의 서씨 성을

종교입법에 관한 나의 견해

가진 부장 두 사람이 위아래로 손잡고 불교계에 강력한 제제를 가했습니다. 「사찰감독관리조례」를 수정·개선하지 않고 수많은 단일 법규를 제정했습니다. 예를 들어 사찰건립 비용이 5만 원 이상 초과하면 안 되고, 모든 불전함은 일률적으로 향사무소에서만 열 수 있으며, 매월 장부를 사찰 대문에 붙여 모두가 볼 수 있게 하라는 등입니다.

심지어 일제 강점기 때 남겨진 제도인 '사찰은 주지 외에 또 다른 관리자를 둔다'는 것도 있습니다. 이것은 불교도가 자신의 역량이 부족하다고 느껴 향민 대표나 정당 등의 인사를 모셔다 호법으로 삼는 것인데, 그들이 이사장이니 사장이니 자처하면서 점차 '비전문가의 전문가 지도'라는 현상을 낳게 되었습니다. 많은 출가자가 이러한 법령을 이해하지 못하면서 주지가 가장 높다는 생각만 하고 정부가 관리인만 인정한다는 것을 생각하지 못합니다. 그래서 관리인과 주지의 의견이 부합되지 않을 때, 관리인은 절에서 거지 쫓아버리듯 주지를 내쫓아버립니다. 60년 전 저는 타이완에서 유사한 경우를 자주 보았고, 불제자도 어떻게 하소연해야 할지 몰라 많은 손해를 보고, 많은 설움도 당했습니다.

종교법의 관리 조건

제가 불광산을 개산한 뒤 타이완성 의회에서 파견한 많은 사람이 찾아와 우리의 의견을 물었습니다. 고옥수高玉樹 선생은 정무위원으로 있을 때 입법원 대표이기도 했었습니다. 많은 단체를 조직해 불광산에 와 우리의 의견을 물었습니다. 그러나 결국 저의 의견은 발표되지 않았습니다. 이런저런 이야기가 많이 오갔지만 정부는 우리의 의견을 참고하고 싶지 않았고, 듣기로는 내정부와 중앙당 위원회도 공통된 의견을 가졌다고 합니다. 불교 인사들끼리 서로 분쟁을 부추겨야 정부가 통치하기 쉽다는 것입니다. 그래서 향사무소의 한 관련부서 직원은 자기 관할의 수십 개 사찰에서 덕을 톡톡히 받으면서 황제라도 된 것처럼 모든 사찰이 그의 말을 들어야 했으니, 외부 비전문가가 내부 전문가를 지도하는 모습이 상상이 갈 것입니다.

사실 종교입법에서 세간과 유관한 건축, 사회와 유관한 납세를 법으로 제정할 수는 있습니다. 그러나 영적 수행의 부분에서 종교계를 존중해야 하고, 그들 스스로 의궤를 제정해 실천해야 하며, 정부가 간섭할 필요는 없습니다. 예를 들어 제가 아침 예불에서 '능엄주'를 읽는데 반드시 '대비주'를 읽어야 한다고 규정지어서도 안 됩니다. 그렇다고 제가 화엄종과 서로 교류하겠다는데 허락을 못하게 하니 유식종으로 바꾸라고 할 것입니까?

종교와 관련하여 수많은 법을 제정하는 것은 불교계 내부에서도 반대합니다. 그들은 규정의 조항이 지나치게 불교를 구속한다고 생각합니다. 적극적인 방향에서 어떻게 하라는 규정은 없고 모두 불가하고 제한하는 쪽으로만 많습니다. 아쉽게도 불교 인사는 조항 안을 보지 않으며, 불교를 보호하려 해도 불교계 스스로 여지를 주지 않아 오히려 불교의 발전을 저해하니 불교계가 다른 인사의 지지를 얻지 못하는 것은 당연합니다.

종교법 제정에 관하여 우리 의견을 일부 제시합니다.

첫째, 주지는 불교대학을 졸업한 인재가 맡아야 합니다.

타이완 신도묘神道廟의 주지는 모두 그 지방 향과 진의 대표가 관리인을 합니다. 외부 비전문인이 사찰을 이끄니 폐단이 생기기 쉽고, 이러한 정세에서 어떻게 불교가 악화일로를 걷지 않게 할 수 있겠습니까?

먼저 정부는 종교연수기관의 자격을 반드시 승인하여 정상적으로 발전할 수 있게 해야 합니다. 공개적으로 학생을 모집하여 우수한 종교사를 육성하고 종교의 교화기능을 끌어올려야 합니다. 학교의 총장과 교수는 모두 교사의 자격이 필요하고, 의사에게도 의사면허증을 취득해야만 개업하여 진료를 볼 수 있게 합니다. 세상에 수많은 업종이 모두 자격을 규정짓고 있는데 왜 불교의 주지는 자격의 인정이 필요하지 않습니까? 자격요건이 인정받지 못하면 사회에는 불교를 가장한 외도가 불교의 이름으로 판을 치고 법에 맞지 않는 일을 저지르며, 사회와 종교의 혼란을 빚기 쉽습니다.

어떤 인재가 주지를 맡을 수 있는 것일까요? 간단합니다. 천주교에는 주교·신부가 있고, 기독교에는 목사가 있고, 불교에는 출가한 승려가 있습니다. 그러나 천주교·기독교는 종교의 자유를 보유하고 있어, 주무 관리자가 자신이 믿는 종교인을 파견합니다. 반대로 불교의 승려는 사찰에 종속된 것처럼 보이고, 진정한 주인은 그 많은 향민의 대표나 진의 대표입니다. 그러므로 3, 40년 전의 종교계·불교계는 갖은 모욕과 설움을 당했다고 할 수 있습니다.

당시 저는 아직 젊어 불교계 안에서 주도적 역할의 일을 할 수 없었지만, 글을 쓰고 강연을 하였고 도처를 다니며 불교를 위해 불평등하다는 목소리를 냈습니다. 불교가 정부의 중시를 받길 희망하며 열심히 노력하였습니다. 그리하여 최초에 불교의 수많은 호법 신도들 가운데 제가 공헌한 부분도 약간 있었습니다. 다만 안타깝게도 제 개인의 힘이 미약하고 중국불교회도 제가 이끄는 것이 아니어서 정부외 입법의 권리를 다투는 데에 저는 능력이 미치지 못했습니다.

그 중 불교사찰은 불교대학 졸업생에게 맡기지도 않고, 정부는 불교대학의 연구기관 자격을 승인하지 않았으니 이것이 가장 큰 잘못입니다. 이외에 이러한 분쟁은 또한 사회의 일부 사이비 무속과 불교에서 이익을 건지려 했던 사람에게 불교 안에서 생활해 오면서 '그렇게 청정한 교단이 툭하면 고소고발을 하는가?'라는 생각을 하게 만들었습니다. 과거 법원에서 재산과 권력 관리권을 놓고 소송사건이 산처럼 쌓였습니다. 현재 불교의 사부대중 제자 가운데 인재가 약간 나타나 이 방면의 폐단을 조금은 개선시켰습니다. 그러나 입법이 없이는 문제가 늘 존재합니다.

그러므로 정부는 명확하게 정해야 합니다. 종교단체 지도인 자격 허가를 종교대학 졸업증서를 소지하였거나 교회의 증명문서가 있어야만 맡을 자격이 있음을 합법적으로 보장하여 불법不法을 근절해야 합니다. 또한 자치규범에 종교 인사도 고도의 도덕훈련을 거쳐야만 장정章程을 직접 제정하고 자치 관리할 수 있음을 넣어야 합니다.

둘째, 유산계승의 문제입니다.

현행 법령은 한 사찰의 주지가 원적한 뒤에는 그 불교의 유산과 산업을 출가하지 않은 그의 자녀가 계승하고, 만일 자녀가 없으면 형제자매가, 그도 없으면 백부나 숙부의 권속이 계승할 수 있다고 되어 있습니다.

사실상 불교의 산업은 시방의 깨끗한 재물이니 당연히 사찰에 속한 소유입니다. 스님이 제자에게 넘겨주고, 제자는 다시 다음 대에 물려주어 주지를 맡는 사람이 관리하는 것은 합리적인 것입니다. 이것들은 모두 공적 재산이요, 개인에 속한 것이 아닌데 어떻게 권속에게 계승시킬 수 있습니까? 이러면 불교는 쇠퇴하고 힘이 없어지고 완전하지 못하게 됩니다. 그런데 시대에 맞지 않는 이러한 많은 법령을 개정할 수도 없고 수정할 수도 없으니, 종교 관련 공무원의 속셈이 어디에 있는지 모르겠습니다. 종교법을 어떻게 제정해야 옳을까요?

정부는 종교 인사의 재산귀속에 대해 명확히 제정해야 합니다. 종교 인사는 신심을 다해 봉헌하고 사회 대중에게 봉사하였으니, 죽은 뒤의 재산은 민법에 규정된 계승방식이 아니라 마땅히 그 사찰 교단에 귀속시켜야 합니다.

셋째, 상업적 납골탑과 사찰의 납골당 문제입니다.
타이완에서 사찰의 경제수입은 납골당에 의한 수입이 대부분이고, 그것은 사찰의 발전에 사용되고 있습니다. 그러나 현재 이익을 도모하려는 일부 상인이 장례사업을 불교에 끼워 넣으며 불교의 영골탑도 점차 영향을 받고 있습니다. 상인은 자신의 이익을 위해 도처에 금보산·은보산·대불산의 보탑과 묘지 등을 만들고, 관료와 결탁하여 불교의 납골탑·영골탑에도 세금을 부과하라고 압박하려 합니다.

그러나 불교의 납골탑·영골탑은 모두 봉사를 위한 것입니다. 예를 들어 일부 신도가 그들의 조상을 불교에 맡기려 한다면 승려는 발심하여 그들을 위해 향을 피우고 물도 갈아주고 경전을 읽으며 제사를 지냅니다. 그러면서 액수를 꼭 얼마 내야 한다는 것이 없이 우러나는 대로 보시하면 됩니다. 그러나 정부는 영골탑 하나에 반드시 얼마의 세금을 내야 한다고 생각하고 사찰에 이대로 시행하라고 강요하니 참으로 진퇴양난입니다.

과거 타이베이시의 토지가 부족하여 사람이 왕생한 뒤에도 묻힐 곳이 없어 정부는 사찰에 보탑을 세워 봉안하길 독려했습니다. 후에 상인들이 장례사업에 종사하며 보탑의 건설이 많아졌습니다. 그들은 정부에 등록하고 세금을 내면서 사찰은 납세할 필요가 없는 것을 달가워하지 않아 했기에, 늘 사찰의 보탑에서 많은 문제를 끄집어내 괴롭히고 정부가 사찰을 탄압하게 만듭니다.

예를 들어 베이터우(北投)에 있는 한 사찰의 보탑이 있는데 백 년 전에 설치한 것입니다. 그러나 정부는 과거의 세원까지 다 낼 것을 요구했고, 사찰의 주지가 관원에게 "이 보탑은 국민당 정부가 내려오기 전부터 이미 있었고 역사가 얼마나 오래되었는지도 모르는데, 그 역사를 다 뒤져 세금을 다 납부하라니 저는 도저히 그럴 능력이 없습니다"라고 이야기했다 합니다. 이런 관원처럼 실제 상황은 이해하지 않고서 어떻게 종교법을 제정할 수 있겠습니까?

종교입법에 관한 나의 견해

불광산 만수원萬壽園

넷째, 토지·건축·세금 등의 문제입니다.

또한 정부법령에 사찰의 수리 건축에 5만 원 이상 들여서는 안 된다고 규정되어 있습니다. 이처럼 불합리한 규정은 불교가 새로운 사찰 건설을 못하게 하고 오래된 사찰을 수리할 수 없게 만드니, 지나치게 세도를 부리는 것과 마찬가지입니다. 불교를 망하게라도 하려는 것입니까? 또 사찰의 경제수입을 매달 문에 붙여 놓아야 한다니, 이것도 사찰을 힘들게 하는 것입니다. 승려에게는 존엄도 없단 말입니까? 또 불전함은 신도가 보시한 것이고 즐거운 기부는 사찰의 소유입니다. 왜 향사무소의 사람이 다 같이 열어봐야 합니까?

심지어 한번은 타이완성 정부가 회의를 열 때 저는 사찰 내 분규가 있으면 지방 관원이 참여할 필요 없이 정치가 개입하지 말고, '승가문제는 승가가 해결해야 한다'며 종교계의 모든 장로들이 스스로 이해하고 그 사이에서 주선해야 한다고 했습니다. 그러나 저의 의견은 모두의 통과를 얻지 못했습니다. 후에 당시 주석을 맡았던 민정청 청장 고육인高育仁 선생과 복도에서 이야기를 나눴는데 "스님, 사찰은 출가자에게 문제를 해결하게 하지 않을 겁니다. 스님께서 불교회 회장이 되면 다시 이야기하십시오"라고 얘기했습니다.

저는 그의 말뜻을 이해하지 못했습니다. 그는 아마 종교자들이 사심을 가지고 있는데다 법령을 이해 못해 정부와 협력할 수 없으니, 그들 입장에서는 사찰분규의 문제해결을 장로에게 넘기는 게 마음이 놓이지 않는다는 것 같았습니다. 그러나 중국의 총림에서는 장로들이 각 사찰의 분규를 권도하는 데 커다란 영향력이 있습니다. 타이완 정부는 이러한 영향력을 사용하지 않고 외부 인사를 참여시키고 전문가는 옆에 세워놓으니, 종교법이 또 어떻게 개정에 성공하겠습니까?

그리고 정부에서 종교납세를 계속 요구하는데 이는 옳지 않습니다. 종교 건축·종교 토지·종교 사업에 관해서는 면세해야 합니다. 본래 종교단체는 수입된 깨끗한 재물을 사회교화·공익·자선 등의 사업에 투입하니, 정부는 종교에서 하는 이러한 사회복리·홍법이생의 일을 마땅히 더욱 격려해야지 납세 문제로 어렵게 해서는 안 됩니다. 종교의 깨끗한 재물수입은 모두 신도가 보시한 것이니, 공덕을 짓고 좋은 일 하는 데 사용해야 합니다. 정부는 추납하지 말아야 하고, 오히려 면세해 줘야 종교교화의 복리가 필요한 사람에게 더 많이 가게 됩니다.

서방국가에서 한 종교사, 심지어 수많은 상업기관은 수입 모두를 종교발전 사업에 보조하고 세금을 걷을 생각을 않습니다. 심지어 종교면세를 도와주기까지 합니다. 그러나 우리 정부는 계속 종교납세를 희망합니다. 과거 중국 사찰이 가진 전답이 수천 무畝·수만 무였으니 곡식을 내고 세금을 내는 것은 당연합니다. 그러나 지금의 사찰은 모두 신도의 향과 등에 의한 것인데, 정부는 어떻게 사찰에게 납세하라 할 수 있습니까? 이는 불합리합니다.

저는 입법원에서 토론하는 안건을 본 적이 있습니다. 종교 관련 입법안만 7, 8개 버전의 초안이 있고, 명칭만 봐도 각자의 주장이 서로 달랐습니다. 저는 종교법을 수정하여 통과시키려는 그 길이 요원하지 않을까 생각합니다.

정부는 적어도 한 가지로 관리 감독하지 말고 각 종교의 자치성을 존중해야 합니다. 각 종교는 모두 그 나름의 역사와 전통과 독창성을 가지고 있기 때문에 모든 종교에 완전히 부합하는 법규를 제정하기는 결코 쉽지 않습니다. 정부는 각 종교의 자치성을 존중하고 신앙 자유의 원칙에 입각하여 일괄적인 관리와 감독이 아닌 협조와 지도의 입장에 서야 합니다.

물론 정부가 매우 지혜로워 종교 인사 스스로 법을 제정하게 한다면 아마 문제는 쉽고 간단해질 것입니다.

【저자】 성운대사

성운대사星雲大師는 1927년 강소성江蘇省 강도江都에서 태어났으며, 12살에 남경 서하산棲霞山의 대각사大覺寺에서 지개志開 큰스님을 스승으로 모시고 출가하였다. 이후 금산金山, 초산焦山, 서하율학원棲霞律學院 등 선정율학의 대가람에서 불법을 수학하였다.

1949년 봄 타이완으로 건너와 월간지『인생人生』의 편집을 맡았으며, 1953년 의란宜蘭에서 염불회를 조직해 불교 포교의 기초를 마련했다.

1967년 인간불교人間佛教를 종풍宗風으로 불광산을 창건하고, 불교문화・교육・자선사업 등에 온 힘을 기울여 왔다. 연이어 세계 각지의 삼백여 곳에 사찰을 세웠으며 미술관, 도서관, 출판사, 서점, 운수병원, 불교대학을 설립했다. 또한 타이완의 불광대학과 남화대학, 미국의 서래대학, 호주의 남천대학 및 광명대학 등을 세웠다. 1970년 이후에는 '대자육유원大慈育幼院'이라는 고아원과 '인애지가仁愛之家'라는 양로원을 지어 외롭고 힘든 무의탁 아동과 노인들을 보살펴 왔으며, 긴급 구조 활동 등 사회복지에 힘쓰고 있다. 1977년 '불광대장경편수위원회佛光大藏經編修委員會'를 발족하여『불광대장경佛光大藏經』과『불광대사전佛光大辭典』을 편찬했다. 그밖에도『중국불교경전보장백화판中國佛教經典寶藏白話版』을 출판했고,『불광교과서佛光教科書』,『불광총서佛光叢書』,『불광기원문佛光祈願文』,『인간불교총서人間佛教叢書』,『백년불연百年佛緣』 등을 편저하였다. 계속해서 칠레 세인트 토머스대학, 호주 그리피스(Griffith)대학, 미국 휘티어(Whittier)대학, 그리고 홍콩대학 등 세계 각 대학에서 명예박사 학위를 수여했으며, 남경南京, 북경北京, 인민人民, 상해동제上海同濟, 호남湖南 그리고 중산中山대학 등에서 명예교수직을 받기도 했다.

성운대사는 인간불교를 널리 알리고자 노력하였다. 스스로를 '세계인'

이라 자처하며 환희와 융화, 동체와 공생, 존중과 포용, 평등과 평화 등의 이념을 두루 펼쳤다. 1991년 창설된 국제불광회의 총회장에 추대되었으며, 지금껏 "불광이 두루 비치고, 오대주에 법수가 흐르게 하자(佛光普照三千界 法水長流五大洲)"는 이상을 실천해 오고 있다.

【역자】 조은자

대학에서 중어중문학을 전공하고 현재 전문번역가로 활동하고 있다. 성운대사의 『합장하는 인생』, 『천강에 비친 달』, 『성운대사의 관세음보살 이야기』, 『인간불교, 부처님의 참된 가르침』, 『계·정·혜, 인간불교의 근본 가르침』, 『삶의 여행자를 위한 365일』, 『성운대사의 세상 사는 지혜』, 『인간불교, 부처님이 본래 품은 뜻』, 『부처님 광명 기원문』을 우리말로 옮겼다.

【서울 불광산사】

※ 1998년, 한국과 대만 간의 불교 교류를 증진시키기 위해 성운 큰스님이 서울 중구 동호로(02-2276-0993)에 '서울불광산사'(주지 의은)를 창립, 양국 문화교류가 이루어지고 있다.

※ **기도 법회** 및 **문화강좌**(중국어, 참선, 태극권, 불교교리 등) 개설, **적수방**(사찰음식 및 차, 불교작품 감상) 운영 등을 통해 대중과 만나고 있다.

불교관리학

초판 1쇄 인쇄 2019년 8월 5일 | 초판 1쇄 발행 2019년 8월 13일
지은이 성운대사 | 옮긴이 조은자 | 펴낸이 김시열
펴낸곳 도서출판 운주사

   (02832) 서울시 성북구 동소문로 67-1 성심빌딩 3층

   전화 (02) 926-8361 | 팩스 0505-115-8361

ISBN 978-89-5746-555-4 03220 값 16,000원

http://cafe.daum.net/unjubooks 〈다음카페: 도서출판 운주사〉